岳麓書社

读名著　选岳麓

国学经典文库

四书（全本）

陈戍国　导读　校注

岳麓書社 · 长沙

图书在版编目(CIP)数据

四书/陈戍国导读、校注.—长沙:岳麓书社,2019.6
(国学经典文库)
ISBN 978-7-5538-0954-0

Ⅰ.①四... Ⅱ.①陈... Ⅲ.①儒家②《四书》—注释
Ⅳ.①B222.12

中国版本图书馆 CIP 数据核字(2018)第 075714 号

SI SHU
四书
导读校注:陈戍国
责任编辑:张丽琴
责任校对:舒　舍
封面设计:贺红梅

岳麓书社出版发行
地址:湖南省长沙市爱民路 47 号
直销电话:0731-88804152　0731-88885616
邮编:410006
岳麓书社网址:www.yueluhistory.com

2019 年 6 月第 1 版第 1 次印刷
开本:890mm×1240mm　1/32
印张:11.375
字数:278 千字
ISBN 978-7-5538-0954-0
定价:30.00 元

承印:长沙鸿发印务实业有限公司

如有印装质量问题,请与本社印务部联系
电话:0731-88884129

《四书五经》总序

中国古代近代的经学遭到严酷的空前的批判，始于1919年五四运动前夕。20世纪60年代中期到70年代中期整整十年的大革文化命，更把对经学与孔子的批判推上了顶峰。早在五四运动前后若干年，经书经学被宣判为“古衣冠的僵尸”。大革文化命的年月，据说已将“孔老二”再次打倒，将经书经学定性为“封建文化的糟粕”。如果说五四运动前后“打倒孔家店”的宣传与对经学的清算为启发民智、解放思想所必需，只是那偏离理智的狂热终究在历史的检验面前难免令人遗憾；那么，后来大革文化（包括经书经学）命的浩劫，就未免让人觉得十分可笑而且可恶了。

2001年，距离五四运动已经八十余载，告别大革文化命的时代也已二十多年。这一年的8月15日，《中华读书报·文史天地》的首篇《李学勤谈清代学术的几个问题》，如下的综述中华学术的议论赫然在目：

> 乾嘉学术的核心是在经学。实际上，整个中国学术的核心都是经学……说中国学术的核心在经学，是就其学术地位和影响而言。从实际情况来看，中国学术的核心不是佛道，应该是儒学。儒学的中心就是经学。

大学者评价经学到如此高度，上世纪委实罕见，而新世纪此时始闻之。没有非凡的穿云破雾的洞察力，没有源于真知灼见的巨大的学术勇气，谁敢说经学原本有如此重要的学术地位呢？凡是尊重历史、尊重学术的文化人，只要认真思索，都应该承认：中国经学史固然积弊不少，而经学本身终以精华为多。谁能说学勤先生言过其实了呢？难道中国古代史上曾有别的什么能够取代经学的学术地位与影响吗？

从学勤先生的高论得到启发，我对中国古代学术的林林总总思索有年，自觉大体上弄清楚了若干问题。已知前修时贤关于中国学术多有精辟之言。在反复证实了他们的种种见解之后，如果加以融会贯通的功夫，一以实事求是为上，那是可以就中国古代的学术（包括经学）与学术史（包括经学史）略述梗概或心得的。其要有七。

自东周到清朝，中国人文社会科学的核心只能是经学，只能是解说、研究《易》《书》《诗》《礼》《乐》《春秋》六经（汉以后附加《论语》《孝经》与小学，宋以后加上《孟子》）的经学。没有别的什么学术盛行时间如此之长，包罗内容如此之广。如果不是这样，自立于世界民族之林的中华民族思想文化的独立性就会丧失殆尽。此其一。

昔司马迁论六经要指，充分表现了他熟谙六经的学识。“《易》著天地阴阳四时五行，故长于变。《礼》经纪人伦，故长于行。《书》记先王之事，故长于政。《诗》记山川溪谷禽兽草木牝牡雌雄，故长于风。《乐》乐所以立，故长于和。《春秋》辩是非，故长于治人。”（《史记·太史公自序》）这是说六经各有所长，各有其显著的学术特色。联系后世通行的学科分类，《易》是讲哲学的，《礼》是讲行为实践，讲伦理学、社会学与政治学的，《书》和《春秋》是讲历史是非的，《诗》和《乐》是讲文学乐、舞、艺术的。然而人为的划分界限并不完全符合各经所有的内容。实际上，人文社会科学所有领域，经学几乎没有不涉及的。太史公说的只是各经的主要情况。他论六经与他的父亲论六家要指一样具有权威性。此其二。

中国古代人文社会科学当然有列于经学之外者，然而唯有经学才是当时学术的中心。诸经各有其主要分野，然而诸经之间的关系是不是平列的呢？历来有《易》或《诗》为群经之首两说，经古文学家与今文学家各执其是。但是没有说《诗》为经之原或经之本的。倒是《汉书·艺文志》早就说过六经"《易》为之原"。鄙意：六经（后来《乐经》亡佚）对于中国社会科学都很重要，可是六经之间并非平列关系，而与《汉志》不同的说法确已存在。至迟初唐以前就有学者说："六经其教虽异，总以《礼》为本。"这话是南朝梁皇侃说的，而初唐孔颖达等人援引之，突出《礼》在六经中的地位，这个观点毕竟已见于小戴辑《礼记·经解》的孔疏了。后来吾湘经学家皮鹿门先生作《经学通论》，其中有一条目为"论六经之义《礼》为尤重，其所关系为尤切要"，此条正文一开头就说："六经之文，皆有礼在其中。六经之义，亦以《礼》为尤重。"皮氏以为《礼记·经解》"首节泛言六经，其后乃专归重于礼"，正可以证明他的论点。换一个视角看：《礼》之外任何一经与他经的关系，都不如《礼》与他经关系之"切要"。我们相信：学术之贵，在于经世致用。质言之：任何历史时期的统治阶级都不会重视对于当时的统治、当时的社会稳定没有任何帮助的所谓学术，而与统治阶级关系最密切的社会活动首先是保护其所代表的社会群体经济利益的政治，统治阶级此类意识形态才是占统治地位的思想。这就牵涉政治与礼的关系。《礼记·哀公问》记孔子的话："为政先礼。礼其政之本与！"礼者长于行，礼者政之本。礼的经世致用最为现实，最为直接。所以历代统治者无不重视礼制建设与礼学教育。属于经学的其他诸经本来就没有谁离得开礼，如皮鹿门所言："皆有礼在其中。"

张惠言《虞氏易礼序》:"《易》者，礼象也。"《周易郑荀义·略例》说到"易三义"，又说:"其言爻象消息皆变易也，礼制经论乃不易也。"曹毅荪元弼先生《礼经学》:"《书》者，圣人以礼治天下之实政也。"王安石《答吴孝宗书》早就说过:"《诗》《礼》足以相解，以其理同故也。"而司马迁《史记·太史公自序》更早就说过:"《春秋》者，礼义之大宗也。"至于郑康成《六艺论》说的"善于礼"的《左氏春秋》，这里就不必说了。让我们再说到《周易》。《易·系辞上》"列贵贱者存乎位，齐小大者存乎卦"，根据是什么?"圣人有以见天下之动，而观其会通以行其典礼，系辞焉以断其吉凶，是故谓之爻"，那繁多的爻位之变，难道不是以礼制原则为根据吗?这里伴随着相关的疑问:六经"《易》为之原"的说法究竟该作何理解?难道《书》《诗》《礼》《乐》《春秋》之"原"都在于《易》吗?我们认为:《易》长于变，这个强调"变"的思想原理为六经所证实。礼也会变化，不能一成不变;总该变得适应社会的需要，才会有永恒的生命力。礼学也是如此。与五经相关的各个领域的学术莫不如此，所以说"《易》为之原"。然而，由于诸经之撰作都在社会生活中无时或缺的礼仪礼典实行之后，包括《易经》在内的经书都不可避免地反映当时社会"政之本"的礼制，所以说"总以礼为本"。[①] 此其三。

其四，应该说到经学与史、子、集部之学的关系。吾湘近代经学家王壬秋的弟子为王氏编辑诗文集《王志》，其卷一论"子史不必读"，写道:"为学但当治经，读子史者失学之人也。"我们不敢附和此说。说"为学当治经"，不错;说"为学但当治

---

① 拙撰《论六经总以礼为本》《经学札记三则》已畅论礼书礼制与其他经书的关系，请参看。

经”，加一“但”字，这就不对了。我们认为经、史、子、集之学都应该学，都应该治。一则史、子、集部之学自身重要，其内容与作用非经学所能取代；二则史、子、集部文献或者可以证明五经文字，或者可以证经学道理。

其五，应该说，作为儒学中心的经学不必排斥佛道二氏之学。明余继登《典故纪闻》卷六：

> 永乐初，有献《道经》者。成祖曰：“朕所用治天下者，五经耳。《道经》何用?”斥去之。

朱棣认为儒学五经可以帮助他治理天下，而《道经》无用，帮不了什么忙。王伯申《经传释词》卷七解释文言语词“耳”，说：“犹‘而已’也。”从“五经耳”句可以推断，在永乐帝朱棣心目中，佛经也是没有用的。其实，佛道虽然不是中国古代学术的核心，但绝不是无用之物。就中国魏晋以后学术大厦而言，佛道二氏之学无疑也是支撑大厦的栋梁。（而中国道家道学的历史不会短于儒家儒学。）它们对于各相应历史时期的统治都是有用的，不知朱明太宗为何不肯承认二氏之学的价值、地位与功用。他的父皇和他的后嗣并非如此。

其六，《论语》《孟子》多记孔子、孟子的话，《大学》《中庸》相传分别为曾参、子思所作，已被历史证明其中大部分言论确有道理。既如此，将这四种文献视为经书可以说是对的。汉代学者与宋代学者先后将《论语》《孟子》与《大学》《中庸》列入经学，表现了非常有远见的眼光。然而必须指出：南宋以后兴起的“四书学”，固然是传统经学发展的重要产物，已经在经学史里占有重要位置，但它毕竟只是经学的一个重要部分而已。有人坚持“朱熹用四书学取代五经学”的观点，既背离史实，也不合道理。

还有其七。早在20世纪50年代以前，有学者宣布了经学的死亡。那么此后的“易学”研究、“尚书学”研究、“诗学”研究以及“礼学”研究算什么呢？刘起釪先生的《尚书学史》、杨伯峻先生的《春秋左传注》算不算经学研究呢？近年编辑出版的《经学今诠》算什么呢？20世纪80年代以来，中华书局陆续整理出版了成系列的十三经清人注疏，有力地推动了经学的普及和经学研究的深入。在中国大陆举行的与经学研究有关的大型活动，最有影响的也许要算是2003年11月中旬的“清代经学与文化国际学术研讨会”，2005年11月上旬的“首届中国经学学术研讨会”，两个会议召开地点都在大陆的清华大学甲所。高度重视经学及其研究的李学勤先生是研讨会的主要主持人。为数不少的学者向大会提交了他们的研究成果。台湾学者1997年成立清代经学研究室，此前此后，在经学研究目录的编辑、经学典籍的标点整理、经学家研究资料与经学史研究诸方面投入大量人力物力，取得了可观的成果。自2002年起，台湾的清代经学研究室诸君，由林庆彰先生率领，“推动晚清经学研究计画，采分年进行、从各地区入手之方式，以凸显各地区经学研究的特色”（见台湾“中央研究院”中国文哲研究所2002年发行的专刊《中国文哲研究所》）。其计划之宏伟，方式之切实可行，值得击节称赏。诸君揭櫫“经学研究”的大方案，如果认真实施，对于我国人文社会科学事业应该可以产生推动作用。看来经学已经复活，现在是生机勃发。如果承认中国古代学术中经学的中心地位，为什么不能承认经学研究的继续呢？经学没有死，经学不会死。数十年来，经学研究实际上已经融入哲学、史学、社会学、政治学、法学、伦理学、教育学、文学以及语言文字学诸领域的研究中了。中国古代经学既为中国哲学、史学、文学、伦理学以及其他相应诸学科之源，又伴随诸学科的发展而获得新生或者繁衍，这和传说中的凤凰涅槃是不是有点相似呢？君不见中国大陆的党政领导人，海峡彼岸有眼光的政治家，都在祖国传统经书经学中找到了共同语言，这又意味着什么呢？

20 世纪 80 年代，我们有亲手点校的《四书集注》与《周礼·仪礼·礼记》白文本问世，90 年代则有《四书五经》点校本出版。拙著《中国礼制史·元明清卷》脱稿于 2001 年年底。自 2002 年以来，我们的大部分时间是在《四书五经》的校注工作与出版后的《四书五经校注》各册的修订工作中度过的，至今快五年了。若论读经书治经学的功夫，至迟可以从 20 世纪 70 年代末忝列郭君重晋稀先生门下做研究生算起，二十六年了。我们之于经书经学，“尽心焉耳矣”。而今年过耳顺，于经书经学竟不敢说已经无惑。这里敢说也不能不说的意思，可以用三句话概括如下：愿意继续用功学习。但求与时俱进就好。期盼专家学者继续赐教是幸。

这里还应该交代的是：本套《四书五经》，是《四书五经》的校注本，以中华书局 1980 年影印阮刻本《十三经注疏》相对应的部分为底本，参校本则另外注明。

是为校注本《四书五经》总序。

陈戍国 2006 年 5 月 4 日深夜三时二十分
写于湖南大学友谊村之三楼

说明：

十五年前，我曾为《四书五经》写过一篇序，读者可以从岳麓书社 1991 年出版之后多次重印的白文本《四书五经》中看到。现在写的《总序》，就思想而言，自是十五年前那篇序的续篇。这里向那些给我写续篇的机会的朋友们致谢了。

陈戍国谨识

又过了十年半。感谢岳麓书社给予我重订此书的机会。

陈戍国2016年11月19日深夜

写于湖南大学友谊村之三楼

2017年来了，我继续对国家规划办所赐课题12AZD077与13&ZD058的研究，又对《四书五经》做了一些补充。

陈戍国2017年3月谨识

《四书》序

唐代韩退之、李习之以及赵宋司马君实与二程对后来被称为《四书》的古代文献已经重视有加。特别是南宋朱熹鼓吹之后，直到清末，《四书》为士子必读、熟读之书。因为不这样，莘莘士子就没有进身之阶。当时统治者要利用孔孟之道，而孔孟之道就在《四书》里，士人读好了《四书》，才会得到赏识。明清两朝已有少数人反对《四书》的孔孟之道，嘲笑让《四书》禁锢了头脑的儒生。清亡之后，《四书》宣扬的孔孟之道遭到两次大规模的严酷的批判：一次在上世纪的 1919 年五四运动前后，另一次在上世纪的“文革”时期。经过这两次大批判，特别是后一次“革命”之后，《四书》在扫除之列，地位一落千丈，这个命运与“五经”一样。直到上世纪 70 年代末，千千万万的青少年中，不知《四书》为何物者居多。

可是时至今日，不知《四书》为何物的中学生不多了。大多数中学生知道：《四书》（又称《四子书》），就是《论语》《大学》《中庸》《孟子》的合称。《论语》一书大多是孔子的话，《孟子》一书大多为孟轲的议论。知道写《大学》者传为孔子学生曾参，写《中庸》者为孔子之孙孔伋（字子思）的中学生也很不少。不是因为《四书》又成了读书人找出路的阶梯，而是因为《四书》宣扬的思想的大部分毕竟应该归属于中国古代优秀的传统文化遗产，这是《四书》与“五经”相同的地方。如果不是这样，现代国民（包括肩负中华民族希望的年轻人）怎么会接受《四书》之类的古籍？改革开放的现代中国要《四书》（还有“五经”）何用？

孔子讲过的话，当然不可能句句是真理。然而试看《鲁论语》，从第一篇《学而》到第二十篇即最末一篇《尧曰》，从《学而》开头三句（“学而时习之，不亦说乎？有朋自远方来，不亦乐乎？人不知而不愠，不亦君子乎？”），到《尧曰》最后三句（“不知命，无以为君子也。不知礼，无以立也。不知言，无以知人也”），总归是大多有些道理。这里引录的六句话，除了“不知命，无以为君子也”一句不能让现代人无疑，其他五句都是对的。《论语》记录的孔子的话，上个世纪以来最为人们所不满的一句是“唯女子与小人为难养也”，这一句惹恼了大多数人（其中光是妇女就占了半边天）。其实，这是由于两千多年来人们误解了孔夫子的原意，我们已在《论语·阳货》有关注释中阐述词源，以正视听。不能说孔子这句话的原意根本没有问题，然而可以说：问题并不像历来人们所批判的那样严重。

《孟子》的问题大于《论语》。韩退之说过：“孟氏，醇乎醇者也。荀与扬，大醇而小疵。”[①] 我们倒宁愿说：“孔与孟，大醇而小疵。孟之疵，实多于孔。”孟子学霸气太盛，不如孔子谦和。然而，他的一句“民为贵”，就足以使他永垂不朽了。

《大学》《中庸》篇幅远不及《论》《孟》，然而各自有其理论与实践意义而同样不朽。格物致知，意诚心正，修身齐家，治国平天下，这是《大学》宣传的思想。为国为天下，从我自己做起，从我自家做起，难道不应该这样吗？从我自己做起，就必须“慎独”，这也是《大学》提倡的重要思想。《大学》还告诉世人

---

① 见《全唐文》卷五百五十九《读荀》。

“生财有大道”，这个“大道”已经引起国家当代领导人的注意。[①]《中庸》宣扬的两个平凡而伟大的道理，一是中庸之道，一是慎独之道。这里说“慎独”，应迟于《大学》，与《大学》说的修身，《论语·学而》记曾子说的“吾日三省吾身”，与《孟子·公孙丑上》说的“不动心”之道，无疑有相通之处。而中庸之道实难能而必备，无论个人、政党与国家都不应该有悖于此道。非左即右总有偏差与损害，不左不右最好。可是要真能中庸并非易事，所以说是“极高明而道中庸”。

合而言之，《四书》说的是真正的孔孟之道（“五经”则未必都是，甚至可以说大多不是）。曾经有过不屑或者不准或者不敢谈论孔孟之道的岁月。革命者认为孔孟之道和宣扬此道的《四书》只是朽腐，只是反动，只是垃圾，毫无价值。其实《四书》和孔孟之道本身的错误以及罪恶并不多，成为问题和罪恶的是历史上的统治阶级利用《四书》宣扬的孔孟之道为自己服务，而秉承统治阶级意旨的文化人宣扬其中确实存在的腐朽甚至反动的东西，或者歪曲其中某些观点，让这些东西禁锢了为数很多的不能用自己的脑袋明辨是非的士庶人的思想。经过反复研究，我们可以肯定地说：《四书》（还有“五经”）宣扬的思想意识，其实有些部分并不限于某一个阶级才能接受和利用，而是大多数人甚至全人类的思想财富。就说孔孟之道，此道有关乎中国古代修齐治平之术至巨，于今还可资借鉴。对于中国古代学术的研究而言，熟读《四书》，了解孔子经由曾参、子思而传至孟子的儒家道统，这有助于把握从孔子、曾子、思孟学派到宋元明清理学与心学诸子的思想脉络。所以，前文就《大学》《中庸》言及所谓实践与理论意义，即使扩大到《四书》整体，亦未尝不可以言之。

① 见2003年3月18日温家宝总理答中外记者问。

这里我们还要说到如下四点意思：

一、所谓“四书学”，只是经学的一个重要部分。“四书学”是经学发展到南宋及其后的产物。《四书》之中有《大学》《中庸》两书，本来只是小戴辑《礼记》的两篇文章。所谓“四书学”与“五经学”，这两个大概念中有部分的交叉。这都是常识。既如此，怎么能说用“四书学”取代“五经学”呢？如果说《论》《孟》之学与“五经学”对举，那倒是没有概念的交叉与混淆了。

二、朱熹有《读论语孟子法》一文，其中引程子语：“学者当以《论语》《孟子》为本。《论语》《孟子》既治，则六经可不治而明矣。”我们不同意这种说法。《论语》《孟子》与“六经”（《乐经》亡后为“五经”）有关，这样说是可以的，但是《论》《孟》不可能取“六经”地位而代之，《论》《孟》之学不可能取代“五经”之学，因为代替不了。《论》《孟》记录孔子、孟轲平时的谈话，比“五经”浅显。就内容范围与所论深度而言，《论》《孟》凭什么取代“五经”呢？《论》《孟》之学能取代“五经”之学吗？如果清朝以前的经学只有《论》《孟》而没有“五经”之学，岂不黯然失色？

三、据说元代就有以“四书学”取代“五经学”的举措，这种说法很难成立。就我们所知，元代儒学名人看重所谓“四书学”，只不过视之为进身之阶与入学初步而已，何曾胆敢弃“五经”于不顾？许衡撰的《大学直解》《中庸直解》，“课蒙之书”而已[①]，能取代他的《读易私言》吗？吴澄撰《易纂言》《书纂言》《礼记纂言》《春秋纂言》，又岂是元人关于《四书》的著述可以取代的呢？也许有人会说：元延祐后科举只考《四书》，那

① 见《四库全书总目提要》卷一六六。

还不是以“四书学”取代了“五经学”吗？我们要问：科举考试能够算是真正的学术吗？有个不恰当的比方，现在的各级考试（包括高考），能够取代学术界的学术事业吗？显然不能。

四、朱熹说：“某要人先读《大学》，以定其规模；次读《论语》，以立其根本；次读《孟子》，以观其发越；次读《中庸》，以求古人之微妙处。”① 他自有其道理，读书人可以照他的说法去读《四书》。但是不一定非按他规定的顺序不可。我们的意见，就按通行本《四书》排列的顺序读下去好了。或者依四子在世先后，先读孔子，次曾子，次子思，然后孟子，又有何不可？

朱熹又说：“读书，且从易晓易解处去读。如《大学》《中庸》《语》《孟》四书，道理粲然。人只是不去看。若理会得此四书，何书不可读！何理不可究！何事不可处！”②这样讲，又有是有非。书不读，理不明。然而读书要循序渐进。比较而言，《四书》“易晓易解”，不是最难读的书。人们从《四书》可以学到好些道理。这样说是对的。可是，如果说读《四书》容易得很，则不尽然。如果说读了《四书》就什么书都能读了，什么道理都能懂了，什么事情都能办了，亦不尽然。举例说，读罢《四书》就能一下子读懂“五经”了吗？怕未必。朱子一生于中国人文学术思想多有研究，贡献很大。他著述甚富，在“易学”“诗学”“礼学”“四书学”诸领域都有可以代表当时学术水平的力作问世。但他的经学研究毕竟有些缺陷，他自己就没有做到“何书不可读！何理不可究”。我们当然不应该苛求前贤，因为我们更做不到“何书不可读！何理不可究！何事不可处！”我们知道朱子讲过不少道理，但他也讲过一些过头话，讲过一些不够有道理的话。上面引录的朱子的话，也许只是为了提倡读《四书》罢了。

---

①② 《朱子语类》卷第十四《大学一·纲领》。

我们的意见，总之是：学海无涯，而《四书》实实在在值得多读。

有必要说明的是，本书中如果两段或两段以上的原文中注码数字依次递升，则表示这些段落的原文有关联，本来是共同合为一个意思的层次；只是由于合为一大段太长，所以划分为若干小段了，相应地，校注也划分开了。

希望我们的校注本《四书》对读者诸君有益。不当之处难免，随时恭候专家学者的批评指正。

是为序。

陈戍国2003 年11 月写于湖南大学

目录

大　学

《经典释文》引郑玄《三礼目录》:"名曰'大学'者,以其记博学可以为政也。"依郑君的意思,《大学》讲的就是博学可以为政的道理。小戴辑《礼记·学记》:"比年入学……五年视博习亲师,七年视论学取友,谓之小成。九年知类通达,强立而不反,谓之大成。夫然后足以化民易俗,近者说服而远者怀之,此大学之道也。"孔疏:"'此大学之道也'者,言如此所论,是大学贤圣之道理,非小学技艺耳。""大学,谓天子诸侯使学者入大学习先王之道矣。"今按:依《学记》的意思,"博习"(孔疏解释为"广博学习")在"小成"之列,还没有达到"大学之道"的境界。综合《学记》以及孔疏的意思,大学可以指学习圣贤之道的学业,也可以指领悟圣贤之道的境界,还可以指学子求学的高级阶段,高层政府设立的高级教育机构。读《大学》本文,可知其将大学之道归结于明德、修身、亲民、为政,并未将博学作为论点。郑君《三礼目录》指出了《大学》的宗旨("可以为政"),而其关于"大学"的带定义性的说法不能算十分准确。程子说:"《大学》,孔氏之遗书,而初学入德之门也。"我们不知道程子把《大学》说成孔子之书有何根据。后来朱熹《大学章句》既引程子把《大学》说成"初学入德之门",又自作主张把《大学》说成"大人之学"。难道儿童入学不能算是初学吗?用于明德、修身、亲民、治国、为政的圣人之道又岂是初学就能领悟的呢?可见程朱之说亦不尽相合,不尽可信。朱熹又辑有《小学书》作为当时启蒙读本,其宗旨是鼓吹读书人从小就要学习做合乎圣人之道的事(孔疏所谓"小学技艺"也应该不违圣人之道)。可见朱熹心目中的《大学》应该是引导大人(区别于童蒙的年轻人)学习圣人之道的指南。

原文

大学之道，在明明德[1]，在亲民[2]，在止于至善。

知止而后有定，定而后能静，静而后能安，安而后能虑，虑而后能得。

物有本末，事有终始。知所先后，则近道矣。

古之欲明明德于天下者，先治其国。欲治其国者，先齐其家。欲齐其家者，先修其身。欲修其身者，先正其心。欲正其心者，先诚其意。欲诚其意者，先致其知。致知在格物[3]。

物格而后知至，知至而后意诚，意诚而后心正，心正而后身修，身修而后家齐，家齐而后国治，国治而后天下平。[4]

自天子以至于庶人，壹是皆[5]以修身为本。其本乱而末治者否矣。其所厚者薄，而其所薄者厚，未之有也。此谓知本，此谓知之至也。[6]

注释

❶ 郑注："明明德，谓显明其至德也。"前一"明"字为动词，有推崇而彰显的意思。后一"明"若非衍文，则应为形容词，有盛明的意思。明明德，意即推崇而彰显盛明之德。另有一解。《尔雅·释训》："明明，察也。"明明德就是察德。

❷ "亲民"之亲，程子以为当作新，朱熹从之。今按：《大学》下文解释"亲民"，引《康诰》"作新民"，又引《盘铭》与《诗》突出"新"字，可以证明程朱此处推断不为无据。又按：金文（譬如中山王䀠鼎铭）"亲"作亲（新），可以证明"新民"写作"亲民"的由来。

❸ 《尔雅·释诂》："格，至也。"《大学》郑注："格，来也。物犹事也。"《说文》段注："此接于彼曰至，彼接于此则曰来。"格物，意即研究（考察）万事万物。知识必须通过对事物的研究才能得到。

❹ 后世说的"修身齐家治国平天下"，所谓修齐治平之学，实源于此。

❺ “壹是”，郑注：“专行是也。”朱子《章句》：“一切也。”“壹是皆”就是“一切都”，准确而通俗好懂。

❻ 以上为本文第一部分，说明大学之道内容有三（“明明德”“亲民”“止于至善”），概论修齐治平的途径及其关键（“修身为本”）。

原文

所谓诚其意者，毋自欺也。如恶恶臭，如好好色，[1]此之谓自谦[2]。故君子必慎其独也。小人闲居为不善，无所不至，见君子而后厌然[3]，掩其不善，而著其善。人之视己，如见其肺肝然[4]，则何益矣。此谓诚于中，形于外，故君子必慎其独也。曾子曰：“十目所视，十手所指，其严乎！”富润屋，德润身，[5]心广体胖[6]，故君子必诚其意。

注释

❶ “恶（wù）恶（è）臭”，厌恶臭秽之气。“好（hào）好（hǎo）色”，喜欢美色。

❷ 自谦（郑玄、朱熹都说此字读为慊，qiàn），自然而安静，自己觉得快慰、满足。

❸ 厌然，郑玄说是“闭藏貌”，朱熹意同。按：“闭藏”这里可以理解为掩饰的意思。

❹ 这个“然”字可以属下句读。

❺ “富润屋，德润身”：富裕人家才能将房屋修建、装饰得美观有气派，有道德的人才能显得形象光彩。比喻充实自己并注重道德修养对每个人都很重要。

❻ 心广体胖（pán）：内心宽广，身体安泰舒适。

原文

《诗》[1]云：“瞻彼淇澳[2]，菉竹猗猗[3]。有斐君子，如切如磋，如琢如磨。[4]瑟兮僩兮，赫兮喧兮。[5]有斐君子，终不可喧[6]兮！”“如切如磋”者，道学也。“如琢如磨”者，自修也。“瑟兮僩兮”者，恂栗[7]也。“赫兮喧兮”者，威仪也。“有斐君子，终不可喧兮”者，道盛德至善，民之不能忘也。

《诗》云：“於戏，前王不忘！”[8]君子贤其贤而亲其亲，小人乐其乐而利其利，此以没世不忘也。

注释

❶ 这里引的是《诗经·卫风·淇澳》的句子。

❷ 澳，又写作奥，音 ào（旧读 yù），这里指山水弯曲之地。淇澳：淇水之湾。

❸ 《尔雅·释草》：“菉，王刍。”郭璞注：“今呼鸱脚莎。”猗（yī）猗，美盛貌。

❹ 《诗经》中句式，凡形容词前加一“有”字者，其意思与同一形容词的重叠相当。“有斐”就是斐斐，陆德明《释文》解释为“文章貌”。用现在的说法，就是文采盎然。《尔雅·释训》：“如切如磋，道学也。如琢如磨，自修也。”（《大学》下文也有这些话。）郭注：“骨象须切磋而为器，人须学问以成德。玉石之被雕磨，犹人自修饰。”“如切如磋，如琢如磨”，以骨、象、玉、石必须切磋琢磨，才能成器，比喻人们必须加强学习，注重修养，久经锻炼，方能成才。“切磋”“琢磨”两词出于《诗经》此诗。

❺ 瑟，音与“颜色”之“色”同，这里是严肃、矜持的样子。僩（xiǎn，一说读 xiàn），《说文》解释为“武貌”；以全诗基调而论，应该是庄严、敬畏的意思。赫，显赫，这里指面貌。喧，由宣扬、喧腾而彰著，与“赫”义近。“赫喧”是联绵词。

❻ 喧，一作谖（xuān），忘记的意思。

❼ 恂，郑玄注：“或作峻，读如‘严峻’之峻。”《释文》：“依注音峻。”又云“一音思旬反”，则可读 xún。恂栗（lì），严厉的意思。

❽ 这里引的是《诗经·周颂·烈文》的句子。於戏，读 wū hū，感叹

词。“前王”，指周文王武王。

原文

《康诰》曰：“克明德。”❶《大甲》曰：“顾諟天之明命。”❷《帝典》曰：“克明峻德。”❸皆自明也。

汤之《盘铭》曰：“苟日新，日日新，又日新。”❹《康诰》曰：“作新民。”❺《诗》曰：“周虽旧邦，其命维新。”❻是故君子无所不用其极。

注释

❶《康诰》为《尚书》篇名。克明德：能够尊崇而彰显德行。《礼记·礼运》：“故君者所明也，非明人者也。”郑注：“明犹尊也。”可见“明”有尊尚的意思。“明”者显明，固为常训。

❷《大甲》也是《尚书》篇名。郑注：“顾，念也。諟犹正也。”孔疏解释此句意思说：“伊尹戒大甲云：‘尔为君，当顾念奉正天之显明之命，不邪僻也。’”今按：顾为顾念，也算是常训。諟，与其解释为“奉正”，不如解释为“尊奉”。

❸《帝典》指《尚书·尧典》。“克明峻德”，意思是说：尧能自明其大德。峻，这里是高大的意思。

❹ 汤之盘铭：指商汤时期在沐浴用的盘上刻的告诫或自警之词。“苟日新”之苟，孔疏解释为“诚也”。因为盘铭全文至今不可得见，我们无法判断此字究竟是作副词还是作关联词用。如果意思是诚信敬业，那么此字当作“茍”（《说文·茍部》云“自急敕也……犹慎言也”），读 jì。三句连接一贯，意思应该是日复一日，精进不已。

❺“作新民”，在《康诰》本是将殷民改造为新人的意思。《大学》此句意为鼓励求学者自觉改造，不断自新。

❻ 这里引的是《诗经·大雅·文王》的两句，意思是：姬周立国虽然已经很多年了，但是文王由于能日新其德，所以他能接受上帝赋

予的更新天下的使命,使姬周显得年轻而充满活力。

原文

《诗》云:“邦畿千里,维民所止。”[7]《诗》云:“缗蛮黄鸟,止于丘隅。”[8]子曰:“于止,知其所止,可以人而不如鸟乎?”《诗》云:“穆穆文王,於缉熙敬止!”[9]为人君,止于仁;为人臣,止于敬;为人子,止于孝;为人父,止于慈;与国人交,止于信。

注释

❼ “邦畿千里,维民所止”,是《诗经·商颂·玄鸟》一诗中的两句。原意为:殷商国幅员辽阔,为人民安居乐业之地。畿(jī),这里指国土疆界。

❽ 这两句诗见于《诗经·小雅·绵蛮》。“绵蛮”双声,其义众说不一,可以肯定是“黄鸟”的修饰词。依毛传孔疏,“绵蛮”是说黄鸟微小的样子。小小的黄鸟还知道找个丘隅做归寓(落脚之地)呢。

❾ “穆穆文王,於缉熙敬止”,这两句也是从《诗经·大雅·文王》引出来的。《尔雅·释训》:“穆穆,敬也。”於(wū),叹美之词。《诗经·大雅·文王》毛传与《大学》郑注:“缉熙,光明也。”“止”在《文王》一诗是语气词。郑注与朱熹《章句》解说《大学》引此诗句的“止”字,不将它讲成语气词,那是为了与前文《大学》开头所谓“大学之道……在止于至善”以及有关的解说相应相合。朱熹《章句》说:“敬止,言其无不敬而安所止也。引止而言圣人之止无非至善。”

原文

子曰:“听讼,吾犹人也。[1]必也使无讼[2]乎!”[3]无情者[4]不得尽其辞。大畏民志,此谓知本。[5]

注释

❶ 听讼,听人家告状而断案。这一句意思是:当法官判案,我与其他法官相同。

❷ 无讼,没有人打官司。就是社会上没有争端,天下太平的意思。

❸ 《论语·颜渊》也有孔子这两句话。据《释文》,可知陆德明看到的《礼记·大学》引孔子这两句话,前一句作"吾听讼犹人也",意思没有什么不同。毫无疑问,这两句话反映了孔子的政治理想,与《礼记·礼运》记孔子对"大同"社会的阐述相通。

❹ 郑、朱注释都说"情"是"实"的意思。"无情者",不诚实的人。

❺ 古今注家对"大畏民志"的解说,或认为是"畏服民之心志",或认为是"使民众畏惧"的意思。是谁"畏服民之心志""使民众畏惧"呢?大多学者认为是听讼者,少数学者认为是上层人物。上层人物可以是听讼者。这里问题在于:"大畏民志"既应该与紧随其后的"此谓知本"相联系,而这紧相联系的两句又应该与全文中心议题("大学之道,在明明德,在亲民,在止于至善")相呼应。《大学》前文已经肯定:"自天子以至于庶人,壹是皆以修身为本。"自"大学之道"与"修身为本"二者观之,考虑到"无讼"与"无情者"之间的内部联系,我们认为"大畏民志"之"畏",与《礼记·曲礼上》"贤者狎而敬之,畏而爱之"之"畏"义同(郑注:"心服曰畏")。《大学》郑注说"大畏民志"是"大畏其心志",朱熹《章句》说是"畏服民之心志",基本正确。但若解释为"使民众畏惧",恐怕不是《大学》本意。今按:第二部分第一层意思到此为止(唯"所谓诚其意者"一段应属于第二部分第二层,说又见后)。这一层的大意是:引《诗》《书》、汤之盘铭以及孔子,逐一验证第一部分提出的各个观点持之有据。

原文

所谓修身在正其心者:身有所忿懥❶,则不得其正;有所恐惧,则不得其正;有所好乐,则不得其正;有所忧患,则不得其正。心不在焉,视而不见,听而不闻[2],食而不知其味。此谓修身在正其心。

所谓齐其家在修其身者:人之其所亲爱而辟[3]焉,之其所贱恶[4]而辟焉,之其所畏敬而辟焉,之其所哀矜[5]而辟焉,之其所敖惰[6]而辟焉。故好而知其恶,恶而知其美者,天下鲜矣。故谚[7]有之曰:"人莫知其子之恶,莫知其苗之硕[8]。"此谓身不修不可以齐其家。

注释

❶ 懥,音义与懫(zhì)同。忿懥,忿恨发怒。

❷ "视而不见,听而不闻":看和听的行为已经发生,可是没有看到,没有听到。由此可知视和见,听和闻是有区别的。《说文·见部》段注:"视不必皆临。"《说文·耳部》:"听,聆也。""闻,知声也。"段注:"往曰听,来曰闻。"听是听人家的(外界的),由我及彼,往也;闻是听到了人家的(外界的),由彼及我,来也。视和见也有往和来,行为与效果的区别。

❸ 郑注:"譬犹喻也。"《释文》说"辟音譬"。阮元等人《校勘记》已指出:"譬,正字。辟,假借字。"将自己与人家作比较,以心度之而知其所以然。这里连同下文五句"辟焉",都可以这样理解。另一种说法,将"辟"解释为"偏僻",与《大学》下文可以贯通,但是与原文有"辟"字的五句本意未必相合,今不取。

❹ 恶(wù),动词。贱恶,轻视,厌恶。

❺ 哀矜(jīn):怜悯的意思。音与"今"同。

❻ 敖惰:骄傲懈怠。敖与傲同。

❼ 谚(yàn):俗语。

❽ 孔疏:"硕犹大也……子虽有恶,不自觉知,犹好而不知其恶也。农夫种田,恒欲其盛,苗虽硕大,犹嫌其恶;以贪心过甚,故不知其苗之硕。"这样讲,与经文"好而知其恶,恶而知其美者,天下鲜矣"相应。

原文

所谓治国必先齐其家者，其家不可教而能教人者，无之。故君子不出家而成教于国：孝者，所以事君也；弟[9]者，所以事长也；慈者，所以使众也。《康诰》曰："如保赤子。"[10]心诚求之，虽不中不远矣[11]。未有学养子而后嫁者也。一家仁，一国兴仁；一家让，一国兴让；一人贪戾[12]，一国作乱：其机[13]如此。此谓一言偾事[14]，一人定国[15]。尧、舜率天下以仁，而民从之。桀、纣率天下以暴，而民从之。其所令反其所好，而民不从。是故君子有诸己而后求诸人，无诸己而后非诸人。[16]所藏乎身不恕，而能喻诸人者，未之有也。[17]故治国在齐其家。《诗》云："桃之夭夭，其叶蓁蓁。之子于归，宜其家人。"[18]宜其家人，而后可以教国人。《诗》云："宜兄宜弟。"[19]宜兄宜弟，而后可以教国人。《诗》云："其仪不忒，正是四国。"[20]其为父子兄弟足法，而后民法之也。此谓治国在齐其家。

注释

[9] 弟（tì）：实即"悌"字，敬爱兄长的意思。

[10] "如保赤子"：像保护小孩子一样。如，一本作"若"，是义同音转。

[11] "虽不中不远矣"：中，音 zhòng。全句意思是说：虽然不能达到目的，但是相差不远了。

[12] 贪戾：贪污财物，性情暴戾。戾，lì，音与"力"同，指性情怪异。

[13] 郑注："机，发动所由也。"朱熹用郑注。按：此"机"，相当于现在所说的根本、源头、缘由。

[14] 一言偾事：一句话（或一个字）坏了事。偾（fèn），郑注："犹覆败也。"朱熹用郑注。按：此"偾"，与现在说的"毁败"义同。

[15] 这里"一人"指最高统治者（国君），与上文"一人"义同。上文"一家"指最高统治者家族（皇室，王室）。郑注、朱熹《章句》已经指明此"一人""一家"的特殊含意。今按：上文"一言"当然不是随便什么人的一句话，而是指最高权势者的一番议论，或一个批

示,所谓最高指示。理由很简单,因为地位低下者的议论或批示一般来说不足以影响全国。

⑯ 这里四"诸"字,皆"之于"之合音。郑注:"有于己谓有仁、让也。无于己谓无贪戾也。"朱熹《章句》:"有善于己,然后可以责人之善。无恶于己,然后可以正人之恶。"郑、朱两先贤说的都对。按:这里说的就是所谓表率作用。

⑰《论语·里仁》:"夫子之道,忠恕而已矣。"邢疏:"恕谓忖己度物也。"朱熹《论语集注》:"推己之谓恕。"《大学》"所藏乎身不恕"之恕,应与《论语·里仁》之恕同义。不能推己身所具备者以及于人,还想让人家理解,那怎么会呢?

⑱ 这里引诗见《诗经·周南·桃夭》。夭夭(yāo):形容草木鲜嫩、茂盛。蓁蓁(zhēn):形容茂密肥美的叶片。毛传:"之子,嫁子也。于,往也。""一家之人尽以为宜。"按:毛传对这四句的解说基本正确。《尔雅·释训》:"之子者,是子也。"(《大学》郑注同)郭注:"斥所咏。"可见"之子"就是诗中描写的这个人。《春秋公羊传·隐公二年》:"妇人谓嫁曰归。"《诗经·周南·葛覃》毛传说同。连贯起来说,《桃夭》这四句诗的意思是:少(shào)壮的桃树,叶儿茂盛。这个女孩嫁往夫家,全家和谐,无不适宜。

⑲"宜兄宜弟",见《诗经·小雅·蓼萧》。原意是说君子与兄弟和睦相处。

⑳"其仪不忒,正是四国",见《诗经·曹风·鸤鸠》。忒(tè),差错。正,尊长。孔疏:"言在位之君子威仪不有差忒,可以正长是四方之国,言可法则也。"

原文

所谓平天下在治其国者:上老老而民兴孝[21],上长长而民兴弟[22],上恤孤而民不倍[23],是以君子有絜矩之道[24]也。

所恶于上,毋以使下;所恶于下,毋以事上;所恶于前,毋以先

后；所恶于后，毋以从前；所恶于右，毋以交于左；所恶于左，毋以交于右：此之谓絜矩之道。㉕

注释

㉑ “上老老而民兴孝”：“老老”是意动用法，以老人为老者加以尊敬。这里有《孟子·梁惠王上》“老吾老以及人之老”的意思。在上位者能做到尊敬老者，下民自然会兴起孝心。

㉒ “上长长而民兴弟”：“长长”也是意动用法，以兄长为兄长加以尊敬。此“弟”(tì)也是悌。在上位者尊敬兄长，下民自然就会兴起尊敬兄长之风了。

㉓ “上恤孤而民不倍”：恤(xù)，有怜悯、救济的意思。倍，这里音义与“悖”或“背”相同。郑注：“恤，忧也。民不倍，不相倍弃也。”在上位者能抚恤(救济)孤弱之人，下位之民自然互相爱护帮助，不相背弃了。

㉔ 絜矩之道：这里絜(xié)指量度长短，泛指衡量。矩，本指方形或画方形的工具，泛指规则、法度。絜矩之道，本意指衡量评判人物的尺度、规矩，这里应指治国治民的一切法度。

㉕ 这一段意在说明絜矩之道。郑注：“絜矩之道，善持其所有以恕于人耳。治国之要尽于此。”足见此道实质上就是《论语·卫灵公》说的“己所不欲，勿施于人”(孔子一言以蔽之曰“恕”)的意思。六“恶”字，皆动词，读wù。今按：第二部分第二层意思到此为止，解释修身正心齐家治国平天下。“所谓诚其意者”一段应该写在这一层开头，不知何故而原简误脱了。

原文

《诗》云：“乐只君子，民之父母。”❶民之所好好之，民之所恶恶之，此之谓民之父母。《诗》云：“节彼南山，维石岩岩。赫赫师尹，民具尔瞻。”❷有国者不可以不慎，辟则为天下僇矣❸。《诗》云：“殷之末丧师,克配上帝。仪监于殷,峻命不易。"[4]道得众则得国,失众则失国。[5]

是故君子先慎乎德。有德此有人[6],有人此有土,有土此有财,有财此有用。德者本也,财者末也。外本内末,争民施夺。[7]是故财聚则民散,财散则民聚。是故言悖而出者,亦悖而入;[8]货悖而入者,亦悖而出。[9]

注释

❶ "乐只君子,民之父母":这两句诗见《诗经·小雅·南山有台》。"只"为语中助词,读轻声 zhi,这是一般的说法。郑笺说法不同:"'只'之言是也。"这样讲,"只"不是助词,而成为指示代词了。两说皆通。两句诗的意思,是说有君子为民父母,令人快乐。

❷ 这里引的诗见《诗经·小雅·节南山》。节(jié),毛传:"高峻貌。"《韩诗》说"节"是"视"的意思,也讲得通。毛传又说:"岩岩,积石貌。""赫赫,显盛貌。师,大师,周之三公也。尹,尹氏为大师。具,俱。瞻,视。"孔疏:"节然高峻者,彼南山也。山既高峻,维石岩岩然,故四方皆远望而见之,以兴赫赫然显盛者,彼太师之尹氏也,尹氏为太师既显盛,处位尊贵,故下民俱仰汝而瞻之。"按:孔疏对《节南山》开头四句的解说是准确的。"民具尔瞻",研究古汉语语法的学者喜欢举此例说明动宾倒置。

❸ 辟(pì),偏邪。僇(lù),诛杀。陆德明《释文》说辟"与僻同",僇"与戮同"。郑注:"邪僻失道则有大刑。"孔疏:"君若邪辟,则为天下之民共所诛讨,若桀纣是也。"这里注疏很正确。

❹ 这里引诗见《诗经·大雅·文王》。丧(sàng),丢失。师,这里指民众。克,能够。"克配上帝":古代一种迷信思想,认为德高望重的最高统治者死后灵魂升天,能够做天帝的配角,享受后人的祭祀。"仪监于殷":仪,《诗经》本作"宜"。监,《大学》郑注、孔疏、朱熹《章句》都解释为"监视"。今按:"监"可通"鉴"。《诗经·大雅·文王》郑笺:"宜以殷王贤愚为镜。"诗疏作了详明的

发挥。《诗经·邶风·柏舟》“我心匪监”,《释文》谓“本又作鉴”,“镜也”。监鉴通借无可疑。《文王》疏说:“殷自纣父以前未丧失众心之时,其德皆能配上天之命而行。由纣不能配天命,令臣民叛而归我。我宜鉴镜于殷,观其王之贤愚以为己戒。”“峻命”,《诗经》本又作“骏命”。《诗》毛传、《礼记》郑注、朱熹《章句》都认为峻(骏)是大的意思。“骏命不易”,诗笺认为是“天之大命不可改易”。《礼记》注则认为“峻命不易”是“天之大命得之诚不易”的意思。似以后说为长。这四句诗提示周王重视德治(即下文所谓“慎乎德”),不要失了民心,因为得上天“峻命不易”。

❺“道得众则得国,失众则失国”:这两句是对这一段议论做的结论。郑注:“道犹言也。”以“道”开头的这种句式告诉读者:上文意思说的是什么什么。《大学》下文“道善则得之”也是用这种句式。

❻“有德此有人”:刘淇《助字辨略》卷三已将这里的“此”解释为“斯也,乃也”。杨遇夫先生《词诠》卷六将这种句式中的“此”字解释为“承接连词”,以为“与‘斯’字‘则’字用法同”。裴学海先生《古书虚字集释》卷八也有这种说法。以上三先生的说法是正确的。《大学》“有德此有人”句下三句中“此”字也应该如此理解。

❼“外本内末,争民施夺”:这里所谓本末,承上文而言。上文说:“德者本也,财者末也。”所谓外本内末,自然是以德为外,以财为内。孔疏:“外,疏也。内,亲也……君若亲财而疏德,则争利之人皆施劫夺之情也。”朱熹《章句》:“人君以德为外,以财为内,则是争斗其民而施之以劫夺之教也。”他对原文这两句的解说符合本意。将“争民施夺”理解为两个动宾词组的颠倒顺序的并列,也不是讲不通。

❽“言悖而出者,亦悖而入”:悖(bèi),音义与“违背”之“背”相同。郑注:“悖犹逆也。言君有逆命,则民有逆辞也。”在上者政教之

言违背民心，则下民百姓必然发表违背君命的意见。

⑨ 货，财货。在上者剥削人民而聚敛财货，这是悖逆民心；下民百姓必然起而反抗，在上者聚敛的财货就保不住了。郑注于此引《老子》“多藏必厚亡”句，意思是说：“多藏”若是悖而入之，那么，其悖而出之（“厚亡”）就不可避免了。

原文

《康诰》曰：“惟命不于常。”[10]道善则得之，不善则失之矣。

《楚书》曰：“楚国无以为宝，惟善以为宝。”[11]

舅犯曰：“亡人无以为宝，仁亲以为宝。”[12]

《秦誓》曰：“若有一个臣，断断兮无他技，其心休休焉，其如有容焉。人之有技，若己有之；人之彦圣，其心好之，不啻若自其口出。寔能容之。以能保我子孙，黎民尚亦有利哉！人之有技，娼嫉以恶之；人之彦圣，而违之俾不通：寔不能容，以不能保我子孙，黎民亦曰殆哉！”[13]唯仁人放流之，迸诸四夷，不与同中国。[14]此谓唯仁人唯能爱人，能恶人。见贤而不能举，举而不能先，命也；[15]见不善而不能退，退而不能远，过也。[16]好人之所恶，恶人之所好，是谓拂人之性，灾必逮夫身。[17]是故君子有大道，必忠信以得之，骄泰以失之。

注释

⑩ 《康诰》曰“惟命不于常”，郑注：“言不专佑一家也。”按：《尚书・西伯戡黎》记殷纣所谓“我生不有命在天”，反映殷商末年最高统治者还认为“惟命于常”，认为天命专佑他一家而不会改变。《康诰》则反映周初统治者已经抱有与殷纣不同的天命观，已经认识到所谓天命是会改变的。其实，“惟命不于常”的观念不是周初王公才有的。《西伯戡黎》记祖伊的话（“天既讫我殷命”云云），足以反映与殷纣同时的贤人已经知道“惟命不于常”了。

⑪ “楚书”,《大学》郑注以为“楚昭王时书也”,朱熹《章句》以为即《楚语》。用今天的眼光看,郑、朱两说都没有确凿的证据。《楚语》今存,其中并无《大学》所引的两句原话或文字相差不多的话。郑在朱前九百余年,他不说“楚书”就是《楚语》,应该是表现了他的谨慎。孔疏引《楚语》《新序》《战国义》《史记》诸书为证,但是都没有如同《大学》援引的原话。可以肯定的一点是:这些书都记载了如同《大学》所引的两句话的意思,唯以善(主要指善人贤人)为宝。譬如《楚语下》:晋国赵简子问到楚国的宝玉白珩。楚大夫王孙圉对曰:“未尝为宝。楚之所宝者,曰观射父,能作训辞以行事于诸侯,使无以寡君为口实。又有左史倚相能道训典……此楚国之宝也。若夫白珩,先王之玩也,何宝之焉?”但如果把《大学》引《楚书》的话视为《楚语》这些话的概括的表述,也未尝不可。

⑫ 舅犯,晋献公之子重耳(齐桓公之后春秋一霸晋文公)的舅舅,名狐偃,字子犯。《礼记·檀弓下》记舅犯语:“丧人无宝,仁亲以为宝。”与《大学》所记舅犯语虽有两字之异,意思完全一样。《晋语二》记舅犯此语如下:“亡人无亲,信仁以为亲。”意思与《檀弓》《大学》并不一致。《左传》则实无类似之语。

⑬《秦誓》,《尚书》篇名,记秦穆公在崤之战秦军大败后的一次讲话。“若有一个臣”,个,或作介。郑注:“断断,诚一之貌也。”兮(xī),语气助词,一作猗(yī)。“休休焉”,《尚书》旧传说是“乐善”的意思,《尚书》孔疏引王肃解释为“好善之貌”。“彦圣”,指有德有才的人。朱熹《章句》:“彦,美士也。圣,通明也。”啻(chì),意思相当于“仅”“但”“只”等。不啻,有“如同”“相当于”“不仅”“不止”等意思。寔,一本作“是”,或作“实”,阮元等《校勘记》以为当作“寔”。王引之《经传释词》卷九谓当以“寔”为正字,“实”为借字,“寔”与“是”同义。《大学》郑注:“黎,众也。尚,庶几也。”这里“黎民”从下句读,是依《论衡·刺孟》读法。王引之《经义述闻》引其父念孙说,以为“尚”是“主”的意思,不当说

为"庶几"。从"若有一个臣"到"尚亦有利哉",是《秦誓》记载的秦穆公讲话的第一层意思,大意是:倘若有个做臣子的,为人诚实笃厚,他本人虽然没有什么技能,但他心胸宽广,好善容人,知道别人有一技之长,就好像他自己有这项技艺一样;对待贤明能干的人,就如同自己德才兼备一样喜欢。能够这样纳士爱才的臣子,得以重用,必能保我子孙,百姓万民也必然有利啊!秦穆公讲话的第二层意思,刚好把与前一层意思相反的情况指出来了。媢(mào),本或作冒,嫉妒的意思,《释文》:"谓覆蔽也。"理解为压制遮盖的意思,也符合媢的本意。《大学》郑注:"违,犹戾也。俾,使也。佛戾贤人所为,使功不通于君也。殆,危也。"孔疏:"若此蔽贤之人,是不能容纳。家国将亡,不能保我子孙。非唯如此,众人亦曰殆危哉!"

⑭ "放流之":"之"指上文说的"不能容"之人("蔽贤之人");放流,即后来所谓流放、驱逐。"迸诸四夷":迸(bèng),《释文》有解说,谓"迸犹屏也"。按:此屏(bǐng)是排除、抛弃的意思,历来有"屏弃"一词。"诸"是"之于"合音词。古代将居住在中国四方边远地区的民族称之为"四夷"。"中国":古代称华夏族居住之地(黄河中下游地区的中原)为中国,与"四夷"相对而言。后来称中华各民族组成的大家庭所居之地为中国。换言之,现在的中国就是中华各民族的祖国,但是古代(这里可以说隋唐之前)中国的概念范围肯定不如后来之大。于省吾先生有《释中国》一文,发表于《中华文史》,可参看。

⑮ "见贤而不能举,举而不能先,命也",郑注:"命读为慢,声之误也。举贤而不能使君以先己,是轻慢于举人也。"是郑玄以为"命"当作"慢"(轻慢之意),以双声致误。依郑注,原文是说:见贤人而不能向有关方面举荐,即使举荐也不愿意让贤人位居己身之上,其实还是轻慢贤人啊。

⑯ 孔疏:"此谓小人见不善之人而不能抑退之,假令抑退之,而不能使远退之。过者,言是愆过之人也。"按:孔疏道出了原句的含义。

⑰“拂人之性，灾必逮夫身”：依郑注，“拂犹佹也”。按：佹（guǐ），乖戾不相合的意思。违背正常的人性，灾祸肯定会落到他自己身上。

原文

生财有大道。生之者众，食之者寡，为之者疾，用之者舒，则财恒足矣。仁者以财发身，不仁者以身发财。[18]未有上好仁而下不好义者也，未有好义其事不终者也，未有府库财非其财者也。孟献子曰：“畜马乘，不察于鸡豚；伐冰之家，不畜牛羊；百乘之家，不畜聚敛之臣。与其有聚敛之臣，宁有盗臣。”[19]此谓国不以利为利，以义为利也。[20]长国家而务财用者，必自小人矣[21]。彼为善之，小人之使为国家[22]，灾害并至。虽有善者，亦无如之何矣！此谓国不以利为利，以义为利也。[23]

注释

⑱“仁者以财发身，不仁者以身发财”，依注疏，这两句意思是：有仁心的人散发财物而务于施与，成就好名声，这是以财发身；不仁的人贪于聚敛财富，因而劳役其身，甚至不惜剥削众人，以此种方式发财。

⑲此“畜”（xù），饲养之意。此“乘”（shèng），四马拉一车。郑注：“孟献子，鲁大夫仲孙蔑也。‘畜马乘’，谓以士初试为大夫也。‘伐冰之家’，卿大夫以上丧祭用冰。‘百乘之家’，有采地者也。鸡豚牛羊，民之所畜养以为财利者也。”孟献子这一段话的大意是：士初试为大夫者，不要计较畜养鸡豚的小利；卿大夫以上，不要饲养牛羊以图发财；有采地的卿大夫之家，不应该培养那些善于聚敛财富的家臣。与其有聚敛之臣，反不如有盗臣为好，因为盗臣不过将家中财物偷出去，聚敛之臣却有损于道义了。

⑳“国不以利为利，以义为利”，这是儒家治国的原则之一。国家应

该注重公民道德素质教育,提倡先公后私,大公无私,道义为上,反对损人利己,损公肥私,私利为上。这是十分重要的一方面。但是,如果国家根本不致力于发展经济,不致力于改善国民生活条件,只是空谈道义,也不是治国良策,这是又一个重要方面。《大学》的治国思想不是没有片面性,但是毕竟抓住了问题的一个重要方面。

㉑ “长国家而务财用者,必自小人矣”,孔疏:“言为人君长于国家而务积聚财以为己用者,必自为小人之行也。”按:这个说法是否有片面性,关键在于“长于国家”者积聚财物之目的与方式,倘如孔疏所说“以为己用”,那就真是“小人之行”了。

㉒ “彼为善之,小人之使为国家”,这里读起来不够顺畅。朱熹《章句》:“‘彼为善之’此句上下,疑有阙文误字。”按:朱子的质疑是有理由的。

㉓ 以上为第三部分,又引文献并加以发挥,论述修齐治平的道理。朱熹解说的《大学》原文与我们这里注释的《大学》不尽相同。照理说,解释不必一致,原文应该相同。朱子取程子之意对《大学》所做的补充,固然可供后世学者欣赏,但是不能当《大学》原文看,这是无可奈何的事。古人不可作,焉知朱子所补与古人一一契合?即使朱子补作犁然有当于古人之心,也只能视为朱子之作。如上文㉒所说:朱子对原文“彼为善之”上下的质疑是有理由的,若是他兴之所至,代古人纠误补阙,恐怕后世读者也只能视为朱元晦先生自己的文章。但是我们认为朱子对《大学》原文段落的调节可以成立。我们现在看到的《大学》“所谓诚其意者”一段,本为说明修齐治平的一个阶段而作,不知为何放在原文引《康诰》《大甲》《帝典》之上,而与同样解说修齐治平过程的诸排比段远隔?原文此处必有乱简。朱子将“所谓诚其意者”一段调到“所谓修身在正其心者”一段之上,置于诸排比段之首,理由是充分的。我们的点校与解说没有改动各段落次序,只是为了尊重古籍原貌和古籍整理的原则而已。

中　庸

《史记》卷第四十七:“子思作《中庸》。”我们认为此说可信,但其中有后世羼入的文句(说见后)。《经典释文》引郑玄《三礼目录》云:“名曰‘中庸’者,以其记中和之为用也。庸,用也。”这是郑玄对“中庸”的一种解释。“中庸”在正文中出现,始见于引仲尼语,注云:“庸,常也。用中为常道也。”这是郑玄对“中庸”的另一种解释。两说并不完全一致,但都突出了中之为用。朱熹《章句》引程子的说法:“不偏之谓中,不易之谓庸。中者,天下之正道。庸者,天下之定理。”这是程子对“中庸”的解释。郑玄的说法是从《中庸》原文找到的。程子的解说虽然不是直接取自原文,但与原文之意相关,而且对后世的影响较大。朱熹自己的说法是:“中者,不偏不倚、无过不及之名。庸,平常也。”(见《中庸章句》)此说源于程子与《中庸》原文,但与程子并不完全一致,对后世哲学思想、政治态度、生活方式、处事原则影响之大,实在程子之上。

孔疏为《中庸》划分了节次。朱熹《章句》将《中庸》分为三十三章,章数次序与孔疏节次基本相仿。朱子自少年读《中庸》,“沉潜反复”数十载,对原文理解很深。《中庸》原作流传至宋至今,文字之讹夺不免,而错简之事未闻,在这一方面比《大学》幸运。我们参照朱子的解说,但是不尽依朱子。我们将《中庸》的大体意思分为七部分,分别标以序号。

第一部分,就是开头一段(到“万物育焉”句止),阐明“性”“道”“教”“中”“和”五个概念,提出君子必慎独的观点,末了说到“致中和”的功效。这一部分是全文纲领所在。

以下至“唯圣者能之”,是第二部分,引孔子之言论证中庸之道的含义、重要性以及入此道之难。

以下至“父母其顺矣乎”是第三部分,论君子之道,与第一部分“道”“教”以及第二部分说的入道之难相应,末了论及入道之门。

以下至“治国其如示诸掌乎”,是第四部分,假托孔子的言论,讲德的要义,有大德之人及其继承者的早期榜样,其中论及诚、孝与礼的重要和功用。

“哀公问政”至“凡为天下国家有九经,所以行之者一也”,为第五部分,设哀公与孔子问答之词,论述国家政治、天下达道、治国九经(“九经”之“九”,指九件重要的事,这个“九”不是表示多数的虚数)。其中也论及修身与道、德以及相关问题(譬如事亲、行礼)。

接下来的“凡事豫则立”一段与治国、修身都有关系,重点落在“天之道”与“人之道”上面。而“博学之”到“虽柔必强”一段,论治学之道,其实是上一段“诚之者,人之道也”的补充。所以说这两段实际上与第一部分“修道之谓教”相应。过去的解说多认为这两段还是孔子的话,属于“哀公问政”的答词。现在我们把这两段与下文“自诚明”到“盖曰文王之所以为文也,纯亦不已”,视为《中庸》第六部分。这一部分的中心是论述“诚之者,人之道也”,论“天下至诚”。既然“自明诚,谓之教”“唯天下至诚,为能尽其性”,那么,第一部分说的“率性之谓道,修道之谓教”,第二部分引孔子言说的“中庸其至矣乎”“道之不行也,我知之矣”,第三部分论述的“君子之道”,第四、五部分说的盛德(大德)、大孝(达孝)、“天下之达道”“达德”、治国九经,也就可以做到而并非空谈了。

以下为《中庸》第七部分,也就是最后一部分了。这一部分盛赞圣人之道,充分宣扬“天下至圣”的德性与“天下至诚”的功用。“尊德性而道问学”“极高明而道中庸”,这是《中庸》末尾一部分的点睛之语,是《中庸》全篇的要义所在,也是中国思想史的重要命题,中国思想史的精粹所在,更是中国儒家学说的原理原则。“天命之谓性,率性之谓道”,所以要“尊德性”。“修道之谓教”,所以要“问学”。“中也者,天下之大本也;和也者,天下之达道也”,所以非道中庸不可。我们的理解,“中庸”不是“过”,也不是“不及”,而是“恰好”,实在是人类智慧的最佳表现。能够掌握天下之大本达道,难道还不是“极高明”吗?

《中庸》的作者是子思,写作时代在战国初期,这些都应该是定论。论者多说我国议论性质的文章自有标题,而标题就是中心议题,其产生时代在战国。子思作《中庸》,而"中庸"可以视为该文中心论点,那么,议论文开始有中心论题的时间可以定在战国之初。死于战国早年的墨子,其实就有一些文章如《非攻》《兼爱》的标题,可以作中心论题看。总之,《中庸》与《大学》一样,在中国思想史与文章学史上曾经占有重要地位。我们应该尽可能读懂它们。

原文

1 天命之谓性，率性之谓道，修道之谓教。[1]道也者，不可须臾离也，可离非道也。[2]是故君子戒慎乎其所不睹，恐惧乎其所不闻。莫见乎隐，莫显乎微，故君子慎其独也。[3]喜怒哀乐之未发，谓之中；发而皆中节，谓之和。中也者，天下之大本也；和也者，天下之达道也。[4]致中和，天地位焉，万物育焉。[5]

注释

❶ 郑注："天命，谓天所命生人者也。是谓性命……率，循也。循性行之，是谓道。"修，治也。治而广之，人放效之，是曰教。这些话有启发作用。依我们的理解，原文意思是说：人一生下来就有的、自然而然的本质叫作性。言行遵从人的本性，这就叫作道。修治此道而产生示范作用，这就是教了。

❷ 须臾（yú）：一会儿，片刻之间。道是片刻也不能离开的。要是可以离开，那它就不是道了。依郑注，道好比路，离开了路，就无从起步了。

❸ "莫见乎隐"：见（xiàn），与"出现"的"现"音义相同。《大学》也说"君子必慎其独"。《中庸》孔疏说君子之人"虽曰独居，能谨慎守道""以罪过愆失无见于幽隐之处，无显露于细微之所也"。

❹ 这里解释了"中"与"和"两个概念。"中节"的"中"读 zhòng，其他的"中"读 zhōng。平静而不显露自己的感情，《中庸》称这种心理状态为"中"。感情表现出来，能够做到适度而不过分，这叫作"和"。和就是和谐。各种情感都是由"中"这种状态生发的，所以说"中"是"天下之大本"。情感发作而能中节适度，就可以走遍天下，无往不适，所以说"和"是"天下之达道"。

❺ 郑注："致，行之至也。位，犹正也。育，生也，长也。"实现了中和的最高境界，天地的位置就正当了，万物的生长就顺畅了。

原文

2 仲尼曰:“君子中庸,小人反中庸。君子之中庸也,君子而时中[1];小人之中庸也,小人而无忌惮也。[2]”

子曰:“中庸其至矣乎!民鲜能久矣!”[3]

子曰:“道之不行也,我知之矣:知者过之,愚者不及也。道之不明也,我知之矣:贤者过之,不肖者不及也。[4]人莫不饮食也,鲜能知味也。”

子曰:“道其不行矣夫!”

注释

❶ 时中,郑玄解释为“时节其中”,孔疏以为其意“谓喜怒不过节也”,朱熹《章句》认为是“随时以处中”而做到“无时不中”的意思。今按:有一种说法,“时中”之时,有常也。《荀子·王制》“政令时”,高注:“时谓有常。”是其证。但是,如果考虑到句法,那么,“时中”之时,司也。《庄子·齐物论》“见卵而求时夜”,《释文》引崔谟云:“时夜,司夜。”司中,主持、行使中和之道。

❷ “小人之中庸也”,《释文》谓“王肃本作‘小人之反中庸也’”,程、朱皆以为然。今以为郑注实早有此意,而且上文明明说“小人反中庸”,故王肃本有“反”字可从。忌(jì),畏惧的意思。惮(dàn),顾忌、害怕的意思。无忌惮,没有顾忌,因而放肆,胆大妄为。

❸ “中庸其至矣乎!民鲜能久矣。”此句应该就是《论语·雍也》所记的如下的一句:“中庸之为德也,其至矣乎!民鲜久矣。”合而观之,可知孔子已将中庸作为一种最高尚的道德加以肯定,他认为国民缺少这种德行已经很久了。

❹ “不肖”的“肖”,读 xiào。不肖者,品行不像前辈好的人。这里孔子把道之不行、不明的原因归结于贤知与愚不肖者。贤知者“过之”,愚不肖者“不及”,过犹不及。由此可见,只有“中庸”(“中

和”）好。《中庸》作者传为孔子之孙子思，有《史记·孔子世家》为确凿之证据。在我们看来，史公这个说法可信。子思在《中庸》这篇文章中大量征引孔子的议论，无一不是为论证中庸之道服务。

原文

子曰：“舜其大知也与❺！舜好问而好察迩言❻，隐恶而扬善，执其两端，用其中于民，❼其斯以为舜乎！”

子曰：“人皆曰‘予知’，驱而纳诸罟擭陷阱之中，而莫之知辟也。❽人皆曰‘予知’，择乎中庸，而不能期月❾守也。”

子曰：“回之为人也，择乎中庸，得一善，则拳拳服膺❿而弗失之矣。”

子曰：“天下国家可均也，爵禄可辞也，白刃可蹈也，中庸不可能也。”⓫

注释

❺ “大知”之“知”，音义与“智”（zhì）同。与（yú），或写作“欤”，助词，略带疑问语气。

❻ 这一句两“好”字读 hào，喜爱的意思。迩（ěr）言，浅近的话。连浅近的话都乐于倾听而加以考察，何况寓意深长的话呢？

❼ 郑注：“两端，过与不及也。用其中于民，贤与不肖皆能行之也。”朱熹《章句》：“两端，谓众论不同之极致。盖凡物皆有两端，如小大、厚薄之类。于善之中又执其两端而量度以取中，然后用之，则其择之审而行之至矣。”按：用两端之中（朱子概括为“取中”）于民，这还是为了宣扬、推行中庸（中和）之道。

❽ 人皆曰“予知”，“知”音义与“智”（zhì）同。用现代汉语来说，这一句是人们都自以为聪明的意思。罟（gǔ），《释文》以为是“网之总名”。擭（huò），捕兽的装置。陷（xiàn）阱（jǐng），土坑。人兽

掉进坑里,就被抓住了。“知辟”之辟,音义与“避”(bì)同。莫之知辟,没有谁知道避开。

⑨ “期月”之期(jī),“稘”字之借。《说文》:“稘,复其时也。”段注:“言匝也。十二月匝为期年。《中庸》一月匝为期月。”今按:《中庸》“期月”意思是满一个月。此与《论语·子路》“期月而已可也”的期月不同。《中庸》“期月”言其时间之短,选择了中庸之道而不能坚持一个月;《论语·子路》说的是主政成效之速,但也不可能一个月就见效,所以“期月”应如邢疏“谓周一年之十二月也”。私意以为《中庸》“期月”作一年讲也是可以的。信奉一种德行,却连一年也不能坚持,那又算什么呢?

⑩ 拳拳(quán),也有写作“惓惓”的,恳切的意思,有时可理解为操守笃诚的态度。膺(yīng),胸。这里“服”读 fú,信奉、遵从的意思。服膺:衷心信奉,铭记于心胸。

⑪ 爵(jué)禄(lù):爵位与俸禄。蹈(dǎo),踩,践踏。能够平治天下国家的人,辞去爵禄也不在乎的人,敢于脚踏白刃子的人,竟不能奉行中庸之道,这是反衬“中庸难为之难”(郑注语)。另有两说:一、是反诘句;二、“能”是《素问》“病能”之“能”。

原文

子路问强。子曰:“南方之强与?北方之强与?抑而强与[12]?宽柔以教,不报无道,南方之强也,君子居之。衽金革,死而不厌,北方之强也,而强者居之。[13]故君子和而不流,强哉矫![14]中立而不倚[15],强哉矫!国有道,不变塞焉,强哉矫!国无道,至死不变,强哉矫![16]”

子曰:“素隐行怪[17],后世有述焉,吾弗为之矣。君子遵道而行,半涂而废,吾弗能已矣。君子依乎中庸,遁世不见知而不悔,唯圣者能之。”

注释

⑫ “抑而强与”,抑(yì),这里是表示选择的连词,与现代汉语的“还是”“或者”相当。而,这里是第二人称代词,相当于“尔”“汝”(或作女),指子路。

⑬ 朱熹《章句》:“衽,席也。金,戈兵之属。革,甲胄之属。”孔疏将“衽金革”解释为“以甲铠为席,寝宿于中”。北方之强者以其刚猛之气,如此生活,至死不觉厌倦。

⑭ “和而不流”,性情与环境融洽,而德行自有主见与操守,不随便流移改变。“强哉矫”:矫(jiǎo)是勇武、强健的形象。全句是对君子奉行中庸之道因而表现为真正强者的赞美。

⑮ 倚(yǐ),偏。不倚就是不偏。这里赞扬“中立而不倚”者,也就是肯定中庸之道。

⑯ “不变塞”,郑注谓“塞或为色”。国家有道而不变色,很难讲得通。今以为仍当作“塞”。朱熹《章句》:“塞,未达也。”按:塞则不通,不通即不达。“焉”有“于是”的意思。“不变塞焉”,就是不改变“塞于是”即未达时候(被困而没有出路的时候)的气节。国无道,志得意满者肯定不是正人君子。无论国有道无道,都能坚持操守,那可真是矫矫强者了。朱子《章句》:“国有道,不变未达之所守。国无道,不变平生之所守也……君子之强,孰大于是?”这样解说很准确。

⑰ “素隐行怪”,朱熹《章句》:“素,按《汉书》当作索,盖字之误也。”今按:《汉书·艺文志》引孔子此语,确实用“索”字。小颜注:“《礼记》载孔子之言。索隐,求索隐暗之事,而行怪迂之道,妄令后人有所祖述,非我本志。”朱子《章句》发挥颜注之意,对索隐行怪者有批评,与颜注结合而可备一说。但是颜、朱之前,郑玄注云:“素读如攻城攻其所傃之傃。傃犹乡也。言方乡辟害隐身,而行诡谲以作后世名也。‘弗为之矣’,耻之也。”颜、朱之后,卫湜《礼记集说》引时贤之说,谓“无德而隐谓之素隐”“不修身以逆命

谓之行怪”，这是又一种不同意见了，其好处在于不用改字。如果《汉书》引文不是出于最早的本子，如果原文是“素”而非“索”，那么，卫氏的解说是值得考虑的。总而言之，“素隐行怪”是孔子不愿意做的。其下文说：“君子依乎中庸，遁世不见知而不悔，唯圣者能之。”“素隐行怪”绝非“遁世不见知而不悔”，当然也就与“君子依乎中庸”背道而驰了。

原文

3 君子之道费而隐。[1]夫妇之愚，可以与知[2]焉；及其至也，虽圣人亦有所不知焉。夫妇之不肖，可以能行焉；及其至也，虽圣人亦有所不能焉。天地之大也，人犹有所憾。故君子语大[3]，天下莫能载焉；语小，天下莫能破焉。《诗》云：“鸢飞戾天，鱼跃于渊。”言其上下察也。[4]君子之道，造端[5]乎夫妇；及其至也，察乎天地。

注释

[1] “君子之道费而隐”，这一句的解释也有不同说法。郑注：“费犹佹也。道不费则仕。”《释文》：“费，本又作拂。”按：佹（guǐ），违戾；拂，悖戾：两字有相同的意思。道既然行不通，那只好归隐了。这里郑注讲得通，问题是“费”何以解释为“佹”，应予证明。据《释文》，费作拂，而拂有悖戾的意思是可以找到很多证据的（譬如《诗经·大雅·皇矣》“四方以无拂”之拂）。费与拂都从弗得声，声同义通，这也是可以证明的。朱熹《章句》将“费”解释为“用之广也”，他没有证明费何以有此义。“君子之道”，其为用很广，这是讲得通的。问题是“费”与“广”之间的关系必须得到阐发，无征不信。今按：“费”可以解释为“光明”。《楚辞·招魂》：“费白日些。”王逸注：“费，光貌也。”是其证。洪兴祖补注：“昲，日光也。”盖以为费是昲的借字。朱骏声《说文通训定声·履部》说《招魂》这个费假借为昲。洪、朱两说皆可通。君子之道本来是光明正大的，但若是不仔细琢磨、体会，其中道理并不容易明白、掌

握,用朱熹的话说,是“隐而莫之见也”“圣人固有所不能尽也”。

❷ “与知”之“与”(yù),参加、列入的意思。与知:参入同一个行列,并且得知有关情况。

❸ “语大”以及下文“语小”之语(yù),将某种意思告诉别人。

❹ 这里引诗见《诗经・大雅・旱麓》。鸢(yuān),老鹰。戾(lì),这里是“至”的意思。老鹰高飞至天上,鱼在深水里跳跃。郑注:“察犹著也。”“是其著明于天地也。”朱熹《章句》也将“察”解释为“著”。杨伯峻先生以为“旧说欠妥”,他的《白话四书》(岳麓书社1989年版)说:“察”和繁体“際”同从祭声,二字相通,察即际(際的简体)。“言其上下察也”,意思是说君子之道“可以和天地上下交接”。今按:杨先生此说可从。《诗经・小雅・菀柳》“无自瘵焉”,郑笺:“瘵,接也。”阮元等《校勘记》:“按笺即际之假借也。”又,《淮南子・精神训》“与道为际”,注:“际,合也。”合与接交义近。《中庸》下文“察乎天地”,“察”也是“交接”的意思。

❺ 造端:开始。

原文

子曰:“道不远人。人之为道而远人,不可以为道。《诗》云:‘伐柯伐柯,其则不远。’执柯以伐柯,睨而视之,犹以为远。故君子以人治人,改而止。[6]忠恕违道不远,施诸己而不愿,亦勿施于人。[7]君子之道四,丘未能一焉:所求乎子,以事父,未能也;所求乎臣,以事君,未能也;所求乎弟,以事兄,未能也;所求乎朋友,先施之,未能也。[8]庸德之行,庸言之谨;有所不足,不敢不勉,有余不敢尽;言顾行,行顾言,君子胡不慥慥尔!”[9]

注释

❻ 这里引诗见《诗经・豳风・伐柯》。豳(bīn),或写作“邠”,古地

名。柯(kē),斧柄。“其则”,它的法则(样本,模样)。手执斧柄砍树木做斧柄,这斧柄的样本就在手上,实在不算远。睨(nì)。睥(pì),《释文》:“睨也。”按:睥睨就是斜着眼看。做斧柄的时候,斜着眼看手里握着的斧柄,还嫌样本远了呢。由此可知为人处事之道不应该离开人们自己的生活太远。如果人们在社会生活中实行的为人处事之道离开日常生活远了,那还算什么道?所以君子拿自己为人处事的道理(法则)要求(或对待)别人,人家把错误改了,也就行了。

❼ “忠恕”,请参看《大学》“所藏乎身不恕”的注释。“施诸己而不愿,亦勿施于人”,正是孔子一再宣扬的忠恕之道,亦即上文“道不远人”之道。

❽ 这里引孔子的话,说孝(“所求乎子以事父”)、忠(“所求乎臣以事君”)、悌(“所求乎弟以事兄”)、友(“所求乎朋友”)为君子的四项道行,而孔丘先生自谦,说他连一项也做不到。这也就是上文说过的“君子之道费而隐”“虽圣人亦有所不能焉”。

❾ 庸是“平常”的意思。德应该付之于平常的行为(实践),平常的言论应该谨慎。行德谨言若是做得不够,就应该勉励自己。孔疏:“‘有余不敢尽’,谓己之才行有余于人,常持谦退,不敢尽其才行以过于人。”言行相顾,不要言行不一。“慥”读 zào。郑注:“慥,守实言行相应之貌。”朱子《章句》:“慥慥,笃实貌。”君子怎么能够言行不一致呢?为何不让人们感到笃实可信呢?

原文

君子素其位而行,不愿乎其外。❶素富贵,行乎富贵;素贫贱,行乎贫贱;素夷狄,行乎夷狄;素患难,行乎患难;君子无入而不自得焉。在上位不陵下,在下位不援上,正己而不求于人,则无怨。上不怨天,下不尤人。❷故君子居易以俟命,小人行险以徼幸。❸子曰:“射有似乎君子;失诸正鹄,反求诸其身。”❹

君子之道，辟如行远必自迩，辟如登高必自卑。[5]《诗》曰："妻子好合，如鼓瑟琴。兄弟既翕，和乐且耽。宜尔室家，乐尔妻帑。"[6]子曰："父母其顺矣乎！"[7]

注释

❶ "素其位而行，不愿乎其外"，孔疏："素，乡也。乡其所居之位而行其所行之事，不愿行在位外之事。"按："平素"一词有"一贯""一直以来"的意思，当然包括过去。孔疏之"乡"，通"向"，表示时间概念，有"昔日""以前"的意思。朱熹《章句》将"素"解释为"犹见在也"，比孔疏更准确。"平素""素来"，当然含有"见在"的意思。现在处于何等地位，就应该做与所处地位相合的事，不要做所处地位之外的事。《论语·泰伯》："不在其位，不谋其政。"《宪问》："君子思不出其位。"《易经·艮卦》象辞："君子以思不出其位。"都是这个意思。

❷ 陵（líng，音义与"欺凌"之"凌"同）人，欺压人的意思。援，攀附。严格规范、修正自己的言行，就不会招致人家埋怨。尤，这里也是怨恨的意思。

❸ "居易以俟命"与"行险以徼幸"相对而言。易，平安。君子居平安之地而听天由命（这里是安享天年的意思）。徼（jiǎo），求。徼幸，或作侥幸，妄想得到不应该得到的。小人行危险之道而妄想分外之福。

❹ 正（zhēng）鹄（gǔ）：射击所立靶子叫作"鹄"，"正"是靶子的中心。（对正鹄的解释，还有别的说法，但一般都与射击有关。）"失诸正鹄"，失是离开的意思，指没有射中靶子。此时不应怨天尤人，只能反身自责。君子之为人也应该这样，所以说"射有似乎君子"。

❺ 这里"卑"用本义，譬如《左传》昭公三十二年"士弥牟营成周，计丈数，择高卑"句，这个"卑"就是低下的意思。到远地方去，当然从近处开始走；要登上高地，当然从低下之地开始。伪古文《尚书·太甲下》"若升高，必自下；若陟遐，必自迩"，应从《中庸》演

化而来。

❻ 这里引诗见《诗经·小雅·常棣》。翕(xī),和顺相合的意思。郑注:"耽亦乐也。"帑(nú),《释文》:"音奴。子孙也。本又作孥,同。"

❼ 这一句连同上文看。兄弟、妻儿子女能和乐相宜,父母也该就和顺安康了。

原文

4 子曰:"鬼神之为德,其盛矣乎!视之而弗见,听之而弗闻,体物而不可遗。使天下之人齐明盛服,以承祭祀。洋洋乎如在其上,如在其左右。[1]《诗》曰:'神之格思,不可度思!矧可射思!'夫微之显,诚之不可掩如此夫。"[2]

子曰:"舜其大孝也与!德为圣人,尊为天子,富有四海之内。宗庙飨之,子孙保之。故大德必得其位,必得其禄,必得其名,必得其寿。故天之生物,必因其材而笃焉。故栽者培之,倾者覆之[3]。《诗》曰:'嘉乐君子,宪宪令德。宜民宜人,受禄于天。保佑命之,自天申之。[4]'故大德者必受命。"

注释

❶ "体物而不可遗":生存并体现于万物中,万物无一可以离开它。这里极言鬼神之灵,所以才有下文说的祭祀。齐(zhāi),音义与"斋"同,《释文》:"本亦作斋。"古人举行祭祀之前的准备活动,主要是"齐明",齐是斋戒,明是洁身(郑注云"明犹洁也")。"盛服"是参加祭典的衣饰。祭典全过程中,参与祭典者应该产生特有的感觉,觉得被祭祀的鬼神好像就在头顶上空徘徊,就在自己身边左右。《论语·八佾》:"祭如在,祭神如神在。"记孔子在祭典中的感受,与《中庸》此处说的意境相似。

❷ 这里引诗见《诗经·大雅·抑》。三"思"字,语气助词。度

(duó),揣度的意思。矧(shěn),何况,况且。射,这里音义与“斁”(yì)同,厌倦的意思。鬼神何时光临人间的祭典,是不可推测的,主持或参加祭典的人怎么能表示厌倦呢。鬼神之灵由幽微而显著,祭祀者有无诚意,如此明白,也是不可掩饰的。夫,这里是句末语气助词。

❸ 郑注:“材,谓其质性也。笃,厚也。”朱熹《章句》没有不同解释。天下万物各有其质性,据说天对万物的态度就是‘因其材而笃焉”,孔疏说是“随物质性而厚之”。譬如:对于栽植的生物,天会培育它。(一说是对人们立板筑墙的建设,天会培高加固。)对于倾斜的东西,天会使它覆亡。《中庸》把天说成有意志的天了。

❹ 这里引诗见《诗经·大雅·嘉乐》。“嘉”,或作“假”。“宪宪”,一作“显显”。郑注:“保,安也。佑,助也。”朱熹《章句》:“申,重也。”按:这里“民”“人”相对而言,意思自有区别,民指万民百姓,人指官人,孔疏的说法是对的。君子有显显善德,宜民上下皆以为适宜。此君子得到天帝保佑,才有他的禄位。天把福加给他,可见善德之人是天意所向。

原文

子曰:“无忧者,其惟文王乎!以王季为父,以武王为子,父作之,子述之。❺武王缵大王、王季、文王之绪,壹戎衣而有天下,身不失天下之显名。❻尊为天子,富有四海之内。宗庙飨之,子孙保之。武王末受命,周公成文、武之德,追王大王、王季,上祀先公以天子之礼。❼斯礼也,达乎诸侯大夫,及士庶人。父为大夫,子为士,葬以大夫,祭以士。父为士,子为大夫,葬以士,祭以大夫。期之丧,达乎大夫。三年之丧,达乎天子。父母之丧,无贵贱,一也。❽”

注释

❺《论语·述而》:“述而不作。”朱熹《章句》:“述,传旧而已。作,

则创始也。"《中庸》"父作之,子述之",意即父辈创业,儿辈守成。

❻ 缵(zuǎn),继承。"大王",即《史记·周本纪》的古公亶父,王季之父,文王之祖父。大,这里音与"太"(tài)同。绪(xù),本义指丝线的开端,喻指事业之始。周武王继承并完成的正是大王、王季、文王未了之业。按:晋以后通行本《尚书·武成》有"一戎衣天下大定"句,此句与《中庸》"壹戎衣而有天下"意思应该相同。有两种解释。《中庸》郑注:"戎,兵也。衣读如殷,声之误也。齐人言殷声如衣……壹戎殷者,壹用兵伐殷也。"《释文》:"壹戎衣,依注衣作殷……谓一用兵伐殷也。《尚书》依字读,谓一著戎衣而天下大定。"朱熹《章句》:"戎衣,甲胄之属。'壹戎衣',《武成》文,言一著戎衣以伐纣也。"是朱子依《尚书》旧传。我们认为:如果《尚书》旧传的说法能够成立,那么至少可以证明汉语"一……就……"这种句式至迟出现于东晋。但是,《尚书》旧传的说法显然出于夸张,没有反映武王伐纣的全过程。其实,两种解释的基本思路都是伐殷,其主要区别只是对"衣"的解说。郑君山东高密人,应该熟悉齐地"衣"的音读。依上古音韵,"衣""殷"阴阳对转,"衣"可以解为"殷"。先师郭君重晋稀先生《声类疏证》卷二说到衣字读殷的证据。但我们对"壹戎"两字的讲法与郑朱二贤不同。《尚书·康诰》有"殪戎殷"句。《中庸》"壹戎殷","壹"借为"殪"(yì),诛杀的意思。《尔雅·释诂》:"戎,大也。"戎衣,就是大殷,也就是研契诸家熟知的"大邑商"(如《卜辞通纂》590、592是)。诛了大邑商,武王就有了天下。

❼ 末,这里是老年的意思。"追王"之"王"音 wàng,追尊为王的意思。周公在姬周夺取天下之后,用天子礼祭祀并未做过天子的先公,当然是因为周公之兄武王已经做了天子,而周公当时摄政,实际上也就是做了天子(或者说是代行天子的权力)。

❽ "斯礼也",承上文,指"上祀"先祖之礼。郑注:"葬之从死者之爵,祭之用生者之禄也。"他这里道出了葬、祭先人的两条制度。葬礼与死者身前的地位相应,不因后人的身份低下而降低规格。

祭礼可以因后人身份的提高而上升规格。葬祭之礼自天子达于士庶人皆有之，而丧服制度严格规定只有为父母服丧则任何人都是三年(这是周礼的规定)，其他等级的丧服就并不是任何人都非实行不可的了。譬如"期之丧，达乎大夫"，天子诸侯是不服旁期之丧的。

原文

子曰："武王、周公，其达孝矣乎！夫孝者，善继人之志，善述人之事者也。春秋修其祖庙，陈其宗器，设其裳衣，荐其时食。[9]宗庙之礼，所以序昭穆也。[10]序爵，所以辨贵贱也。[11]序事，所以辨贤也。[12]旅酬下为上，所以逮贱也。[13]燕毛，所以序齿也。[14]践其位，行其礼，奏其乐，敬其所尊，爱其所亲，事死如事生，事亡如事存，孝之至也。[15]郊社之礼，所以事上帝也。宗庙之礼，所以祀乎其先也。明乎郊社之礼、禘尝之义，治国其如示诸掌乎！"[16]

注释

[9] 宗器，宗庙中的祭器。朱熹《章句》说宗器是先世所藏之重器，那就不一定都是祭器了。这里的"裳衣"，指先祖遗留的衣服，设于宗庙，供祭祀用。时食，四时(春夏秋冬)新鲜食物，供祭祀用，意即让先人尝新。

[10] 郑注："序犹次也。"宗庙行礼是要讲究次序的。朱熹《章句》："宗庙之次：左为昭，右为穆，而子孙亦以为序。"

[11] 郑注："爵，谓公、卿、大夫、士也。"朱熹《章句》："爵，公、侯、卿、大夫也。"按：卿、大夫、士不算是爵位。《中庸》大体属先秦之书，先秦爵位公、侯之外，伯、子、男的存在应是可以考证的。讲究爵位，为的是分别贵贱。

[12] "序事"之事，郑注："谓荐羞也。"朱熹《章句》："宗祝有司之职事也。"两说都对，而朱注比较全面。贤与不贤，从办事能力可以

分辨。

⑬“旅酬下为上,所以逮贱也”,孔疏:“旅,众也。逮,及也。谓祭末饮酒之时,使一人举觯之后,至旅酬之时,使卑者二人各举觯于其长者,卑下者先饮,是下者为上,贱人在先。是恩意先及于贱者,故云‘所以逮贱也’。”(觯读 zhì,古时饮酒用器。)意思是众人向尊者敬酒,轮到“卑下者先饮”,也就让卑下者觉得“有事为荣”(见郑注与朱熹《章句》),这就是所谓“逮贱”(“恩意先及于贱者”)。

⑭燕,这里音义与“宴”(yàn)同,意即举行宴会。毛,这里指头发。郑注:“燕谓既祭而燕也。燕以发色为坐,祭时尊尊也,至燕亲亲也。齿亦年也。”宴会酒席之上,以年龄毛发为次序,也就是以年长者为尊。

⑮“事死如事生,事亡如事存”,这里“事死”与“事亡”并列,“死”与“亡”应有区别。朱熹《章句》:“始死谓之死,既葬则曰反而亡焉。”朱子这里说得很对,不懂丧葬之礼的人断然说不出来。古代丧葬礼制要求葬之前“事死如事生”,只要没有下葬,后人就应该把先人当作还在人世一样侍奉。既葬,侍奉之礼就有区别了。

⑯郊是祭天,社是祭地。郊社之礼不仅仅是事(祭祀)上帝。郑注、朱熹《章句》说这里有“省文”,也说得很对。禘,朱熹《章句》说是“天子宗庙之大祭,追祭太祖之所自出于太庙”。尝,秋祭专有名称,四时祭之一,举其一可以概括四时之祭。“示诸掌”,郑注以为“示”是放置的意思。如果懂得“郊社之礼,禘尝之义”,治理国家就好比把一件东西放在手掌里,不是难事。朱熹《章句》的解释说:“示与视同。视诸掌,言易见也。”按:郑、朱两说都讲得通。朱子的说法较为直截。

原文

5 哀公问政。子曰:“文武之政,布在方策❶。其人存,则其政举;其人亡,则其政息。人道敏政,地道敏树。❷夫政也者,蒲卢也。❸

故为政在人，取人以身[4]，修身以道，修道以仁。仁者人也，亲亲为大；义者宜也，尊贤为大。亲亲之杀，尊贤之等，礼所生也。[5]在下位不获乎上，民不可得而治矣！[6]故君子不可以不修身；思修身，不可以不事亲；思事亲，不可以不知人；思知人，不可以不知天。”

注释

❶ 方策：方牍（一般指木牍）简（一般指竹简）策，古人在牍简上刻字记事。

❷ “人道敏政，地道敏树”，《说文》：“敏，疾也。”自然的、自发的、迅速产生的感情、愿望、倾向与行为，古汉语可以用“敏”“敏于……”表示。它的反面是迟钝、疏懒。郑注：“敏犹勉也。树，谓殖草木也。”又说：“敏，或为谋。”按：敏，勉，谋，都是双声字，声同义有可通者。人道应当敏于行政，地道自然要生草木。人类社会的行政，自然界的生物，都是不可避免的。

❸ “夫政也者，蒲卢也”，夫（fú）文言发语词。蒲卢，郑注认为是土蜂，朱熹《章句》取沈括《梦溪笔谈》的说法，认为是江湖水边的蒲苇。将政治比作蒲卢，郑、沈的解说都可以讲通。

❹ “取人以身”：人君先修正己身，自然可以招致贤人。

❺ “亲亲之杀（shā，一读 shài）”：“亲亲之杀”与“尊贤之等”相提并论，“杀”就是“等”，等级，等差。因为有等级，所以有杀减，有升等降等之分。许多礼仪就是从等级的差别产生的。

❻ 郑注：“此句其属在下，著脱误重在此。”朱熹《章句》采取郑注此说。从此句所在的上下文之间的联系看，郑君此注是有理由的。非细读原文而审语脉者言必不及此。

原文

“天下之达道[1]五，所以行之者三。曰：君臣也，父子也，夫妇也，昆弟也，朋友之交也，五者天下之达道也。知，仁，勇，三者天下之达德也,所以行之者,一也。[2]或生而知之,或学而知之,或困而知之[3],及其知之,一也。或安而行之,或利而行之,或勉强而行之,[4]及其成功,一也。子曰[5]:好学近乎知,力行近乎仁,知耻近乎勇。知斯三者,则知所以修身;知所以修身,则知所以治人;知所以治人,则知所以治天下国家矣。”

注释

❶ 达道,古今通行不变的常道。

❷ 达德,古今共同的德行。“所以行之者,一也”,孔疏以为此句“言百王以来行此五道三德,其义一也,古今不变也”,朱熹《章句》认为这里的“一”只能是“诚”。按:下文有“及其知之,一也”“及其成功,一也”,所谓“一”就是相同,一个样,都要这样做,都是“知”,都是“成功”。孔疏不要另外找出“一”的含义,反而与原文相合,反而好懂些。

❸ 有了困惑才去学习,弄懂了,是“困而知之”。

❹ 于平常中实行,是“安而行之”。为得到名利而去做,是“利而行之”。勉力自强去做,是“勉强而行之”。

❺ 这里“子曰”二字,朱熹《章句》认为是“衍文”。按:此“子曰”之下说的知、仁、勇与上文“知仁勇三者”相应,此处实不必冒出“子曰”二字,也不可用俞曲园所谓“一人之词而加‘曰’字例”解释,朱子的说法是对的。

原文

“凡为天下国家有九经[1],曰:修身也,尊贤也,亲亲也,敬大臣也,体群臣也,子庶民也,来百工也,柔远人也,怀诸侯也。[2]修身则道立,尊贤则不惑,亲亲则诸父昆弟不怨,敬大臣则不眩,体群臣则士之报礼重,子庶民则百姓劝,[3]来百工则财用足,柔远人则四方归之,怀诸侯则天下畏之。齐明盛服,非礼不动,所以修身也;去谗远色,贱货而贵德,[4]所以劝贤也;尊其位,重其禄,同其好恶,所以劝亲亲也;[5]官盛任使[6],所以劝大臣也;忠信重禄[7],所以劝士也;时使薄敛[8],所以劝百姓也;日省月试[9],既廪称事[10],所以劝百工也;送往迎来,嘉善而矜不能[11],所以柔远人也;继绝世,举废国,治乱持危,[12]朝聘以时,厚往而薄来,[13]所以怀诸侯也。凡为天下国家有九经,所以行之者一也。"

注释

❶《广雅·释诂》:"经,常也。"这里说的"九经",指治理天下国家必须时常奉行的九条法则。

❷"体群臣",体是体察、接纳的意思。"子庶民",子是爱护的意思。"来百工",招徕(lái)众多有技艺的工匠。"柔远人",柔也写作揉,使蕃国诸侯归顺。"怀诸侯",安抚国内地方诸侯。

❸眩(xuàn),迷惑。尊敬大臣,各尽其才,就不会感到惑乱了。报礼,指群臣报答国君知遇之恩而所言所行。"百姓劝",劝是勉励的意思。下文"劝贤也""劝亲亲也""劝大臣也""劝士也""劝百姓也""劝百工也"六劝字,也是劝勉之意。

❹谗(chán),说诬陷好人的话。"去谗远色",离开或除掉进谗言的人,远离女色。"贱货而贵德",不以财货为贵,而看重有德行的人。

❺对宗室与外戚之亲,可以让他们得到高位厚禄,但不可任以职事。同其好(hào)恶(wù),指庆赏惩罚应有相同的标准。这样,才不致贻误国事,才能起到"劝亲亲"的作用。

❻朱子《章句》:"官盛任使,谓官属众盛,足任使令也。"因为大臣不能也不应该亲自去做每一件小事,所以他们属下必定设立为数不少的官职,任凭调令,担当各种差使。

❼郑注:"忠信重禄,有忠信者重其禄也。"按:譬如战国时期孟尝君待冯谖,使不复歌夫长铗(jiá)归来者是。

❽"时使薄敛",这是对老百姓而言,意思是:命令百姓服役要注意

季节性，向老百姓征收钱粮财物要少，减轻他们的负担。

❾ 日省月试：省是省视检查，试是测验考试。每天检查工作，逐月测验业绩。

❿ 既，郑注、朱熹《章句》都认为此处音义与饩相同。饩（xì）字晚出，本作氣（《说文》："氣，馈客之刍米也"）。"既"是"饩"之借字。《仪礼·聘礼记》"如其饔既之数"，注："古文既为饩。"是其证。《管子·问》："问死事之寡，其饩廪何如。"尹知章注："饩廪，言给其饩廪。饩，生食。廪，米粟之属。"廪是禀（读 lǐn）之借字。"称事"，与所做的事相当（相称）。政府供给的食物与百工劳绩相称，做事功多就多给，功少就少给，这就产生鼓励作用。

⓫ 嘉，褒奖，表扬。矜（jīn），怜悯的意思。乡先贤邹汉勋先生早就发现古音娘与泥二纽的关系，后来章太炎先生概括为"古音娘日二纽归泥说"。古"能"与"而"音同义通。《周易·屯卦》彖传"宜建侯而不宁"，《释文》："郑读而曰能，能犹安也。"《汉书·百官公卿表》"柔远能迩"，小颜注："能，善也。"王伯申《经义述闻》卷三"柔远能迩"条畅论先秦古籍中此类"能"与"不能"的古义不当迂曲作解，其说很精辟。"嘉善而矜不能"，表扬远邦善者而怜悯其不善（或不安宁）者。这样解释，正与"所以柔远人"相通。

⓬ 《中庸》"继绝世，举废国"，应与《论语·尧曰》"兴灭国，继绝世"意思相同。"举"就是兴。"治乱持危"，孔疏："诸侯国内有乱，则治讨之；危弱，则扶持之。"可见《中庸》是站在天子或诸侯的立场立论的。

⓭ 《礼经·觐礼》疏引郑玄《三礼目录》：诸侯见天子，"春见曰朝"。小戴辑《礼记·聘义》："天子制：诸侯比年小聘，三年大聘，相厉以礼。"《王制》："诸侯之于天子也，比年一小聘，三年一大聘，五年一朝。"这一类记载，可以说明《中庸》"朝聘以时"的意思。但是必须指出：这一类记载未必与史实相合。"厚往"，赐予诸侯的多。"薄来"，收取诸侯来贡的少。

原文

6“凡事豫则立，不豫则废。言前定则不跲，事前定则不困，行前定则不疚，道前定则不穷。[1]在下位不获乎上，民不可得而治矣[2]。获乎上有道：不信乎朋友，不获乎上矣。信乎朋友有道：不顺乎亲，不信乎朋友矣。顺乎亲有道：反诸身不诚，不顺乎亲矣。诚身有道：不明乎善，不诚乎身矣[3]。诚者，天之道也；诚之者，人之道也。诚者不勉而中，不思而得，从容中道，圣人也。诚之者，择善而固执之者也。”[4]

注释

❶ 豫，这里音义与“预”(yù)相同，事先准备的意思。“前定”就是预定。跲(jiá)，《说文》：“踬也。”按：踬(zhì)，用现在的话说，就是被绊倒。下文“困”“疚”“穷”三字，与“跲”义并相近，都有碰到阻碍而不顺畅的意思。孔疏：“将欲发言，能豫前思定，然后出口，则言得流行不有踬蹶也。”下可类推。

❷ 获，得到。在下位的臣子要是不能得到君上的同意(或赏识、器重)，就不能得到为官治民的机会(或权位)。

❸ “不明乎善，不诚乎身矣。”郑注：“言知善之为善，乃能行诚。”按：如果善恶不分，不知道凭什么辨别善恶好坏，那么他怎能自觉地表示至诚呢？

❹ “诚者，天之道也；诚之者，人之道也。”郑注：“言诚者，天性也；诚之者，学而诚之者也。”天之道，自是天性。人之道，当然要靠人为。“不勉而中，不思而得”，“中”(zhòng)与“得”意思相同。《周官·地官·师氏》：“掌国中失之事以教国子弟。”注：“故书‘中’为‘得’。”下引杜子春的说法，认为这个中“当为得”。按：能够做到不须勉励、不假思索而在不经意间自中于道(自然得道)的人，只能是圣人。其他人选择了善道，必须牢牢地抓住不放，坚持行善，那么他就是“诚之者”，也就算是“中道”了。

原文

“博学之，审问之，慎思之，明辨之，笃行之。有弗学，学之弗能，弗措也；[1]有弗问，问之弗知，弗措也；有弗思，思之弗得，弗措也；有弗辨，辨之弗明，弗措也；有弗行，行之弗笃，弗措也。人一能之己百之，人十能之己千之。[2]果能此道矣，虽愚必明，虽柔必强。”[3]

注释

1. “学之弗能，弗措也”：措(cuò)，这里是舍弃、放置一边而不顾的意思。学了而没有学会，怎么办？不肯舍弃，继续学习。
2. 这就是勤能补拙的意思。《荀子·劝学》：“驽马十驾，功在不舍。”与《中庸》这两句意思相似。
3. 这一段历来视为劝学的名言。学，问，思，辨，行，总结了治学的途径。学与行的关系，学习的态度，学习的功用，这一段议论都做了阐示。

原文

自诚明，谓之性。自明诚，谓之教。诚则明矣，明则诚矣。[1]

唯天下至诚，为能尽其性；能尽其性，则能尽人之性；能尽人之性，则能尽物之性；能尽物之性，则可以赞天地之化育；可以赞天地之化育，则可以与天地参矣。[2]

其次致曲。曲能有诚，诚则形，形则著，著则明，明则动，动则变，变则化。唯天下至诚为能化。[3]

至诚之道，可以前知。国家将兴，必有祯祥。国家将亡，必有妖孽。[4]见乎蓍龟，动乎四体。[5]祸福将至：善，必先知之；不善，必先知之。故至诚如神。

注释

1. 郑注将“自诚明”“自明诚”两“自”字解释为“由”，孔疏与朱熹

《章句》从之，这是符合原文本意的。但是郑注说这里“明”指“明德”，未必与原意相符。今按：“诚”是至诚，是诚心，“明”是聪明、英明、明白事理。由至诚而明白事理，这叫作“性”（天性）。由聪明而生至诚，这叫作“教”而有之（即学而知之）。有了至诚之心，就会聪明而懂得事理。聪明而懂得事理，就会生出至诚之心。这样解释“诚”与“明”的关系，表现了先秦晚期一部分学者的认识水平，没有也不可能从认识论角度将“诚”“明”的关系说清楚。

❷ “与天地参”的参，可以看作大写的“叁”。“与天地参”就是天、地与人（当然不是一般的人）并列为三。这一段话肯定有“至诚”之人才能做到尽量发扬他本人、别人以及万物的天性，赞助天地滋生并成长万物，他的功德可以与天地鼎足而三。此杨伯峻先生说。朱熹《章句》早有部分相同的说法。

❸ “其次致曲”，郑注：“‘其次’，谓‘自明诚’者也。致，至也。曲，犹小小之事也。”按：“致曲”者还没有达到“能尽其性”的境界，所以只能由“致曲”开始，从小事起步。“自明诚”者与“自诚明”者有思想境界的差异。如果说“自诚明”者称得上圣人，那么“自明诚”者就算得上贤人了。贤人从一件件“小小之事”而产生变化的境界。这样，“其次致曲”者也就称得上“至诚”之人了。

❹ “前知”，预先知道。祯（zhēn），义与“祥”同类。孔疏：“祯祥，吉之萌兆……国本有今异，曰祯；本无今有，曰祥。”举例说：“国本有雀，今有赤雀来，是祯也。国本无凤，今有凤来，是祥也。”孽（niè），邪恶，凶怪。妖孽是凶恶的萌兆。孔疏引《说文》：“衣服、歌谣、草木之怪为祅。禽兽虫蝗之怪为蠥。”按：今本《说文》这两句话见于虫部“蠥”之下。蠥，诸书多作孽；祅，省作袄，经传通作妖：此段玉裁说。

❺ 凭什么“前知”祯祥妖孽呢？“见乎蓍龟，动乎四体。”孔疏：“见乎蓍龟卦兆，发动于龟之四体也。”今按：蓍（shī），一种草本植物，古人用这种草的茎占卦卜吉凶。早在殷周，先民习用乌龟壳占问吉祥。《中庸》郑注：“四体谓龟之四足。春占后左，夏占前左，秋占

前右，冬占后右。”朱熹《章句》关于“动乎四体”的说法与郑注不同，认为是行礼者的“动作威仪”“其容俯仰之类”。可是，人的动作威仪怎么能看作吉凶之兆呢？以句法论之，龟有四体，蓍又何来四体呢？郑、朱两说都有毛病，而朱子此处的说法尤其不可从，今姑依郑注。

原文

诚者自成也，而道自道也。诚者物之终始，不诚无物。是故君子诚之为贵。诚者非自成(已)〔己〕而已也，所以成物也。成(已)〔己〕，仁也；成物，知也。❶性之德也，合外内之道也，故时措之宜也。❷

故至诚无息。不息则久，久则征。❸征则悠远，悠远则博厚，博厚则高明。博厚，所以载物也；高明，所以覆物也；悠久，所以成物也。博厚配地，高明配天，悠久无疆。如此者，不见而章，不动而变，无为而成。天地之道，可壹言而尽也：其为物不贰，则其生物不测。❹天地之道：博也，厚也，高也，明也，悠也，久也。今夫天，斯昭昭之多，及其无穷也，日月星辰系焉，万物覆焉。今夫地，一撮土之多，及其广厚，载华岳而不重，振河海而不泄，万物载焉。今夫山，一卷石之多，及其广大，草木生之，禽兽居之，宝藏兴焉。今夫水，一勺之多，及其不测，鼋鼍、蛟龙、鱼鳖生焉，货财殖焉。❺《诗》曰：“维天之命，於穆不已！”盖曰天之所以为天也。“於乎不显，文王之德之纯！”盖曰文王之所以为文也，纯亦不已。❻

注释

❶ “自道也”的道，郑注说是“自道达”，《释文》与朱熹《章句》都说“音导”。用现代汉语说，就是自己带路，自己找路走。“成物知也”，“知”音义与“智”同。这几句话的意思是：有诚心的人成就自我，而道路是自己找到的。诚是万物的始与终，不诚就没有万

物。所以君子看重至诚之心。诚,不仅成就自我而已,而且是成就外物的依赖。成就自我,可以算是仁。成就外物,就是明智。

❷ 郑注、孔疏认为"性之德也"的性是仁、义、礼、智、信五性,那么,成己成物的诚就是五性之德了。"外内",郑注、孔疏认为是上下,也就是天地。那么,至诚"合外内之道"就是合天地之道了。这里措是用的意思,"时措"是"得其时而用",至诚而得其时,那就无往而不宜了。

❸ "久则征",郑注:"征犹效验也。"孔疏:"以其久行,故有征验。"按:郑注还说"征或为彻"。这值得注意。"征"的繁体"徵"与"彻"的繁体"徹"形似而易致讹。"彻"有"通"的意思。至诚久则无不可通。

❹ 这几句的大旨仍然是宣扬"至诚"的功用。至诚博厚配地,所以可"载物";高明配天,所以可"覆物";悠长久远而不可穷尽,所以可"成物"。"不见而章","见"音义同"现","章"章义同"彰"。至诚不表现而已著明,不动作而产生变化,无所作为而有所成就。用一个字(一句话)可以概括天地之道,这就是"诚"("至诚")。因为"诚"("至诚"),所以"其为物不贰",其成就万物不可测量。

❺ 这几句用天、地、山、水譬喻"至诚"之德的广大。四个"今夫"的"夫",音 fú,作指示代词用。"斯昭昭之多"与下文"一撮土之多""一卷石之多""一勺之多"相提并论,应该有同一个类型的意思。一撮土,一卷石,一勺水,其实都不多,那么"斯昭昭之多"其实也不多,孔疏:"斯,此也。昭昭,狭小之貌,言天初时唯有此昭昭之多,小貌耳。"朱熹《章句》:"昭昭犹耿耿,小明也。"这样解释都是讲得通的。"华"(huà),山名。郑注:"振,犹收也。"孔疏:"振收河海而不漏泄。"足见地之广厚。卷,这里音义与"拳"同(《檀弓下》"执女手之卷然",《释文》说"卷,本又作拳";《庄子·人间世》"拳曲而不可为栋梁",《释文》说"拳,本亦作卷":是其证)。一卷石,一拳石,自然不过是个小石头。郑注说"卷犹区也",这个"区"也是小的意思。但是"卷"何以解释为"区",郑注并未说

清楚,其实“卷”和“区”声韵相距甚远。我们另立新解,也许更容易说清楚(“卷”与“拳”声韵相同,声同义通;“区”之言区区,区区为小,是常训)。鼋(yuán),俗称鳖。鼍(tuó),俗称猪婆龙,是鳄鱼的一种。“货财殖焉”,殖(zhí)是孳生的意思,“焉”有“于此”“于是”的意思(见《经传释词》卷二,《词诠》卷七)。上文“系焉”“覆焉”“载焉”“兴焉”“生焉”,五“焉”字也是“于此”的意思。

❻ 这里引诗见《诗经·周颂·维天之命》。“於穆”“於乎”,两“於”字音 wū,都是表示赞叹的语词。《周颂》“於穆清庙”,毛传:“於,叹辞也。穆,美。”孔疏译为“於乎美哉”。“於乎”就是“呜呼”,这是常识。《中庸》孔疏将“於穆不已”解释为“美之不休已也”,就是赞叹天命之美无穷。“於乎不显”,郑君笺《诗》解释为“於乎不光明与”,那么“不显”就带有反问语气了。其实这里“不”可以读为“丕”,解释为“大”,“不显”就是显著的意思。《诗经》孔疏认为“文王之德之纯”有两种解说:一是依毛传将“纯”解释为“大”,那么这一句说的是文王之大德;一是依笺意,“言‘纯亦不已’,则不训为大,当谓德之纯美无玷缺而行之不止息也”。我们认为传、笺两说皆通。

原文

7 大哉!圣人之道洋洋乎!发育万物,峻极于天。❶优优大哉!礼仪三百,威仪三千,待其人然后行。❷故曰:苟不至德,至道不凝焉。❸故君子尊德性而道问学,致广大而尽精微,极高明而道中庸。❹温故而知新,敦厚以崇礼。是故居上不骄,为下不倍;国有道,其言足以兴;国无道,其默足以容。❺《诗》曰:“既明且哲,以保其身。”其此之谓与!❻

注释

❶ “洋洋乎”,孔疏:“谓道德充满之貌。”“峻极于天”,郑注:“峻,高

大也。"《诗经·大雅·嵩高》"骏极于天",毛传:"极,至也。"意思是说圣人之道上至于天。

❷ 孔疏:"优优,宽裕之貌。"朱熹《章句》:"优优,充足有余之意。"按:"优优"与"洋洋"义相近。小戴辑《礼记·礼器》"经礼三百,曲礼三千",郑注:"经礼谓《周礼》也。《周礼》六篇,其官有三百六十。曲犹事也,事礼谓今礼也……其中事仪三千。"《中庸》"礼仪三百,威仪三千",郑君没有作注,应该是因为此两句与《礼器》"经礼三百,曲礼三千"意思相同,《礼器》编次在前,已经注释过,所以这里从简了。《中庸》孔疏:"'礼仪三百',《周礼》有三百六十官。言三百者,举其成数耳。'威仪三千'者,即《仪礼》行事之威仪。《仪礼》虽十七篇,其中事有三千。"可见此孔疏也认为《礼器》"经礼三百,曲礼三千"与《中庸》"礼仪三百,威仪三千"意思相同,所以采用了《礼器》郑注的说法。其实,《汉书·艺文志》也说过与《礼器》《中庸》相同的意思,有"礼经三百,威仪三千"两句(还有别的文献可以找到相同的话)。颜师古的解释采用《礼器》郑注的说法。今按:这里郑玄、颜师古、孔颖达诸君的注或疏都是错误的。《礼记》本来只解释《礼经》即《仪礼》,与《周礼》即《周官》没有直接的关系。《礼器》的"经礼",《中庸》的"礼仪",就是《汉志》的"礼经",也就是《仪礼》。《汉志》臣瓒注:"《礼经》三百,谓冠婚吉凶。《周礼》三百,是官名也。"《礼器》《中庸》与《汉志》的"三百""三千",都在《礼经》即《仪礼》中,臣瓒注是对的。拙著《中国礼制史·先秦卷》绪论第五节《先秦礼书》论之较详,这里不宜详论。"待其人然后行",孔疏:"言三百三千之礼,必待贤人然后施行其事。"礼制为国家大事。凡大事,没有适当的人是办不成的。

❸ 苟(gǒu),这里表示假设的意思。郑注:"凝犹成也。"假如不是至德之人,那么,他就不能成就圣人之道。

❹ 郑注:"德性,谓性至诚者。道犹由也。问学,学诚者也。"朱熹《章句》:"德性者,吾所受于天之正理。"尊德性而道问学,可以是

尊重禀性至诚的圣人,劝导学而至诚的贤人;也可以是虔诚地奉持自身所受于天性的本质,勉励自己由勤学而达到至诚的境界。"致广大而尽精微,极高明而道中庸":广大就是博厚,"博厚配地,高明配天",又能尽于精细之功而通达于中庸之理。这三句,特别是"尊德性而道问学"一句,后来受到朱子理学与陆氏心学的重视,引起朱陆之间长期的争辩。朱陆之后,王氏心学也在长时期里潜心其间。朱熹《章句》将这三句与紧接其下的"温故而知新,敦厚以崇礼"两句合而言之,评价这五句说:"圣贤所示入德之方莫详于此,学者宜尽心焉。"既然理学大师如此看重这五句,那么,后世研究中国理学、中国思想史的人总不能掉以轻心,不能置之不顾。

5 倍,音义与"违背"的"背"或者"悖戾"的"悖"相同。居上位而不骄傲,做下级而不背逆。国家政治上了路(所谓有道之世),君子的言论可以帮助振兴国家。国家政治腐败(所谓无道之世),君子就保持沉默,如孔疏所说:"自容其身,免于祸害。"

6 这里引诗,见于《诗经·大雅·烝民》。孔疏:"既能明晓善恶,且又是非辨知,以此明哲择安去危而保全其身。"成语"明哲保身"即出于此。"其此之谓与",可以翻译为:大概就是说的这个意思吧。这个"与"读 yú,意思同"欤",是文言句末助词,带有疑问语气。

原文

子曰:"愚而好自用,贱而好自专,生乎今之世,反古之道:如此者,灾及其身者也。"[1]非天子,不议礼,不制度,不考文。今天下车同轨,书同文,行同伦。虽有其位,苟无其德,不敢作礼乐焉;虽有其德,苟无其位,亦不敢作礼乐焉。[2]子曰:"吾说夏礼,杞不足征也。吾学殷礼,有宋存焉。吾学周礼,今用之。吾从周。"[3]

注释

❶ 这里两个“好”，读 hào，有“偏偏喜欢”的意思。愚蠢而喜欢自以为是，卑贱而喜欢独断专行，生在今天这个时代而反诗古道自处，像这样三种情况，肯定有灾祸落到身上。

❷ “仪礼”“制度”“考文”，这是三个并列的动宾结构。郑注：“礼谓人所服行也。度，国家宫室及车舆也。文，书名也。”议礼是议定礼仪，制度是制造法度，考文是考订文章书籍。《中庸》的意思，议礼、制度、考文是圣人而在天子位的事，其他人（包括在天子位而无圣人之德者，有圣人之德而不在天子位者）不得做议礼、制度、考文之事。这样讲法，可与《论语·季氏》说的“天下有道，礼乐征伐自天子出”互参。车同轨，指修驰道的事。书同文，应该是统一文字。行同伦，按同一个道理行事。这里说的“今天下”，既然是“车同轨，书同文，行同伦”的时代，那就不应当指先秦，因为先秦并没有出现“车同轨，书同文，行同伦”的天下大局。不少学者根据“今天下车同轨，书同文，行同伦”这个话，怀疑《中庸》不是子思的文章，他们的怀疑不是毫无理由的。我们的意见，这一类文字应为后人所羼入。

❸ 杞（qǐ），夏国之后。宋，殷商之后。《史记·周本纪》：“武王追思先圣王，乃褒封……大禹之后于杞。”“周公奉成王命……以微子开代殷后，国于宋。”《礼记·乐记》有不同记载，认为杞宋都是周武王所封。无论如何，杞与宋是西周初期分封的小诸侯国，杞以夏禹的后人为国君，宋以殷商王族微子启及其后人为国君。孔子虽然被称为圣人，但他不在天子之位，所以不能制定礼乐，只能学习古礼并加以解说。郑注：“征犹明也。吾能说夏礼，顾杞之君不足与明之也。吾从周，行今之道。”《论语·八佾》记载孔子所说的意思相近的话：“夏礼吾能言之，杞不足征也。殷礼吾能言之，宋不足征也。文献不足故也；足，则吾能征之矣。”何晏《集解》引包咸曰：“征，成也……夏殷之礼吾能说之，杞宋之君不足以成

也。"又引郑君的话说："我不以礼成之者，以此二国之君文章贤才不足故也。"这里可以有两种理解：一是由于杞宋两国文献（文章贤才）不足，所以连孔子这样的学者也觉得要把夏礼殷礼说明白很为难了。二是由于杞宋两国之君暗弱无能，孔子虽然能够解说夏礼殷礼，但也无法在杞宋两国分别证成夏礼殷礼了。据说孔子是"圣之时者"，他愿意学习周礼并且表示尊奉它，应该算是周礼的维护者。

原文

王天下有三重焉，其寡过矣乎！❶上焉者虽善无征，无征不信，不信民弗从；下焉者虽善不尊，不尊不信，不信民弗从。故君子之道：本诸身，征诸庶民，考诸三王而不缪，建诸天地而不悖，质诸鬼神而无疑，百世以俟圣人而不惑。质诸鬼神而无疑，知天也；百世以俟圣人而不惑，知人也。是故君子动而世为天下道，行而世为天下法，言而世为天下则。远之则有望，近之则不厌。❷《诗》曰："在彼无恶，在此无射。庶几夙夜，以永终誉！"君子未有不如此而蚤有誉于天下者也。❸

注释

❶"王天下有三重焉"：这个"王"读 wàng，是动词，在天下称王的意思。"三重"，常见的解说有两种：郑注说是"三王之礼"，说得很牵强；朱熹《章句》引吕氏的说法，认为三重指前文提到的"议礼""制度""考文"，也没有什么切实的证据。我们的浅见：所谓"三重"应该指下文说到的"动""行""言"三者。下文"动"和"行"对举，应有区别。《吕氏春秋·季秋纪·知士》"动于颜色"，高注："动，变也。""动"指变动，对旧制度的改造。"行"指人君的行为。"言"自然指人君的言论。人君对旧制度的改变，可以世世代代做引导天下后人的指南。人君的行为，可以世世代代做天下后人

的表率。人君的言论，可以世世代代做天下后人的法则。统一天下的领袖人物重视这三项，大概会很少有过错了罢。

❷ “无征”，郑注“征或为证”，可见此“征”与下文“征诸庶民”的“征”，是明验、证明的意思。在上位的人虽然做过善事，若是没有明证，民众不信任，也就不会顺从。在下位的人，没有尊贵的地位，虽然做过好事，民众不尊重不信任，也不会顺从。下文六“诸”字，都是“之于”的合音字。“缪”（miù），音义与“谬”相同。所以说：君子之道，以身体力行为本，证之于民众反应，与古代三王之道比较而没有差错，又不违背天地之道，可以与鬼神相质证，让百世圣人不致疑惑，这就做到知天知人，顺天应人，成为天下世世代代的法度准则了。要是远离这样的君子，就会企望思慕想念他。要是靠近这样的君子，从来不会感到他讨厌可恶。

❸ 这里引诗见《诗经·周颂·振鹭》。郑注：“射，厌也。永，长也。”射，这里音义与“斁”（yì）同。毛诗本作斁。《中庸》孔疏以为这几句“言微子来朝，身有美德，在彼宋国之内，民无恶之，在此来朝，人无厌倦，故庶几夙夜以长永终竟美善声誉”。“蚤”是“早”的借字。君子如果不像《振鹭》说的微子那样，就不会早有美名流传天下了。这样解说，符合《中庸》引《诗》的本意。于省吾先生《泽螺居诗经新证》认为“夙夜”寓早夜勤慎之意，至确；又谓“永终”古人连语，“终亦永也”“誉与古通”，实可以自成一说，以其未必合乎《中庸》引《诗》本意，故本校注不取。

原文

仲尼祖述尧舜，宪章文武；上律天时，下袭水土。[1]辟如天地之无不持载，无不覆帱，辟如四时之错行，如日月之代明。万物并育而不相害，道并行而不相悖，小德川流，大德敦化，此天地之所以为大也。[2]

注释

❶ “祖述尧舜”,以尧舜之道为远祖而加以宣传。“宪章文武”:这里“宪”是效法的意思,“章”是宣扬阐明的意思。效法周文王武王,而加以宣扬阐明。“上律天时,下袭水土”,郑注:“律,述也。”“袭,因也。”我们的理解:上以天时为法度,下仿水土之自然。

❷ 这里“辟”音义与“譬”(pì)同,“辟如”就是“譬如”。帱(dào),也是覆盖的意思。“天地”并言,实际上天是天,地是地,“无不持载”的是地,“无不覆帱”的是天,不至于发生误解。下文“错行”的“错”与“代明”的“代”,是交替、更换的意思。每年四季交替发生,日与月更替着散发光芒(当时人们还不知道月亮只是反射太阳的光明)。世上万物可以一起发育生长,人间道路(其中可能有寓意)可以并行。行小德者如溪川之流,而圣人之大德可以笃生天下万物。圣人大德就好比天地之大。这一段,郑注、孔疏以为说的是孔子修《春秋》之事,朱熹《章句》采用郑注、孔疏的附会,我们认为朱子《章句》自有其理由。

原文

唯天下至圣为能聪明睿知,足以有临也;宽裕温柔,足以有容也;发强刚毅,足以有执也;齐庄中正,足以有敬也;文理密察,足以有别也。[1]溥博渊泉,而时出之。溥博如天,渊泉如渊。见而民莫不敬,言而民莫不信,行而民莫不说。是以声名洋溢乎中国,施及蛮貊。舟车所至,人力所通,天之所覆,地之所载,日月所照,霜露所队:凡有血气者,莫不尊亲,故曰配天。[2]

注释

❶ 睿(ruì),聪明,考虑深远。知,这里音义与“智”同。“足以有临也”,这个“临”有“居高临下”“君临”的意思。“宽裕温柔”,宽弘大量而不过分威猛,所以能容人。“发强刚毅,足以有执”,孔疏

以为这两句“言孔子发起志意，坚强刚毅，足以断决事物”。“齐庄中正”，齐(zhāi)，严敬貌。《论语·乡党》“必齐如也”，这个“齐”就是严敬的意思。“庄”，这里与“齐”义同。中正，公道无邪。“文理密察”，郑注、孔疏、陆氏《释文》都没有解说。朱熹《章句》：“文，文章也。理，条理也。密，详细也。察，明辩也。”王引之《经义述闻》卷十六说：“密有审正之义，故与察连文。”审正明辩，当然“足以有别”了。

❷ 溥(pǔ)，这里音义与“普”同，普遍。博，广大。渊泉，水大而深，到时候才流出来。“见而民莫不敬”，这个“见”音义与“现”(xiàn)同。“行而民莫不说”，这个“说”音义与“悦”(yuè)相同。“施及蛮貊”，这个“施”读 yì，延伸、旁及的意思。貊，据《释文》，有作貉之本。按：貊、貉音义与“貃”相同，读 mò。蛮貊，古代对南方与北方(东北方)民族的蔑称。“霜露所队”：这里“队”音义与“坠”(zhuì)相同。天下至圣的名声充满了全中国(当时的中国)，旁及边远民族区域。凡是人迹所到之处，天能覆盖，地能托载，日月照得到，有霜露落下的地方，凡是有血气的生物(人类)，没有不尊敬亲爱天下至圣(孔子)的。这一段赞颂天下至圣的美德，为天下人民所尊亲，所以说可以配天。

原文

唯天下至诚，为能经纶天下之大经，立天下之大本，知天地之化育。夫焉有所倚？❶肫肫其仁！渊渊其渊！浩浩其天！苟不固聪明圣知达天德者，其孰能知之？❷

注释

❶ 经纶(lún)，本来指治丝，这里指规划，整理，商议。郑注：“‘大经’谓六艺而指《春秋》也。‘大本’，《孝经》也。”朱熹《章句》认为“大经”指“五品之人伦”，“大本”指“所性之全体”。按：郑注固然失之穿凿，朱说也未必准确。《中庸》前文说“凡为天下国家

有九经”，开列“九经”之目，明明非所谓经籍诸书。“九经”以“修身”为首，然则所谓“大经”应该就是“修身”，而“大本”就是为至圣所具备的“至诚”，也就是圣人才能做到、才能把握的中庸之道。所以下文接着说：“夫焉有所倚？”夫（fú），指示代词。焉，表示疑问。他哪里有什么偏倚呢？或者说：他怎么会有所偏倚呢？郑注：“安有所倚，言无所偏倚也。”这样说是对的。

❷ 肫（zhūn），音义与“谆”同，恳切、真挚的意思。郑注：“肫肫读如‘诲尔忳忳’之忳忳。忳〔惇〕，恳诚貌也。肫肫，或为纯纯。”按：肫肫、忳忳、纯纯、谆谆，音同（陆氏《释文》说“纯音淳，又之淳反”）而义可通。朱熹《章句》：“渊渊，静深貌”“浩浩，广大貌”“固，犹实也”。“圣知”之知，音义与“智”相同。圣人的仁心笃厚诚恳，就好比深渊，好比浩天。假若不是实有聪明圣知达到天德境界的人，谁能了解天下至圣呢？郑注：“言唯圣人乃能知圣人也。”船山先生《四书笺解》卷二持议相似。

原文

《诗》曰“衣锦”；尚絅，恶其文之著也。故君子之道，暗然而日章；小人之道，的然而日亡。[1]君子之道：淡而不厌，简而文，温而理，知远之近，知风之自，知微之显，可与入德矣。[2]《诗》云：“潜虽伏矣，亦孔之昭！”故君子内省不疚，无恶于志。君子所不可及者，其唯人之所不见乎！[3]《诗》云：“相在尔室，尚不愧于屋漏。”故君子不动而敬，不言而信。[4]《诗》曰：“奏假无言，时靡有争。”是故君子不赏而民劝，不怒而民威于𫓧钺。[5]《诗》曰：“不显惟德！百辟其刑之。”是故君子笃恭而天下平。[6]《诗》曰：“予怀明德，不大声以色。”子曰：“声色之于以化民，末也。”[7]《诗》曰：“德輶如毛”，毛犹有伦；“上天之载，无声无臭”，至矣！[8]

注释

❶ 孔疏以为这里引诗见《诗经·卫风·硕人》。“《诗》本文云‘衣锦褧衣’,此云尚䌹’者,断截诗文也。”按:䌹(jiǒng),罩在外面的单衣。“尚”,这里是加上去的意思。“恶”(wù),感到讨厌的意思。《诗·卫风·硕人》与《郑风·丰》本文都是“衣锦褧衣”,《中庸》此处“尚䌹”实非本文。孔疏说是“断截诗文”,不错。前人所谓引《诗》断章,指的是不顾诗的原义,不顾原诗上下文的联系,只求其形似,能为引诗者所用就行了。《中庸》这里实际上是引《诗》断句,可是引《诗》者并没有想到要违背所引诗句的原义。《硕人》郑笺:“䌹,禅也……今衣锦者,在涂之所服也。尚之以禅衣,为其文之大著。”这后面两句,显然已经基本上为《中庸》作者采用。“的然而日亡”:这里“的”读作 dí,“真实”“的确”的意思。“的然”与“显然”义同。日亡,就是一天天灭亡(消亡)。上文“暗然而日章”与这里“的然而消亡”相对立,“日章”意思是一天天明显(光辉灿烂)。孔疏:“言君子以其道德深远谦退,初视未见,故曰暗然,其后明著,故曰日章明也。”“若小人,好自矜大,故初视时的然,以其才艺浅近,后无所取,故曰日益亡。”

❷ “知远之近,知风之自,知微之显,可与入德矣”,郑注:“自,谓所从来也。三‘知’者,皆言其睹末察本,探端知绪也。‘入德’,入圣人之德。”知道如何由近及远,知道风从哪里来,知道显著的事物处于微小阶段的情形,这就是郑注所谓“三知”。孔疏:“言君子或探末以知本,或睹本而知末,察微知著,终始皆知,故可以入圣人之德矣。”知道事物形成的原因与过程,就可以入圣人之德的领域了。

❸ 这里引诗见《诗经·小雅·正月》。原诗的意思是:周朝的大夫讽刺幽王朝政,表示对国事与自己处境的忧伤。“潜虽伏矣,亦孔之昭”这两句,本意是用鱼的处境比喻诗人境遇的危险。郑注:“孔,甚也。昭,明也。”鱼虽然潜伏在池水里,但是它的存在

仍然很明白，想隐藏或者逃跑根本办不到。可是《中庸》这里用来作比喻，如郑注所说："言圣人虽隐居，其德亦甚明矣。"孔疏说这两句的比喻意义也很明白："此明君子其身虽隐，其德昭著。"与诗句原来的寓意完全不同了。"内省不疚，无恶于志"，郑注："疚，病也。君子自省心无愆病，虽不遇世，亦无损害于己志。"孔疏："言守志弥坚固也。"这就是所谓矢志不渝，穷而弥坚的意思。朱熹《章句》认为这个"恶"读 wù，"无恶于志犹言无愧于心"，这样解释也是讲得通的。

❹ 这里引诗见《诗经·大雅·抑》。相，看的意思。《诗经·鄘风·相鼠》"相鼠有皮"，"相"也是看，观察。《尔雅·释宫》："西北隅谓之屋漏。"郭注谓"其义未详"。《中庸》孔疏："以户明漏照其处，故称屋漏。"这个说法未必准确。"户明漏照"难道不见于别处吗？但是宫室西北隅最为阴暗应无可疑。在人们不注意的屋角落里尚且不肯干见不得人而有愧于心的事，何况在大庭广众之中呢？所以，即使君子不做什么，不说什么，人们总是敬重他，信任他。

❺ 这里引诗见《诗经·商颂·烈祖》。《释文》："奏，如字。《诗》作鬷。"按：鬷(zōng)，《诗》毛传解释为"总"。假，《诗》毛传、《中庸》郑注都以为"大也"。"鬷假"，诗疏认为传笺都解释为"总集大众"。而《中庸》郑注的说法是："言奏大乐于宗庙之中，人皆肃敬，金声玉色，无有言者，以时太平和合，无所争也。""时靡有争"，"靡"(mǐ)是"没有"，当时没有争吵之声。可见先贤们对《诗》《中庸》的解释并不一致。但是无论如何，当时祭祀烈祖的宗庙之中气氛肃穆，"时靡有争"的场面可以肯定是真实的。《中庸》引用这两句诗，只是为了说明君子的影响大，威望高。"劝"是劝勉。"鈇"音义与"斧"同，钺(yuè)是象征兵权的武器，像大斧。君子不用重赏，而百姓已经被他鼓舞起来了；不要发怒，而百姓们认为他的威严胜过斧钺。

❻ 这里引诗见《诗经·周颂·烈文》。郑注："不显，言显也。辟，君

也。此颂也,言不显乎文王之德,百君尽刑之,〔谓〕诸侯法之也。”依此注,辟读 bì,就是国君。“不”应该读作 pī。刑(xíng),这里是意动用法,“以为法则”的意思。诸侯们都学习文王之德,天下也就太平了。《中庸》引这两句诗,也是为了宣扬君子之德的表率作用。

❼ 这里引诗见《诗经·大雅·皇矣》。郑注:“予,我也。怀,归也。言我归有明德者,以其不大声为严厉之色以威我也。”按:郑注对原诗意思的解释基本明确,好懂。下文假托孔子说出一个道理:声色(这里指疾言厉色)对教化民众,只是下策,只是最没有用的办法。(注疏将“大声以色”的“以”讲成“以……为”,未必妥当。)

❽ “德輶如毛”,引自《诗经·大雅·烝民》。輶(yóu)郑君解释为“轻”(见诗笺与礼注)。“毛犹有伦”,郑注:“伦犹比也。”承上文,声色化民并非良策,只有以德教化民众才是最好的办法。“德”这个东西,其轻如毛,可是毛虽轻,还是有个实在的东西可比,还是有重量啊。“德”应该是无可伦比的才对。“上天之载,无声无臭”,这是引自《诗经·大雅·文王》的两句诗。郑注以为“上天之载”的“载”是“栽”的借字,“上天之载”意思是说“上天之造生万物”。这大概是为了切合“化民”而做出来的解说。《诗》毛传认为“上天之载”的“载”就是“事”,而郑笺并无异议。我们认为“载”训为“事”在先秦古书是常训,这里用常训就可以了,不必用什么假借。上天所做的事,谁听到声音了?谁闻着气味了?圣人之以德化民,应该与上天做事一样,有无与伦比的作用,有无与伦比的效果,而且是潜移默化,无声无臭。那神奇美妙的境界,“至矣”,可真是绝了!

论　语

《论语》是我国儒家最重要的典籍。此书在中国哲学思想史、政治与教育思想史以及文学史、语言学史诸领域都占有重要地位。书名的含义,应以《汉书·艺文志》的解释为较妥:"《论语》者,孔子应答弟子、时人及弟子相与言而接闻于夫子之语也。当时弟子各有所记。夫子既卒,门人相与辑而论纂,故谓之《论语》。"应该说:《论语》所记主要是孔子和他的学生以及当时其他人的言论,但是还有别的方面的内容(譬如孔子和其他人的容貌动作等等)。《汉志》对《论语》的概括并非完全准确。

孔子是春秋末期鲁国人,他和他的学生的思想不可能不受到时代的局限,所以《论语》一书的记载,不可能没有糟粕。后世人不应对其中某些在今天看来已经落后甚至腐朽、错误的言论感到惊讶,倒是应该对其中大部分在今天看来仍然有道理、可以借鉴的说法感到可贵。上个世纪的五四运动,特别是"文化大革命"时,曾经对《论语》其书与孔子其人大加挞伐。如果说五四运动的批判曾经起过积极作用(譬如说帮助中国思想界打破对所谓"至圣"孔夫子的迷信),而"文化大革命"对孔子与《论语》一书的围剿就未免过分粗暴,横蛮无理而可笑了。古代哲人的智慧及其思维活动的积淀,经过历史的检验与围剿,历两千余年而光辉不息,仅凭这一事实,就值得我们认真阅读和思考了。

相传《论语》有三种本子:《古论语》《齐论语》《鲁论语》。现在能读到的是《鲁论语》,阮元刻本为通行本,用何晏《论语集解》与邢昺疏(简称何氏《集解》与邢疏)。《论语》旧注中有所谓孔安国注,学术界认为未必为孔安国所撰,一般称为伪孔注,但我们的校注并没有一一加上"伪"字。

学而

导读

《论语》各篇都只是从该篇第一个“子曰”以下首句摘取两或三个字作标题。这些标题都没有超出标识作用之外的实际的含义。从正文中摘取若干字作题目,先秦文献此类情况很多。

原文

子曰:“学而时习之,不亦说乎?有朋自远方来,不亦乐乎?人不知而不愠,不亦君子乎?”❶

有子曰:“其为人也孝弟,而好犯上者,鲜矣;不好犯上,而好作乱者,未之有也。君子务本,本立而道生。孝弟也者,其为仁之本与!”

子曰:“巧言令色,鲜矣仁!”

曾子曰:“吾日三省吾身:为人谋而不忠乎?与朋友交而不信乎?传不习乎?”

子曰:“道千乘之国:敬事而信❷,节用而爱人,使民以时。”

子曰:“弟子入则孝,出则悌,谨而信,泛爱众,而亲仁。行有余力,则以学文。”

子夏曰:“贤贤易色;事父母,能竭其力;事君,能致其身;与朋友交,言而有信:虽曰未学,吾必谓之学矣。”

注释

❶ “说”,这里音义与后出的“悦”相同。“有朋自远方来”,《释文》:“‘有’,或作‘友’,非。”阮元等《校勘记》:“案《白虎通·辟雍篇》引‘朋友自远方来’。又郑氏康成注此云:‘同门曰朋,同志曰

友。'是旧本皆作'友'字。"今按:"有朋"句不从所谓"旧本"也讲得通,而且流传已久,人们耳熟能详。其实,"友朋"("朋友")或"有朋",这只是《古论语》《齐论语》或《鲁论语》版本、传人传说不同而已。孔子与他的及门弟子生活的时代"朋友"恒言,譬如《学而》这一篇下文记曾子与子夏语,就有两处说到"与朋友交",可见旧本可从的旁证也是有的。又,程树德先生《论语集释》(以下简称《集释》)考证这个"友朋"指弟子,亦可从。愠(yùn),怨恨的意思。别人(包括上司)不了解不赏识不器重,也不会有什么怨恨情绪,能做到这样的人,不也可以算得上君子吗?

❷ 何晏《集解》引包咸说:"为国者举事必敬慎,与民必诚信。"依包氏这样理解,那就可以认为孔子的政治思想已经有了"敬业""诚信"的观点。

原文

子曰:"君子不重则不威,学则不固❸。主忠信。无友不如(已)〔己〕者。过则勿惮改。"

曾子曰:"慎终追远,民德归厚矣。"❹

子禽问于子贡曰:"夫子至于是邦也,必闻其政,求之与?抑与之与?"子贡曰:"夫子温、良、恭、俭、让以得之。夫子之求之也,其诸异乎人之求之与?"❺

注释

❸《集解》:"孔曰:'固,蔽也。'一曰:言人不能敦重,既无威严,学又不能坚固识其义理。"邢疏:"'君子不重则不威,学则不固'者,其说有二。孔安国曰:'固,蔽也。'言君子当须敦重,若不敦重,则无威严,又当学先王之道,以致博闻强识,则不固蔽也。一曰固谓坚固,言人不能敦重,既无威严,学又不能坚固识其道理也。明须敦重也。"按:邢疏为孔安国的说法作出解释,可以作为增字解经

的典型,迂回难通,不足以饫人之心。孔安国将这里的"固"解释为"蔽",那么,"学则不固",学了,弄通了,就不会受蒙蔽了。这样解释,是将"学则不固"与"不重则不威"看作并列关系,而不是因果关系。本来好懂,何必像邢疏那样绕圈子呢?"一曰"的说法也是可以的,那是把"君子不重"看成"学则不固"的原因了。朱子《论语集注》(以下简称《集注》)的说法是:"重,厚重。威,威严。固,坚固也。轻乎外者,必不能坚乎内,故不厚重则无威严,而所学亦不坚固也。"这是把"君子不重则不威"视为"学则不固"的原因了。先师郭晋稀先生曾经力戒为人轻浮,大概就是为此。

❹《集解》引孔安国的说法:"慎终者,丧尽其哀。追远者,祭尽其敬。君能行此二者,民化其德,皆归于厚也。"邢疏:"终谓父母之丧也。以死者人之终,故谓之终。执亲之丧,礼须谨慎,尽其哀也。追远者,远谓亲终既葬日月已远也。孝子感时念亲,追而祭之,尽其敬也。"邢疏这里说的大体上是对的。慎终,指处理丧事不马虎。追远,指丧事之后祭祀先人之事,出于敬爱之情而不懈怠。要注意的是所谓追远还包括祭祀远祖之事。全社会都这样做,全体人民的道德就归于淳厚了。这是我国古代社会长期流行的一个观点。对"慎终追远"的理解,不同时期自有不同。

❺《集注》:"其诸,语辞也。"刘淇《助字辨略》卷一:"又《汉书·燕王传》:'其者寡人之不(已)〔己〕及与?'其者,犹云'意者',疑辞也。"按:早有学者指出"其者"就是"其诸"。《春秋传》早有"其诸"一词(如《公羊传》桓六年、闵元年)。"其诸"作为带疑问的语气词,有"或许""大概"的意思。

原文

子曰:"父在,观其志;父没,观其行;三年无改于父之道:可谓孝矣。"

有子曰:“礼之用,和为贵。先王之道斯为美。小大由之,有所不行。知和而和,不以礼节之,亦不(可)行也。”❶

有子曰:“信近于义,言可复也;恭近于礼,远耻辱也;因不失其亲,亦可宗也。❷”

子曰:“君子食无求饱,居无求安,敏于事而慎于言,就有道而正焉,可谓好学也已。”

子贡曰:“贫而无谄,富而无骄,何如?”子曰:“可也。未若贫而乐〔道〕❸,富而好礼者也。”子贡曰:“《诗》云:‘如切如磋,如琢如磨。’其斯之谓与?”子曰:“赐也,始可与言《诗》已矣!告诸往而知来者。”

子曰:“不患人之不(已)〔己〕知,患不知人也。”❹

注释

❶ “礼之用,和为贵”,注家大多以为这里“和”指音乐。朱熹《集注》:“和者,从容不迫之意。”杨伯峻先生注《论语》以为“和”是“适合,恰当,恰到好处”。我们认为“和”就是和平,中庸,中和,融洽。“亦不可行也”,程树德先生《集释》记载了“可”字为衍文的说法。《汉石经》无“可”字。我们认为《汉石经》有权威性,可以相信。

❷ “因不失其亲,亦可宗也”,主要有三种说法。一种说法以为“因”是“姻”的省文。程树德先生说:“缔姻不失其可亲之人,则亦可等于同宗。似较训‘宗’为尊敬为胜。”训“宗”为“尊敬”者,主要有何晏《集解》与邢氏之疏。何、邢等学者把“因”解释为“亲”。而朱熹《集注》说:“因,犹依也。宗,犹主也。”我们认为这三种说法都讲得通,而第一种为佳。

❸ 这个“道”字,据阮元等《校勘记》补入。《校勘记》认为古本有“道”字,列出的证据令人信服,不具录。但也不必说无“道”字者必谬。程树德先生《集释》证明无“道”字者为《鲁论语》,郑玄不

以《古论语》校改《鲁论语》，自有深意。我们赞成程氏的意见，可还是补加了“道”字，为的是“贫而乐道”与“富而好礼”对称，足句足意好读些。

❹《学而》这一篇记孔子、有子、曾子、子贡的话，重在为人之道（治学、待友、事亲、爱众及其他方面）、治国之方，强调孝悌为仁之本，礼之用和为贵。

为政

导读

邢疏：“此篇所论孝、敬、信、勇，为政之德也；圣贤君子，为政之人也。”今按：“为政”之道只是本篇内容之一。此外，本篇还讲到孔子修身的历程、孝道、如何观察人、干禄、诚信为重以及礼之因革等等。看来邢疏的种种说法未必可据。

原文

子曰：“为政以德，譬如北辰，居其所而众星共之。”

子曰：“《诗》三百，一言以蔽之，曰‘思无邪’。”[1]

子曰：“道之以政，齐之以刑，民免而无耻。道之以德，齐之以礼，有耻且格[2]。”

子曰：“吾十有五而志于学，三十而立，四十而不惑，五十而知天命，六十而耳顺，七十而从心所欲，不逾矩。”

孟懿子问孝。子曰：“无违。”樊迟御，子告之曰：“孟孙问孝于我，我对曰‘无违’。”樊迟曰：“何谓也？”子曰：“生，事之以礼；死，葬之以礼，祭之以礼。”

孟武伯问孝。子曰：“父母，唯其疾之忧。”[3]

子游问孝。子曰：“今之孝者，是谓能养。至于犬马，皆能有养;不敬,何以别乎?”

注释

❶ 这个“蔽”,程氏《集释》以为应该是“断”的意思。《尚书·康诰》“罚蔽殷彝”,《左传》昭十四年“蔽罪邢侯”,伪孔传、杜注都将“蔽”解释为“断”。其实,何晏《集解》引包咸语“蔽,犹当也”,这个“当”应该就是“断”的意思。后世“典当”一语,就是判断某物的价值,可为证。孔子引《诗》“思无邪”,见《诗经·鲁颂·駉》。其中“思”是语气词,《项氏家说》不同意将这个“思”说成“思虑之思”,俞樾《曲园杂纂》认为《论语》包注、邢疏都没有解释“思”字,“止释‘无邪’二字”,“得古义矣”。王闿运《论语训》说到《诗经·鲁颂·駉》:“诗本咏马,马岂有所谓邪正哉?”程氏《集释》又引郑浩《论语集注述要》,说“思无邪”的“邪”不是邪恶之邪,“无邪”就是无虚徐,“则心无他骛,专诚一志以之牧马”。今按:这些说法都各有其道理,对于理解《诗经·鲁颂·駉》的内容都有帮助。可是,当年孔子引“思无邪”一语概论《诗》三百之旨,“无邪”绝对不是“无虚徐”的意思,绝对不会和“无斁”义近,而肯定是“无邪恶”的意思。不知诸先贤为何没有顾及孔子的用意。试想:《诗》三百篇能用“无虚徐”的意思来概括吗?在孔子心目中,《诗经》是要引导人们“温柔敦厚”的,所以说“无邪”。至于《诗经》三百篇是否真如孔夫子做的断语说的“无邪”,那就要决定于论者对所谓“邪”的看法了。《论语·阳货》不是说过“《诗》可以怨”吗?怨是什么?算不算“邪”?骂“素餐”“素食”者的诗,骂硕鼠的诗,还有那些所谓“淫诗”,又该怎么看呢?孔夫子说过“放郑声”“郑声淫”的话(见《论语·卫灵公》),若是不以为“邪”,请问为什么要“放”呢?

❷ 格,《汉祝睦碑》作“恪”,洪适《隶释》说:“此与《鲁论》不同,殆亦借用。”顾蔼吉《隶辨》认为“恐是传授之异,非借‘恪’为‘格’也”。又有写作“洛”者。格与“洛”的通用,先贤已经证明。今

按:格、恪、狢,以音义论之,应该都可以通假。字形不一而所从得声之构件相同,意义也许有区别(譬如"恪"应该是"敬"的意思),这一类情况,有时是可以用版本与传人传闻的不同来解释的。

❸ 古今学人对这一句辩论颇多。《淮南子·说林》:"忧父母之疾者子,治之者医。"高注:"《论语》曰:'父母唯其疾之忧。'故曰忧之者子。"按:《淮南子》的作者与高氏的理解是对的。子女唯愿父母健康长寿,所以说"唯其疾之忧"。父母唯愿子成龙,希望子女有出息,难道仅仅担心子女的身体出毛病吗?《为政》这一句的读法,应在"父母"之后稍顿。这一类句式,将句中不是主语的其他部分的同位语提前说,将所论述的对象提前说,日常生活中多有,古汉语中并不稀罕。如《论语·泰伯》:"禹,吾无间然矣!"是其证。"惟(唯)……之……"句式,亦古汉语中常见,相当于"惟(唯)……是……",如《书·牧誓》"惟家之索",正是一类。杨遇夫(树达)先生《词诠》卷五"之"条第十项论到此种句式。

原文

子夏问孝。子曰:"色难。有事,弟子服其劳;有酒食,先生馔:曾是以为孝乎?"❹

子曰:"吾与回言终日,不违如愚。退而省其私,亦足以发。回也不愚。"

子曰:"视其所以,观其所由,察其所安。人焉廋哉?人焉廋哉?"❺子曰:"温故而知新,可以为师矣。"

子曰:"君子不器。"

子贡问君子。子曰:"先行,其言而后从之。"❻

子曰:"君子周而不比,小人比而不周。"

注释

❹ 这里的"先生",《集解》引马融的说法:"谓父兄。"不少学者不同

意这样解释。父母与子女怎么就等同于先生与弟子呢？翟灏《四书考异》、郑浩《论语集注述要》的说法很有见地。《经传释词》卷八："曾，乃也，则也。""有事，弟子服其劳；有酒食，先生馔"，此弟子事先生之礼，尚不足以为孝道。这样可以讲通。但是马融的讲法也不是根本讲不通，因为父兄先来到世上，弟子后来到世上，毕竟是事实。馔(zhuàn)，饮食，吃喝。《鲁论语》这个字写作"馂"。

❺ "视其所以"，《集解》："以，用也。言视其所行用。"朱熹《集注》将"以"理解作"为"。按："所为"太广泛，不如"所行用"实在。"观其所由"，《集解》："由，经也。言观其所经从。"连同上下句，观察人们所行用，所经从，所安处，可以知道人们的思想志趣。廋(sōu)，"隐藏"的意思。"人焉廋哉"，是说人们的志向情趣哪里可以隐藏呢？

❻ 黄式三先生《论语后案》："'先行'句，'其言'二字略逗连下读。"黄先生之前，早有此种读法。今从之。

原文

子曰："学而不思则罔，思而不学则殆。"❶

子曰："攻乎异端，斯害也已！"

子曰："由，诲女知之乎！知之为知之，不知为不知，是知也。"

子张学干禄。子曰："多闻阙疑，慎言其余，则寡尤。多见阙殆，慎行其余，则寡悔。言寡尤，行寡悔❷，禄在其中矣。"

哀公问曰："何为则民服？"孔子对曰："举直错诸枉，则民服。举枉错诸直，则民不服。"

季康子问："使民敬、忠以劝，如之何？"子曰："临之以庄则敬，孝慈则忠，举善而教不能则劝。"

或谓孔子曰："子奚不为政？"子曰："《书》云：'孝乎！惟孝，友于兄弟。施于有政，是亦为政。奚其为为政？"❸

子曰:“人而无信,不知其可也。大车无輗,小车无軏,其何以行之哉?”④

子张问:“十世可知也?”子曰:“殷因于夏,礼所损益可知也;周因于殷,礼所损益可知也;其或继周者,虽百世可知也。”

子曰:“非其鬼而祭之,谄也。见义不为,无勇也。”⑤

注释

❶《史记·扁鹊仓公列传》:“拙考疑殆。”王怀祖《读书杂志·史记第五》“疑殆”条说:“此殆字非危殆之殆。殆亦疑也,古人自有复语耳。”王氏下文论及《论语·为政》“思而不学则殆”,以为“言无所依据,则疑而不决也”。据此,知《集解》说“殆”是“精神疲殆”,《集注》说“殆”是“危而不安”,或者解释作“危险”,都是望文生义,不足取。

❷ 王怀祖《读书杂志·史记第五》“疑殆”条说到《论语·为政》“多见阙殆,慎行其余,则寡悔”,以为“殆亦疑也,悔亦尤也,变文协韵耳”。如果遵照王氏这个说法,那就可以判断:《集解》引包咸将“殆”说成“危也”,邢疏将“悔”说成“悔恨”,或者翻译成“懊悔”,都是不对的。

❸ 奚(xī),这里作疑问词用,问为什么。“孝乎!惟孝”,乎,《汉石经》作“于”。《释文》说“‘孝于’一本作‘孝乎’”。这里的引文不见于流传至今的《尚书》,程树德先生说“所谓《书》当是逸《书》”。“有政”的“有”是词头,古汉语用“有”字作词头的例子不算罕见。“奚其为为政”,《释文》说一本少一“为”字。今按:这一句应以有两“为”字为是,义各有属。孔子的意思是:将孝友之道施及政治,这也就是“为政”(从政)。要干什么算是“为政”呢?

❹ 輗(ní),古代车辕端与横木相接的关键。軏(yuè),也是连接车辕与横木的关键。这里用车无輗无軏比方人而无信。车无輗軏就无法行驶,人而无信就会到处行不通。

❺《集解》引郑君的说法:“非其祖考而祭之者,是谄求福。”这个说

法的根据见于《左传》僖公十年,叫作"神不歆非类,民不祀非族"。《左传》僖公三十一年说:"鬼神非其族类,不歆其事。"不是自家祖考的鬼神,祭了也没用,所以一般不祭。朱熹《集注》:"非其鬼,谓非其所当祭之鬼。"这就超过祖考的范围了。由于阶级社会里的人有等级之分,所以祭祀的范围也有区别。小戴辑《礼记·曲礼下》:"非其所祭而祭之,名曰淫祀。淫祀无福。"孔子不赞成淫祀,但他并不反对非淫祀的祭祀,他对自己认为有必要参加的祭祀是很投入的(参后文)。又,孔子提倡"见义勇为",他认为"见义不为"是"无勇"。这里关键在于"义"还是不义。《集解》引孔安国的话解释"见义勇为",说:"义者,所宜为也。而不能,是为无勇也。"这样解释无疑是对的。《论语》还有一些篇章(譬如《阳货》篇)言及"义"与"勇"两方面的关系,到今天还有重要意义,可资借鉴。

八佾

导读

邢疏:"前篇论为政,为政之善莫善礼乐……故此篇论礼乐得失也。"我们认为这一篇的内容诚如邢疏所说。唯编辑《论语》的先贤是否如邢氏所说照顾到前后篇之间的关系,那还得看下去。

原文

孔子谓:"季氏八佾舞于庭,是可忍也,孰不可忍也?"❶

三家者以《雍》彻。子曰:"'相维辟公,天子穆穆',奚取于三家之堂?"❷

子曰:"人而不仁,如礼何?人而不仁,如乐何?"

林放问礼之本。子曰:"大哉问!礼,与其奢也,宁俭。丧,与其易也,宁戚。"

注释

❶ 佾(yì),指古时乐舞排成的行列,一佾八人。沈约撰《宋书·乐志》引傅隆的议论说:"舞所以节八音,八音克谐然后成乐,故必以八人为列。自天子至士,降杀以两。"鲁国诸侯按规矩可以享用六佾。季氏为鲁大夫,只有资格用四佾的乐舞排场。掌握鲁国的政权之后,季氏在自家庙庭享乐用八佾,僭(jiàn,指地位低的人冒用地位高的人享用的名分器物)用天子礼乐。孔子十分气愤,说:"如果这可以容忍,还有什么不可容忍呢!"还有一种解释说:这样僭越的事,季氏竟然敢做,还有什么不敢做的呢!两种解说都讲得通。

❷《左传》桓公二年"诸侯立家",杜注:"卿大夫称家。"《集解》引马融的话说:"三家,谓仲孙、叔孙、季孙。《雍》,《诗经·周颂·臣工》篇名,天子祭于宗庙,歌之以彻祭。今三家亦作此乐。"按:三家为天子陪臣,彻(这个"彻"与"撤"义同)祭也歌《雍》,这又是僭越。"相维辟公,天子穆穆",正是《诗经·周颂》"臣工之什"中《雍》篇的句子。《集解》引包咸的解释说:"辟公,谓诸侯及二王之后。穆穆,天子之容貌。《雍》篇歌此者,有诸侯及二王之后来助祭故也。今三家但家臣而已,何取此义而作之于堂邪?"按:包咸的解释大体是对的。邢疏:"相,助也。维,辞也。"说"维"是助词,邢疏是有根据的。说"相"的意思是指诸侯及二王之后来助祭,邢疏与包氏注理应一致。但是我们认为"相"有"助"的意思,并无"祭"的意思,说"相"是助祭,是根据天子祭宗庙有助祭者的礼制做出的判断。如果把"相"讲成"看"的意思("相鼠"的"相"就是看),那就不要增字以足句了。

原文

子曰:"夷狄之有君,不如诸夏之亡也。"

季氏旅于泰山。子谓冉有曰:"女弗能救与?"对曰:"不能。"子曰:“呜呼!曾谓泰山不如林放乎?”[3]

子曰:“君子无所争,必也射乎!揖让而升,下而饮,其争也君子。”[4]

注释

❸ 旅,这里是祭名。《周官·大宗伯》:“国有大故,则旅上帝及四望。”郑注:“‘故’,谓凶灾。旅,陈也。陈其祭事以祈焉,礼不如祀之备也。”又,小戴辑《礼记·王制》:“诸侯祭名山大川之在其地者。”泰山在鲁国封内,鲁诸侯有资格旅祭泰山,而季氏作为鲁君之臣、周天子陪臣,本没有资格行旅祭之事。季氏旅祭泰山,包括孔子在内的当时人都认为非礼。据《礼记·王制》,可知季氏旅于泰山是僭用诸侯礼。据《周官》,应该可以判断季氏祭泰山实为僭用周天子之礼。孔子弟子冉有当时为季氏家臣,孔子质问他为什么不能谏止季氏(《集解》引马融的话说:“救犹止也。”)。鲁人林放曾经向孔子请教“礼之本”(见《八佾》上文)。邢疏:“夫神不享非礼。林放尚知问礼,况泰山之神岂反不如林放乎?”意思是说:泰山之神肯定不会接受鲁季氏的旅祭。如果泰山之神欣然接受季氏之祀,岂不是不如林放了吗?

❹ 这是指所有礼射而言。

原文

子夏问曰:“‘巧笑倩兮,美目盼兮,素以为绚兮。’何谓也?”子曰:“绘事后素。”曰:“礼后乎?”子曰:“起予者商也!始可与言《诗》已矣。”[1]

子曰:“夏礼吾能言之,杞不足征也。殷礼吾能言之,宋不足征也。文献不足故也;足,则吾能征之矣。”

子曰:“禘,自既灌而往者,吾不欲观之矣。”[2]

或问禘之说。子曰:“不知也。知其说者之于天下也,其如示诸斯乎!”指其掌。

祭如在,祭神如神在[3]。子曰:“吾不与祭,如不祭。”

注释

❶“巧笑倩兮,美目盼兮”,这两句见于《诗经·卫风·硕人》。倩(qiàn),这里是美好的意思。兮,语气词,相当于现代汉语的“啊”。盼,目之美貌,另一种说法认为是眼睛黑白分明的样子。绚,有文采。《诗经》没有“素以为绚兮”一句,所以有学者认为这一句是逸诗。也有学者认为这三句都出自逸诗,因为当年子夏引诗应该是连贯的,不大可能是从两首诗摘录而拼合的。我们认为两说可以并存。“绘事后素”,朱熹《章句》认为“后素”是“后于素”。全祖望《经史问答》:“夫巧笑美目,是素地也。有此而后可加粉黛(指古代女子用来画眉的青黑色颜料)簪(zān,读‘赞’的阴平声,指一种首饰)珥(ěr,指耳环)衣裳之饰,是犹之绘事也,所谓绚也,故曰绘事后于素也。而因之以悟礼,则忠信其素地也,节文度数之饰,是犹之绘事也,所谓绚也。”子夏将礼比方为绘事,而孔子肯定这个比方的正确。“起”就是启发,“予”即第一人称单数“我”,“商”是子夏的名(卜商字子夏)。“起予者商也”,孔子受到弟子卜商的启发,所以这样说。闻一而知三,闻绘事而知《诗》,闻《诗》而知礼,孔子认为这样聪明的学生可与共言《诗》。《论语·学而》说赐(子贡)可与共言《诗》,《八佾》说子夏可与言《诗》,二者可以互参。

❷《集解》引孔安国的话说:“禘祫之礼为序昭穆,故毁庙之主及群庙之主皆合食于太祖。灌者,酌郁鬯灌于太祖以降神也。既灌之后,列尊卑,序昭穆。而鲁逆祀,跻僖公,乱昭穆,故不欲观之矣。”按:孔安国这些话有两个错误。一是《八佾》原文说的是禘祭,并未说到祫,而所谓“合食”只是祫祭,所说的不是应该做出注释的。二是误以“灌”为浇灌之灌,不知“灌”为“祼”的借字,由是难免乱说一气了。《尔雅·释天》:“禘,大祭也。”小戴辑《礼记·大

传》:"王者禘其祖之所自出,以其祖配之。"在周礼中,禘祭的对象是始祖,不是别的什么。而祼为酌鬯初献之名。已有学者指出孔子仕鲁在从祀先公之后,不当复讥逆祀。《礼记·礼运》说"鲁之郊禘非礼也",所以孔子说"不欲观之"。"非礼"不是指逆祀,当另有所指。

❸ 在祭典过程中,孔子好像亲眼看到了祭祀的神灵(包括先祖的形象)。由此可见孔子参与祭典的虔诚。

原文

王孙贾问曰:"'与其媚于奥,宁媚于灶',何谓也?"子曰:"不然。获罪于天,无所祷也。"[4]

子曰:"周监于二代,郁郁乎文哉!吾从周。"

子入大庙,每事问。或曰:"孰谓鄹人之子[5]知礼乎?入大庙,每事问。"子闻之,曰:"是礼也。"

注释

❹ 《集解》引孔安国的解释:"王孙贾,卫大夫。奥,内也,以喻近臣。灶以喻执政。贾,执政者,欲使孔子求昵之,微以世俗之言感动之也。"俞曲园《群经平议》有不同看法,说王孙贾是以奥喻君,以灶自喻。我们的看法:孔注已得其主旨,事情与《论语》所记阳货"欲见孔子"(想要孔子求见他),后来对孔子说了一席话,很有相似之处。孔子说的"获罪于天,无所祷也",祷是向天神求助的意思。无论这句话有什么寓意,我们认为孔子承认天的权威,孔子并不否认天命,可以从这一类话找到证据。

❺ 鄹(zōu),《说文》作"郰",说是"鲁下邑,孔子乡"。因为鄹为孔子故乡,孔子父是"鄹叔纥"(《左传》襄公十七年有"鄹叔纥"之名),所以"鄹人之子"即指孔子。

原文

子曰:“射不主皮[1],为力不同科,古之道也。”

子贡欲去告朔之饩羊。子曰:“赐也,尔爱其羊,我爱其礼。”

子曰:“事君尽礼,人以为谄也。”

定公问:“君使臣,臣事君,如之何?”孔子对曰:“君使臣以礼,臣事君以忠。”

子曰:“《关雎》,乐而不淫,哀而不伤。”

哀公问社于宰我。宰我对曰:“夏后氏以松,殷人以柏,周人以栗,曰使民战栗。”子闻之,曰:“成事不说,遂事不谏,既往不咎。”[2]

注释

❶《周官·乡大夫》:“以乡射之礼询众庶,一曰和,二曰容,三曰主皮。”凌廷堪《周官乡射五物考》:“‘三曰主皮’者,即《乡射礼》之三耦及宾主人大夫众耦皆射也。司射命曰‘不贯不释’,盖取其中也,故谓之主皮。马氏《论语注》以主皮为‘能中质’,是也……《乡射·记》‘礼射不主皮’,郑注:‘不主皮者,贵其容体比于礼,其节比于乐,不待中为隽也。’盖古经师相传之解……深得经意。”按:马氏、郑氏、凌氏对于“主皮”的解释是对的,而谓“不主皮”以“不待中为隽”,实非是。根本不管射中与否,那还要射礼干什么?张蒿庵(稷若)《仪礼郑注句读·乡射礼》谓“不主皮”当“作主于中而不主于贯革为确”。黄式三先生《论语后案》说朱子注以主皮为贯革之射“亦备一义”,则不主皮只是不主于贯革的说法当然也可备一义。我们认为张蒿庵的解释是对的。

❷ 社,祭地祇的设施。《春秋公羊传》哀公四年:“社者封也。”何注:“封土为社。”社必有主。“社主”是地祇的象征。鲁哀公向宰予询问立社主的事,宰予回答说:“夏后氏用松木作社主,殷人用柏,周人用栗,说是要让百姓战战振振。”按:《春秋公羊传》文公二年何休注:“夏后氏以松,殷人以柏,周人以栗。松犹容也,想见

其容貌而事之……柏犹迫也，亲而不远……栗犹战栗，谨敬貌……”松与容，柏与迫，栗与战栗，本来毫无联系，何邵公用声训，勉强牵合，固然可笑，但是何邵公道出了夏商周三代人对祭祀社主的敬畏，那是并无错误的。宰我生当春秋末年，可证关于社主之立的说法由来已久。孔子对宰我的说法表示不满。咎(jiù)，这里是怪罪的意思。孔子的意思，《集解》引包咸的注做了解说：“事已成，不可复解说也。事已遂，不可复谏止也。事既往，不可复追咎也。”过去了的事，还这样说，不怕引起下层人民的反感吗？

原文

子曰：“管仲之器小哉！”或曰：“管仲俭乎？”曰：“管氏有三归，官事不摄，焉得俭？”“然则管仲知礼乎？”曰：“邦君树塞门，管氏亦树塞门。邦君为两君之好，有反坫，管氏亦有反坫。管氏而知礼，孰不知礼？”❸

注释

❸ 管子，即辅佐齐桓公成就霸业的管仲。《管子·小匡》[①]：“施伯谓鲁侯曰：……管仲者，天下之贤人也，大器也。”孔子发表不同看法，认为管子只是小器罢了，意思是管仲还称不上大德大才，因为他不能辅佐桓公成就更大的事业。为什么孔子这样评价管子呢？其下文申述的理由有二，一是管子不俭，二是管子不知礼。关于“三归”，解说纷纭，《集解》引包咸的说法认为“三归”指管仲如同当时诸侯娶三姓女，朱熹《集注》认为“三归”是台名。程树德先生引俞樾《群经平议》的说法，认为“三归”指齐桓公“赏之以甲第三区耳”；又引武亿《群经义证》，将“三归”解释为“府库别名”；引宋翔凤《论语发微》的说法以为“三归”是“古藏货财之所”。程

---

① 程树德先生《论语集释》卷六《八佾下》引惠栋《九经古义》此处作《管子·中匡》。“中”字实误。

氏的意见,以为俞曲园的论断"似可从",而武、宋之说"最为有力",我们赞成程先生的意见。三归而属管子,哪里还称得上"俭"呢?《集解》引包咸的话,对"官事不摄"一句做了注释,说:"摄犹兼也。礼:国君事大,官各有人。大夫兼并。今管仲家臣备职,非为俭。"意思是:按规定,大夫的家臣为数有限,必须兼职("摄"),而管仲的家臣不摄(不兼职),又怎么能称得上"俭"呢?管子不知礼,主要表现是以大夫而僭用国君之礼(上文说的"官事不摄",即其证)。《集解》引郑玄的话说:"人君别内外于门,树屏以蔽之。反坫,反爵之坫,在两楹之间。若与邻国君为好会,其献酢之礼更酌,酌毕则各反爵于坫上。今管仲皆僭为之如是,是不知礼。"郑注的解释可供参考,我们这里不拟详加考证。

原文

子语鲁大师乐。曰:"乐其可知也:始作,翕如也;从之,纯如也,皦如也,绎如也,以成。"

仪封人请见。曰:"君子之至于斯也,吾未尝不得见也。"从者见之。出,曰:"二三子何患于丧乎?天下之无道也久矣,天将以夫子为木铎。"❶

子谓:"《韶》尽美矣,又尽善也。"谓:"《武》尽美矣,未尽善也。"❷

子曰:"居上不宽,为礼不敬❸,临丧不哀,吾何以观之哉?"

注释

❶ "从者见之",这个"见"音义与"现"相同。《集解》引包咸注说:"从者,弟子随孔子行者。通使得见。"仪封人请求见孔子,由孔子弟子做中介。"何患于丧乎",这个"丧"(sàng),指孔子丢了大夫之位,率弟子离开鲁国而周游列国。铎(duó),大铃。朱熹《集注》:"木铎,金口木舌,施政教时所振以警众者也。"依照仪封

人的说法,当孔子在世,天下无道已久,乱极思治,天已降大任于孔子,就是要孔子向天下施政教。

❷《汉书·董仲舒传》记董生对策,引孔子曰"《韶》尽美矣,又尽善也",又引孔子曰"《武》尽美矣,未尽善也"。《文选·典引》《晋纪总论》注也引到《论语》记孔子关于《韶》《武》的评论。这足证"子谓"就是"孔子曰",这里"谓"就相当于"曰",而"《韶》""《武》"应该分别从下句读。翟灏《四书考异》认为上面提到的文献均以"曰"当"谓"字,这个说法是讲得通的。

❸"为礼不敬"则不足观,这个说法也可以作礼以敬为本的旁证。

里仁

导读

邢疏:"此篇明仁。"按:本篇还有"仁"之外的道理,未必与前一篇有什么内部联系。

原文

子曰:"里仁为美。择不处仁,焉得知?"[1]

子曰:"不仁者不可以久处约[2],不可以长处乐。仁者安仁,知者利仁。"

子曰:"唯仁者能好人,能恶人。"

子曰:"苟志于仁矣,无恶也。"

子曰:"富与贵,是人之所欲也。不以其道得之,不处也。贫与贱,是人之所恶也。不以其道得之,不去也。君子去仁,恶乎成名?君子无终食之间违仁,造次必于是,颠沛必于是。[3]"

子曰:"我未见好仁者、恶不仁者。好仁者,无以尚之;恶不仁者,其为仁矣,不使不仁者加乎其身。有能一日用其力于仁矣乎?

我未见力不足者。盖有之矣,我未之见也。”

子曰:“人之过也,各于其党。观过,斯知仁矣。”

注释

❶《说文》:“里,居也。”《中庸》:“仁者,人也。”《大学》:“唯仁人为能爱人,能恶人。”《孟子·离娄下》:“仁者爱人。”张衡《思玄赋》“匪仁里其焉宅兮”,注引《论语》:“里仁为美。宅不处仁,焉得知?”可见“择不处仁”的“择”一作“宅”。择、宅声同义可通。“知”,这里音义与“智”相同。所居之地为仁者之里,就会和睦安宁。要是和蛮不讲理、以邻为壑的人住在同乡同里,那就肯定不会有好日子过。所以说“里仁为美”,所以说“择不处仁”不得称为“知”。

❷ 小戴辑《礼记·坊记》:“小人贫斯约。”注:“约犹穷也。”《里仁》“不仁者不可以久处约”,《集解》引孔安国的话说:“久困则为非。”意思是:不仁(没有仁心)的人如果长期穷困,那就会为非作歹。

❸“造次必于是,颠沛必于是”,《集解》引马融的解释说:“造次,急遽。颠沛,偃仆。虽急遽偃仆不违仁。”《释文》引郑玄注:“造次,仓卒也。”按:“造次”与“仓卒”,“颠沛”与“偃仆”,应该属于联绵字一类,音义相通没有疑问。原句意思是说:君子连短时间违背仁义的事也不会做。

原文

子曰:“朝闻道,夕死可矣。”

子曰:“士志于道,而耻恶衣恶食❶者,未足与议也。”

子曰:“君子之于天下也,无适也,无莫也,义之与比。”❷

子曰:“君子怀德,小人怀土。君子怀刑,小人怀惠。”

子曰:“放于利而行,多怨。”

子曰："能以礼让为国乎？何有？不能以礼让为国，如礼何？"

子曰："不患无位，患所以立；不患莫己知，求为可知也。"

子曰："参乎！吾道一以贯之。"曾子曰："唯。"❸子出。门人问曰："何谓也？"曾子曰："夫子之道，忠恕而已矣。"

子曰："君子喻于义，小人喻于利。"

注释

❶ 这里两个"恶"都是形容词，读 è，"恶劣"的意思。恶衣恶食，吃穿都很差。

❷ "无適""无莫"，古今众说纷纭。今按：《后汉书·刘梁传》记刘氏的说法，"君子之于事也，无適无莫，必考之以义焉"，应该就是用《里仁》这些话的意思。《释文》："'適'，郑本作'敌'。莫，郑音慕。无所贪慕也。"刘宝楠《论语正义》："敌当即仇敌之义。无敌无慕，义之与比，是言好恶得其正也。"既没有敌视的成见，也没有随意的爱慕，好恶视其义之与否而定。"比"是亲密的意思（《说文》云"比，密也"）。要是合符义的原则，就应该亲近。这就是君子对待天下人与事的态度。

❸ "参"是孔子学生曾参之名。读者多依传统读法读 shēn。唯（这里读 wěi），表示应答的声音。《集解》引孔安国的话说："直晓不问，故答曰'唯'。"邢疏："曾子直晓其理，更不须问，故答曰'唯'。"朱熹《集注》："唯者，应之速而无疑者也。"

原文

子曰："见贤思齐焉。见不贤而内自省也。"

子曰："事父母幾谏❶。见志不从，又敬不违，劳而不怨。"

子曰："父母在，不远游。游必有方。"

子曰："三年无改于父之道，可谓孝矣。"

子曰："父母之年，不可不知也。一则以喜，一则以惧。"

子曰："古者言之不出，耻躬之不逮也。"

子曰："以约失之者鲜矣。"❷

子曰："君子欲讷于言而敏于行。"

子曰："德不孤，必有邻。"❸

子游曰："事君数，斯辱矣；朋友数，斯疏矣。"❹

注释

❶ 《集解》引包咸的解释说："幾者，微也。当微谏，纳善言于父母也。"《集注》以为"此章与《内则》之言相表里"，所谓"微谏"，就是"父母有过，下气怡色，柔声以谏"的意思。另有一种解释，认为幾谏是见微先谏，发现有迹象而预先劝谏。我们认为两种说法都可以讲通。

❷ 这个"约"可以是"俭约"的意思，也可以是"约束"的意思。其实"俭约"就有自我约束而不奢侈的意思。因为有约束而产生过失的情况应该是比较少的。

❸ 《汉书·董仲舒传》："孔子曰：'德不孤，必有邻。'皆积善累德之效也。"意思是积累德行的人必有仁里邻居，不会孤单。

❹ 小戴辑《礼记·祭义》："祭不欲数，数则烦，烦则不敬。"而敬为礼之本，不敬则失礼。只要明白了这个"数"的意思，就会知道为什么会导致君之"辱"与朋友之"疏"了。陆氏《礼记音义》："数，色角反。"邢疏已指出这个"数"不可读上声去声。可知此字应读shuò（不读shǔ，也不读shù），其意为屡次、频繁、烦渎。"事君数""朋友数"，自然会让上司和朋友感到讨厌烦心。

公冶长

导读

邢疏："此篇大指，明贤人君子仁、知、刚、直。以前篇择仁者之里而居，故得学为君子，即下云‘鲁无君子，斯焉取斯’是也。故次《里仁》。”我们认为邢疏抓住了本篇的大部分内容，然而本篇与前篇未必有什么因果先后关系。而提倡好学多思以及所谓“君子之道”、孔子之志，自能引起读者注意。

原文

子谓[1]：“公冶长可妻也。虽在缧绁[2]之中，非其罪也。”以其子妻[3]之。子谓：“南容：邦有道，不废；邦无道，免于刑戮。”以其兄之子妻之。

子谓子贱：“君子哉若人！鲁无君子者，斯焉取斯？”

子贡问曰：“赐也何如？”子曰：“女器也。”曰：“何器也？”曰：“瑚琏也。”[4]

或曰：“雍也仁而不佞。”子曰：“焉用佞？御人以口给，屡憎于人，不知其仁。焉用佞？”

子使漆彫开仕。对曰：“（吾）〔启〕[5]斯之未能信。”子说[6]。

注释

❶《论衡·问孔》：“孔子曰：‘公冶长可妻也……’”据此，程树德先生《集释》认定《公冶长》“子谓”之“谓”，《论衡》作“曰”。既如此，“公冶长”应以属下句读为妥。

❷ 缧绁（léi xiè），用来捆绑的绳索。这里借代监狱（牢房）。

❸ 妻（qì），这里作动词用，以女嫁人的意思。

❹ 瑚琏（hú liǎn），《集解》引包咸的解释说：“黍稷器也。夏曰瑚，殷曰琏，周曰簠（fǔ）簋（guǐ），宗庙器之贵者也。”今按：《论语·为政》说“君子不器”，而《公冶长》这里认为子贡是“器”。朱熹《集注》：“器者，有用之成材……然则子贡虽未至于‘不器’，其亦器之贵者与？”在包、朱二氏看来，孔子对子贡的评价还是够高的了。

❺ 宋翔凤《过庭录》：“吾字疑‘启’字之讹。”程树德先生《集释》肯

定了宋氏的说法，除了宋氏对字形的分析，还有一个理由是："《论语》答师称'吾'仅见此文。其为讹字无疑。"我们认为宋、程两位先贤很有眼光，其说可从。

⑥ "子说"之说，与《学而》"不亦说乎"之"说"相同。

原文

子曰："道不行，乘桴浮于海。[1]从我者，其由与？"子路闻之喜。子曰："由也好勇过我，无所取材。"

孟武伯问："子路仁乎？"子曰："不知也。"又问。子曰："由也，千乘之国，可使治其赋也。不知其仁也。""求也何如？"子曰："求也，千室之邑，百乘之家，可使为之宰也。不知其仁也。""赤也何如？"子曰："赤也，束带立于朝，可使与宾客言也。不知其仁也。"[2]

子谓子贡曰："女与回也孰愈？"对曰："赐也何敢望回？回也闻一以知十，赐也闻一以知二。"子曰："弗如也！吾与女弗如也。"

宰予昼寝。子曰："朽木不可雕也，粪土之墙不可圬也。于予与[3]何诛？"子曰："始吾于人也，听其言而信其行；今吾于人也，听其言而观其行。于予与改是。"

注释

❶ 桴(fú)，小筏子。大的木簰或竹簰称筏。孔子也有叹息"道不行"的时候。

❷ 《集解》引孔安国的注解说："千室之邑，卿大夫之邑。卿大夫称家。诸侯千乘，大夫百乘。宰，家臣。"所谓"千乘""百乘"，是以出车出马之数表示其邦邑家园之大小。孔子对学生的能力有基本的估计。他认为子路可以为诸侯国管理兵赋，冉求可以充当卿大夫、大夫的家臣，而公西华可以做"行人"的工作，接待宾客，但是这三位弟子都还不算仁德全备。

❸ 裴学海先生《古书虚字集释》卷三："'欤'犹'也'也，古通作

‘与’。”裴氏举“于予与何诛”“于予与改是”为例，证明其中“与”为语助之词。王引之《经传释词》卷一早已指出“与”可作语助词用。

原文

子曰：“吾未见刚者。”或对曰：“申枨。”子曰：“枨也欲，焉得刚？”❶

子贡曰：“我不欲人之加诸我也，吾亦欲无加诸人。”子曰：“赐也，非尔所及也。”❷

子贡曰：“夫子之文章，可得而闻也；夫子之言性与天道，不可得而闻也。”❸

子路有闻，未之能行，唯恐有闻。

子贡问曰：“孔文子何以谓之‘文’也？”子曰：“敏而好学，不耻下问，是以谓之‘文’也。”

子谓：“子产有君子之道四焉，其行(巳)〔己〕也恭，其事上也敬，其养民也惠，其使民也义。”

子曰：“晏平仲善与人交，久而敬之。”

子曰：“臧文仲居蔡，山节藻棁，何如其知也？”❹

注释

❶ 枨，读 chéng。《集解》引孔安国注：“欲，多情欲。”一个人心太贪，不可能刚直。

❷ 《论语·里仁》说孔子之道“一以贯之”，而曾子说孔子之道就是“忠恕”。《卫灵公》对“恕”的解释，用孔子的话说，就是“己所不欲，勿施于人”。《颜渊》把“己所不欲，勿施于人”列入“仲弓问仁”的内容之中。在孔子看来，要达到“仁”与“恕”的境界很难。譬如《公冶长》记孔子的话，并不认为子路、冉求、公西华已经做到了“仁”。同一篇所记子贡与孔子的这一段对话，则可以证明

"恕"道之难。子贡说:"我不欲人之加诸我也,吾亦欲无加诸人。"这不就是"己所不欲,勿施于人"吗?可是孔子偏偏说这不是子贡能够做到的("非尔所及也")。孔子高足子贡尚且做不到,还有多少人能做到呢?理学家程、朱说《公冶长》这些句子可以看到"仁""恕"之别,我们这里姑置不论。

❸ 孔子关于"性与天道"的言论确实很少,这是春秋时期社会科学与自然科学研究状况的真实反映。对人性与天体运行、自然万物消长的规律,孔子研究得少,所以说得也少。这里应该指出:不能把"天道"当作"天命"。关于"天命",孔子的言论不是"不可得而闻也",因为《论语》说得很神很显眼(譬如《为政》说的"五十而知天命")。相信"天命",正是对"天道"研究不够的结果。

❹《集解》引包咸注:"蔡,国君之守龟,出蔡地,因以为名焉。"棁(zhuō),音与"捉"同。《左传》之文公二年《正义》引郑注曰:节,栭(ér)也,刻之为山。棁,梁上楹也,画以藻文。"山节藻棁,天子之庙饰,皆非文仲所当有之。"《集解》引包咸注基本相同。朱熹《集注》:"居,犹藏也。蔡,大龟也。节,柱头斗栱也。藻,水草名。棁……梁上短柱也……当时以文仲为知,孔子言其不务名义而谄黩鬼神如此,安得为知!"这个说法比较明确好懂。

原文

子张问曰:"令尹子文三仕为令尹,无喜色;三已之,无愠色;旧令尹之政,必以告新令尹。何如?"子曰:"忠矣。"曰:"仁矣乎?"曰:"未知。焉得仁?""崔子弑齐君。陈文子有马十乘,弃而违之。至于他邦,则曰:'犹吾大夫崔子也❶。'违之。之一邦,则又曰:'犹吾大夫崔子也。'违之。何如?"子曰:"清矣。"曰:"仁矣乎?"曰:"未知。焉得仁?"❷

季文子三思而后行。子闻之,曰:"再,斯可矣。"

子曰❸:"甯武子邦有道则知,邦无道则愚。其知可及也,其愚不可及也。”

注释

❶ “犹吾大夫崔子也”,《释文》:“《鲁》读‘崔’为‘高’。”惠栋《九经古义》、陈立《句溪杂著》、宋翔凤《过庭录》等书,都认为《鲁论语》“犹吾大夫崔子”中崔作高是对的。下文还有一句“犹吾大夫崔子也”,“崔子”也应该作“高子”。《左传》襄十九年:“齐崔杼杀高厚于洒蓝而兼其室。书曰:‘齐杀其大夫。’从君于昏也。”齐国高厚平时只知道顺从国君苟且过日子,不能及时提醒国君注意崔杼的行为,后来崔杼弑君,而高厚也不能自保。陈文子很气愤,抛弃了家产,离开了齐国,逃亡他邦,他又看到“从君于昏”的人和事,于是而有评论,说:“和我们齐国的大夫高子一个样啊!”这样理解,原文就明白了,就讲通了。陈文子并没有在所到之国都看到弑君的人和事,恐怕不太可能一概用“崔子”斥之。《集解》说的“当春秋时,臣陵其君,皆如崔子”,显然是夸大其辞。可见《鲁论》“犹吾大夫高子也”句作“高子”于义为长,起码也是讲得通的。但子张追述此事的首句“崔子弑其君”的“崔子”,《鲁论》也作“高子”,殆为涉下文而致误。

❷ 子张提出令尹子文与陈文子是否算得上“仁”的问题,孔子不肯以“仁”许之,这也可以证明达到孔子心目中“仁”的境界殊不易易。

❸ 这个“曰”换作“谓”,显然也是可以的。

原文

子在陈,曰:“归与!归与!吾党之小子狂简,斐然成章,不知所以裁之。”

子曰:“伯夷、叔齐不念旧恶,怨是用希。”

子曰:“孰谓微生高直?或乞醯焉,乞诸其邻而与之。”❶

子曰："巧言、令色、足恭，左丘明耻之，丘亦耻之。匿怨而友其人，左丘明耻之，丘亦耻之。"

颜渊、季路侍。子曰："盍[2]各言尔志？"子路曰："愿车马、衣（轻）[3]裘，与朋友共。敝之而无憾。"颜渊曰："愿无伐善，无施劳。"子路曰："愿闻子之志。"子曰："老者安之，朋友信之，少者怀之。"

子曰："已矣乎！吾未见能见其过而内自讼者也。"

子曰："十室之邑，必有忠信如丘者焉，不如丘之好学也。"

注释

❶ 醯（xī），这里指调味用的醋。喜欢用醋做调料的人，向微生高讨一点醋，微生高当时没有储备，就向别人（邻居）讨取一点给他。孔子仅仅由这件小事做出结论，批评微生高，说微生高不算一个直率的人，这个批评未必有充分的说服力。

❷ 盍（hé），相当于"何不"的意思。

❸ 这个"轻"是衍文，阮元等《校勘记》已经说出充分的根据。

雍也

导读

邢疏："此篇亦论贤人君子，及仁、知、中庸之德。"按：这一篇所说的博约、从政与得人之道也值得重视。

原文

子曰："雍也可使南面[1]。"仲弓问子桑伯子，子曰："可也简。"仲弓曰："居敬而行简，以临其民，不亦可乎？居简而行简，无乃大简乎？"子曰："雍之言然。"

哀公问："弟子孰为好学？"孔子对曰："有颜回者好学，不迁怒，

不贰过。不幸短命死矣！今也则亡，未闻好学者也。”❷

子华使于齐，冉子为其母请粟。子曰：“与之釜。”请益。曰：“与之庾。”冉子与之粟五秉。子曰：“赤之适齐也，乘肥马，衣轻裘。吾闻之也，君子周急不继富。”原思为之宰，与之粟九百，辞。子曰：“毋！以与尔邻里乡党乎！”

注释

❶ 大戴辑《礼记·子张问入官》有“君子南面临官”句，可证所谓“南面”并不一定指天子、诸侯之类的国君南面听政或南面称孤。人君、卿大夫、士各有称“南面”的时候，凌次仲《礼经释例》的解释很明确。孔子一生反对僭越，他不会随随便便地鼓励学生作“南面”王侯。但他为了推行自己的政治主张，确有鼓动学生从政的思想言论。“雍也可使南面”，既是对学生冉雍才德的肯定，也含有老师对学生的鼓励与希望。还有另一种解释。既然《大学》可以引导学子修身齐家治国平天下，那么，鼓励学生任王侯之治有何不可？今按：这两种说法都有道理。

❷《公冶长》记孔子的自我评价，认为“丘之好学”在当时士大夫阶层中颇为罕见。《雍也》这里称许颜回“好学”，此外“未闻好学者也”。孔子自己是“好学”的榜样，鼓励学生“好学”，这是值得注意的。还有一点应予注意。孔子表彰颜回“好学”的时候，言及颜回“不迁怒，不贰过”，显然，孔子所谓“好学”包括做人的学问，包括德行。孔子又说到颜回“不幸短命”，惋惜伤感之情溢于言表，这就又让后世学子得到启发：不但智育与德育应予重视，体育同样不可忽视。

原文

子谓仲弓曰：“犁牛之子骍且角，虽欲勿用，山川其舍诸？”❸

子曰：“回也，其心三月不违仁。其余则日月至焉而已矣。”

季康子问:"仲由可使从政也与?"子曰:"由也果,于从政乎何有?"曰:"赐也可使从政也与?"曰:"赐也达,于从政乎何有?"曰:"求也可使从政也与?"曰:"求也艺,于从政乎何有!"

注释

❸《集解》引包咸注:"犁,杂文。骍,赤也。角者角周正,中牺牲。虽欲以其所生犁而不用,山川宁肯舍之乎?言父虽不善,不害于子之美。"孔子这里用一个比方,说明一个道理。犁牛不能用于祭祀,但若"犁牛之子骍且角",那就肯定可以用于山川之祭。这里"诸"是"之乎"的合音词。山川之神会舍弃犁牛之子吗?比喻仲弓(即前面提到的冉雍)的父亲虽然没有大用,可是无碍于仲弓做栋梁之材,无碍于"仲弓可使南面"。这样解释孔子用的比方的含意,曾遭到好些学者的非议。譬如程伊川就说"圣人必不肯对人子说人父不善",张甄陶说仲弓岂能乐闻此言。有学者说孔子这个比方说的是官人取材之道,告诫仲弓选拔士人不要埋没寒微之士。这样讲,就与仲弓家世无关了。还是这样解释好。

原文

季氏使闵子骞为费宰。闵子骞曰:"善为我辞焉。如有复我者,则吾必在汶上矣。"❶

伯牛有疾,子问之,自牖执其手,曰:"亡之,命矣夫!斯人也而有斯疾也!斯人也而有斯疾也!"

子曰:"贤哉,回也!一箪食,一瓢饮,在陋巷。人不堪其忧,回也不改其乐。贤哉,回也!"

冉求曰:"非不说子之道,力不足也。"子曰:"力不足者,中道而废。今女画。"❷

子谓子夏曰:"女为君子儒,无为小人儒。"

子游为武城宰。子曰:"女得人焉(耳)〔尔〕乎?"曰:"有澹台灭明者,行不由径。非公事,未尝至于偃之室也。”[3]

注释

❶ 闵子骞是孔门德行佼佼者之一,《论语·先进》有明文记载。他不肯充当季氏家臣,大概可以视为德行不同凡响的表现。他说:如果又有人来传达季氏的意思,那我肯定由汶水而北入齐国了。态度十分坚决。

❷ 这里记冉求的话,他自己说:不是不喜欢老师教导的为人之道,而是由于“力不足也”,所以做不到。这种说法不符合孔子的思想。《里仁》:“我未见力不足者。盖有之矣,我未之见也。”可见孔子对“力不足”的说法不大认可。《雍也》记孔子对“力不足”论的批评,大意是:“所谓力不足,应该是走到半路上停下来。可现在呢,你是画地自限了,还没有开始走呢。”

❸ 子游,孔子的学生,姓言,名偃。朱熹《集注》:“径,路之小而捷者。不由径,则动必以正。”邢疏:“‘行不由径,非公事未尝至于偃之室也’者,此言其人之德也。行遵大道,不由小径,是方也。若非公事,未尝至于偃之室,是公也。既公且方,故以为得人。”由此可见孔子师徒当年已有任人唯贤,反对开后门、走后门的思想。

原文

子曰:“孟之反不伐。奔而殿,将入门,策其马,曰:‘非敢后也,马不进也。’”[1]

子曰:“不有祝鮀之佞,而有宋朝之美,难乎免于今之世矣!”[2]

子曰:“谁能出不由户?何莫由斯道也?”

子曰:“质胜文则野,文胜质则史。文质彬彬,然后君子。”

子曰:“人之生也直,罔之生也幸而免。”

子曰:“知之者不如好之者,好之者不如乐之者。”

子曰:“中人以上,可以语上也;中人以下,不可以语上也。”

注释

❶ 邢疏:"夸功曰伐。孟之反,鲁大夫孟之侧也。"又说:"在军后曰殿。策,捶也。"孟之反在鲁军战败溃奔时殿后,但他自己说是马走不动而落后了,这就是"不伐"。参看《左传》哀十一年。

❷ "不有祝鮀之佞,而有宋朝之美,难乎免于今之世矣":祝鮀(tuó),《集解》引伪孔注以为是卫国大夫子鱼。佞(nìng),有口才,巧言善辩者,这里带贬意(指有口才而不正派)。宋朝,宋国美男子名朝而善淫者。祝鮀其人,见《左传》定四年。宋朝其人,见《左传》定十四年。王引之《经传释词》卷七:"'而'犹'与'也,'及'也。《论语·雍也》篇曰:'不有祝鮀之佞,而有宋朝之美……'言有祝鮀之佞与有宋朝之美也。"[①]按:王伯申对这个"而"字的解说是对的。但不知为何把"不有"的"不"字丢掉了。孔子的原意是:如果不有祝鮀的口才与有宋朝的美色,要见容于当今之世,难啊!反言之,如果有祝鮀之佞与有宋朝之美,就不难在那个时代鬼混了。《集注》:"言衰世好谀悦色,非此难免,盖伤之也。"朱子这样解释是对的。

原文

樊迟问知。子曰:"务民之义,敬鬼神而远之[❸],可谓知矣。"问仁。曰:"仁者先难而后获,可谓仁矣。"

子曰:"知者乐水,仁者乐山。知者动,仁者静。知者乐,仁者寿。"[❹]

子曰:"齐一变,至于鲁;鲁一变,至于道。"

注释

❸《集解》引包咸注:"'敬鬼神而远之',敬鬼神而不黩也。"刘宝楠

---

① 程树德先生《论语集释》卷十二引王氏此说,以为出于《经义述闻》,不确。

《论语正义》:"'敬鬼神而远之'者,谓以礼敬事鬼神也。"引小戴辑《礼记·表记》注:"远鬼神近人,谓外宗庙内朝廷。"今按:孔子敬鬼神,态度很明白。"而远之",以礼敬事之,不黩不烦,如此而已,其他的说法都是误解。

❹ 这个"知",音义与"智"同。智者好动而乐水,其乐陶陶。仁者守静而乐山,其寿长长。水与动与乐,山与静与寿,其间自有某种意义的相似(或关联)。无论知者仁者,都自得其乐。知者与仁者之间,也有若干联系,孔子语录多有言及者。

原文

子曰:"觚不觚,觚哉!觚哉!"

宰我问曰:"仁者,虽告之曰'井有仁焉',其从之也?"子曰:"何为其然也?君子可逝也,不可陷也;可欺也,不可罔也。[1]"

子曰:"(君子)博学于文,约之以礼,亦可以弗畔矣夫!"[2]

子见南子,子路不说。夫子矢之,曰:"予所否者,天厌之!天厌之!"

注释

❶ 这里"欺"与"罔"应该有意思的差异。上文"君子可逝也,不可陷也","逝"与"陷"的意思显然不同。欺罔之别,也许如同《大学》的"视而不见,听而不闻",视与见、听与闻之间实有细微的区别。《说文》:"欺,诈也。"以言语骗人,是欺诈。罔是诬罔,凭空毁誉,重在以言语伤人。君子可欺以其方,受骗的事不可免。但君子为人处事有道,就算蒙受诬罔,终会还他清白。

❷ 畔(pàn),音义与"叛"同。弗畔,应该有不违礼的意思。《后汉书·范升传》引孔子语"博学约之,弗叛矣夫",然后说:"夫学而不约,必叛道也。"学是学文(文是六艺之文),约是以礼约文,以礼约学者,这样就不会发生违礼叛道的事了。又,这里"君子"是

衍文,阮元等人的《校勘记》已有考证。

原文

子曰:“中庸之为德也,其至矣乎!民鲜久矣。”❸

子贡曰:“如有博施于民而能济众,何如?可谓仁乎?”子曰:“何事于仁,必也圣乎!尧、舜其犹病诸!夫仁者,己欲立而立人,己欲达而达人。能近取譬,可谓仁之方也已。”❹

注释

❸《中庸》:“子曰:中庸其至矣乎!民鲜能久矣。”与《论语·雍也》中此句的意思应该是一样的。它们本来就是相同的话,文字稍有出入罢了。

❹“博施于民而能济众”,其境界之大,实行之难,非“夫仁者,己欲立而立人,己欲达而达人”可比。可见孔子心目中的“圣”为社会第一境界,“仁”次之,“忠恕”又次之。所谓“能近取譬”,最近是取譬于己身。后来心学家所谓“当下便是”,实与此“近取譬”有直接的瓜葛。

述而

导读

邢疏:“此篇皆明孔子之志行也。”这样讲,与原文相符。我们从这一篇可以了解孔子诸多方面的思想、爱好及其自我评价。他期待着梦见周公,但又不以“圣与仁”自居,视“不义而富且贵”如浮云,知错而乐于诲人,胸怀坦荡,十分可爱。

原文

子曰:“‘述而不作,信而好古。’窃比于我老彭。”

子曰："默而识之，学而不厌，诲人不倦，何有于我哉？"[1]

子曰："德之不修，学之不讲，闻义不能徙，不善不能改，是吾忧也。"

子之燕居，申申如也，夭夭如也。[2]

子曰："甚矣吾衰也！久矣吾不复梦见周公。"

子曰："志于道，据于德，依于仁，游于艺。"

子曰："自行束脩以上，吾未尝无诲焉。"

子曰："不愤不启，不悱不发。举一隅不以三隅反，则不复也。"

子食于有丧者之侧，未尝饱也。子于是日哭，则不歌。[3]

注释

❶ 这里"识"读 zhì，记忆、记牢的意思，不要读作 shí。本篇这里说："默而识之，学而不厌，诲人不倦，何有于我哉？"临末说："若圣与仁，则吾岂敢？抑为之不厌，诲人不倦，则可谓云尔已矣。"比较这两段话，不难明白：孔子的自我评价是称得上"好学"，肯诲人而不怕疲劳；至于"圣"与"仁"，他老人家不敢当，这就是"何有于我哉"的意思了。程树德先生《集释》认为"此解最为得之"。我们赞成这种说法，但是怀疑"何有于我哉"一句前有脱文，若不然，此句紧接前文，那意思就只能理解为孔子连学不厌、教不倦这两个优点也不敢当了。

❷ "子之燕居，申申如也，夭夭如也"，这一段与本篇最后的一段"子温而厉"等句子，写孔子的礼容，应该与《乡党》一篇合观。这两段不必是错简阑入《述而》篇，因为没有证据论定《论语》全书唯《乡党》才有礼容。

❸ 虽然是人家办丧事，作为邻居，礼也应该这样。

原文

子谓颜渊曰："用之则行，舍之则藏，唯我与尔有是夫！"子路曰："子行三军，则谁与？"子曰："暴虎冯河，死而无悔者，吾不与也。必也临事而惧，好谋而成者也。"

子曰："富而可求也，虽执鞭之士，吾亦为之。如不可求，从吾所好。"❶

子之所慎：齐，战，疾。❷

子在齐闻《韶》，三月不知肉味。曰："不图为乐之至于斯也！"

冉有曰："夫子为卫君乎？"子贡曰："诺。吾将问之。"入，曰："伯夷、叔齐何人也？"曰："古之贤人也。"曰："怨乎？"曰："求仁而得仁，又何怨！"出，曰："夫子不为也。"

子曰："饭疏食，饮水，曲肱而枕之，乐亦在其中矣。不义而富且贵，于我如浮云。"❸

注释

❶ 富贵可求不可求，一决于道。《里仁》："富与贵，是人之所欲也。不以其道得之，不处也。"如果能以其道得之，那是可以不在乎所为之事下贱与否的。据《周官》，执鞭之士的职务，可以是驾车，也可以是守门或护卫有爵之主。孔子自称"多能鄙事"，干过委吏与乘田之事。如果富贵不可求，换言之，就是求富贵而有损于道，那么，孔子就不屑为之，他宁肯守清贫而从其所好。孔子"所好"是什么呢？"学而不厌，诲人不倦"，毫无疑问应该是他"所好"者。攻读或整理《诗》《书》《礼》《乐》，当然也是他的"所好"。

❷ 齐，这里音义与"斋"同。斋(zhāi)，指祭祀前整洁身心的准备活动。战，指武装行动(战争)。疾，指与疾病有关的事(求医、服药等)。孔子对祭祀、战争、身体健康三个方面的事情颇为慎重。

❸ 这一段可与上文"富而可求也"一段合观。"不义而富且贵"，是不可求之富贵。不可求，就是因为不义。与其得到"不义"的富贵，不如视之为"浮云"，不如"饭疏食，饮水，曲肱而枕之"之乐。《说文》："粗，疏也。"疏食即粗食。肱(gōng)，胳膊由肘到肩的

部分。吃喝与睡具都很简陋，可是为了道义而生活如此，仁人志士认为乐在其中。

原文

子曰："加我数年，五十以学《易》，可以无大过矣。"❶

子所雅言：《诗》《书》。执礼，皆雅言也。

叶公问孔子于子路，子路不对。子曰："女奚不曰：其为人也，发愤忘食，乐以忘忧，不知老之将至云尔。"

子曰："我非生而知之者，好古，敏以求之者也。"

子不语怪、力、乱、神。

子曰："〔我〕三人行，必(有)〔得〕我师焉。❷择其善者而从之，其不善者而改之。"

子曰："天生德于予，桓魋其如予何！"❸

子曰："二三子以我为隐乎？吾无隐乎尔。吾无行而不与二三子者，是丘也。"

注释

❶ 《释文》："《鲁》读'易'为'亦'，今从《古》。"《鲁论语》记孔子的这一段话是："加我数年，五十以学，亦可以无大过矣。"这就把孔子学《易》治《易》的事迹否定了。可是学者们研究后来的出土文献(譬如马王堆出土的帛书《易经》)，多认为孔子治《易》是有贡献的。所以《论语·述而》这一段话应该依《古论语》的文字与句读。《史记·孔子世家》《汉书·儒林传》记孔子晚年学《易》而为之传，也可以证明孔子与《易经》的关系。

❷ 据阮元等《校勘记》改定。

❸ 《史记·孔子世家》《十二诸侯年表》记宋国的司马桓魋(tuí)厌恶孔子的事。所谓"天生德于予"，与《尚书·西伯戡黎》"我生不有命在天"的意思相近。

原文

子以四教:文,行,忠,信。

子曰:“圣人,吾不得而见之矣;得见君子者,斯可矣。”子曰:“善人,吾不得而见之矣;得见有恒者,斯可矣。亡而为有,虚而为盈,约而为泰,难乎有恒矣。”

子钓而不纲,弋不射宿。❶

子曰:“盖有不知而作之者,我无是也。❷多闻,择其善者而从之;多见而识之:知之次也。”

互乡难与言。童子见,门人惑。子曰:“与其进也,不与其退也,唯何甚!人洁(已)〔己〕以进,与其洁也,不保其往也。”

子曰:“仁远乎哉?我欲仁,斯仁至矣。”❸

注释

❶ 多数学者认为“纲”字不误。朱熹《集注》:“纲,以大绳属网,绝流而渔者也。”弋(yì),用带着绳子的箭射鸟。宿,这里指宿鸟。夜宿之鸟不动,易于射取。黄式三先生《论语后案》:“鱼鸟本可取之物,不纲不射宿,取物以节而已。”取物以节,正是礼的要求。

❷ “不知而作”的“作”,与同篇开头“述而不作”的“作”意思相同。孔子自己先说他是“述而不作”,与这里说的他没有干“不知而作”的事(指无所闻知而写作诗文)是一致的。《集解》引包咸的话说:“时人多有穿凿妄作篇籍者,故云然也。”包氏道出了所谓“不知而作”的本意。

❸ “我欲仁,斯仁至矣”:一想到,就得到,近在眼前,当然不算远。焦竑《笔乘》说:“此孔氏顿门也。”按:这也称得上后来心学家所谓“当下便是”的远祖。

原文

陈司败问:“昭公知礼乎?”孔子曰:“知礼。”孔子退。揖巫马期而进之，曰："吾闻君子不党，君子亦党乎？君取于吴为同姓，谓之'吴孟子'。君而知礼，孰不知礼？"巫马期以告。子曰："丘也幸，苟有过，人必知之。"❶

子与人歌而善，必使反之，而后和之。

子曰："文莫吾犹人也？躬行君子，则吾未之有得。"❷

子曰："若圣与仁，则吾岂敢？抑为之不厌，诲人不倦，则可谓云尔已矣❸。"公西华曰："正唯弟子不能学也。"

子疾(病)，子路请祷。子曰："有诸？"子路对曰："有之。《诔》曰：'祷尔于上下神祇。'"子曰："丘之祷久矣。"

子曰："奢则不孙，俭则固。与其不孙也，宁固。"

子曰："君子坦荡荡，小人长戚戚。"

子温而厉，威而不猛，恭而安。

注释

❶ 《集解》："相助匿非曰党……鲁吴俱姬姓，礼：同姓不婚，而君取之。当称吴姬，为是同姓讳之，故谓之吴孟子。"这个注释，其实已经把孔子为鲁昭公掩饰娶同姓女人做妻子的错误指出来了。孔子能爽快地承认自己"有过"，这就很了不起。人(包括所谓"圣人""伟人")孰无过？能改就好。

❷ 一些大学者解说"文莫吾犹人也"句，认为"文莫"即"忞慔"的假借字，或者说"黾勉""文莫"诸联绵词皆一声之转。问题在于："文莫"如果是"黾勉"的意思，则与"躬行"实为同类，并不得相对而言。愚意："文"指文章言论，"莫"指"不是"(非)。文章言论，不是我与别人一样吗？至于躬行君子，那我还没有找到(看到)。文辞言谈，与"躬行"相对而言，这样就比较易于理解了。

❸ "可谓云尔已矣"，可以这样说了吧。

泰伯

导读

邢疏："此篇论礼让仁孝之德，贤人君子之风，劝学立身，守道为政，叹美正乐，鄙薄小人，遂称尧、舜及禹、文王、武王。以前篇论孔子之行，此篇首末载贤圣之德，故以为次也。"我们认为本篇与前篇不必有内容之关联，而所记曾子言论也值得注意。

原文

子曰："泰伯，其可谓至德也已矣！三以天下让，民无得而称焉。"

子曰："恭而无礼则劳，慎而无礼则葸，勇而无礼则乱，直而无礼则绞。君子笃于亲，则民兴于仁；故旧不遗，则民不偷。"

曾子有疾，召门弟子曰："启予足！启予手！《诗》云：'战战兢兢，如临深渊，如履薄冰。'而今而后，吾知免夫！小子！"[1]

曾子有疾，孟敬子问之。曾子言曰："鸟之将死，其鸣也哀；人之将死，其言也善。君子所贵乎道者三：动容貌，斯远暴慢矣；正颜色，斯近信矣；出辞气，斯远鄙倍矣。笾豆之事，则有司存。[2]"

曾子曰："以能问于不能，以多问于寡；有若无，实若虚，犯而不校，昔者吾友尝从事于斯矣。"

曾子曰："可以托六尺之孤[3]，可以寄百里之命，临大节而不可夺也，君子人与？君子人也。"

曾子曰："士不可以不弘毅，任重而道远。仁以为己任，不亦重乎？死而后已，不亦远乎？"

注释

[1]《孝经·开宗明义章》："身体发肤受之父母，不敢毁伤，孝之始

也。”传说这《孝经》为孔子答曾子问而明孝道之作。何晏《论语集解》引郑注：“启，开也。曾子以为受身体于父母，不敢毁伤，故使弟子开衾而视之也。”《集注》：“《诗》，《小旻》之篇。战战，恐惧。兢兢，戒谨。临渊，恐坠；履冰，恐陷也。曾子以其所保之全示门人，而言其所以保之之难如此，至于将死而后知其得免于毁伤也。”郑君、朱子已经把《泰伯》“曾子有疾，召门弟子”这一段话的意思讲得很准确很明白了。

❷《集解》引郑君注：“此‘道’，谓礼也。”小戴辑《礼记·冠义》：“礼义之始，在于正容体，齐颜色，顺辞令。容体正，颜色齐，辞令顺，而后礼义备。”《泰伯》所谓“动容貌”“正颜色”“出辞气”，与《冠义》“正容体”“齐颜色”“顺辞令”若合符契；简言之，都是说的礼容。笾（biān），竹制礼器，祭祀或飨宴时用来装果品等。豆，这里指古代盛食物的器皿，形状与“豆”字相似。“笾豆之事”，指祭祀或飨宴等行礼之事。“有司存”，各有专门负责之人。

❸《集解》引伪孔注：“六尺之孤，幼少之君。”邢疏引郑注：“六尺之孤，年十五已下。”邢氏引《周官·乡大夫》提供的数字，证明“六尺之孤”与“十五已下”的关系，可以判定其说有据。

原文

子曰：“兴于《诗》。立于礼。成于乐。”❶

子曰：“民可使由之，不可使知之。”

子曰：“好勇疾贫，乱也。人而不仁，疾之已甚，乱也。”

子曰：“如有周公之才之美，使骄且吝，其余不足观也已。”

子曰：“三年学，不至于榖，不易得也。”❷

子曰：“笃信好学，守死善道。危邦不入，乱邦不居。天下有道则见，无道则隐。邦有道，贫且贱焉，耻也。邦无道，富且贵焉，耻也。❸”

注释

❶《诗大传》说"情动于中而形于言""变风发乎情,止乎礼义"。这种说法承认《诗》的抒情性与教化功能,应该是可取的。《泰伯》"兴于《诗》",兴与诗的抒情性有关,其情可以感动人。"立于礼",立与礼的社会功能有关。礼是社会各阶层言论行为的契约。《集解》引包咸的话说:"礼者所以立身。"至于乐,《集解》引包咸注"乐所以成性",承认音乐陶冶性情的作用。"成于乐"这个论断也不算太过分。

❷《学记》:"比年入学,中年考校。一年视离经辨志,三年视敬业乐群,五年视博习亲师,七年视论学取友,谓之小成。"此中"一年""三年"等等,应该是实际的年数。《泰伯》"三年学,不至于榖",这个"三年"应该是表示多数的虚数。这个"榖",训"善"训"禄"都可以。"不易得也",意即得之实难。如果"三年"不过比两年多一年罢了,那算什么"不易"呢?

❸《列女传》记柳下惠妻的话说:"君子有二耻:国无道而贵,耻也;国有道而贱,耻也。"这与《论语·泰伯》的"邦有道,贫且贱焉,耻也。邦无道,富且贵焉,耻也",正是同一个意思。一般地说:国家清平,你竟然穷困难过,那只怪你自己无能,你应为自己的穷困感到可耻;国家政治腐败,你竟然得意好过,那大半是因为你与统治阶层同流合污,你也应该感到可耻。

原文

子曰:"不在其位,不谋其政。"

子曰:"师挚之始,《关雎》之乱,洋洋乎盈耳哉!"❶

子曰:"狂而不直,侗而不愿,悾悾而不信,❷吾不知之矣。"

子曰:"学如不及,犹恐失之。"

子曰:"巍巍乎!舜、禹之有天下也,而不与焉。"

子曰:“大哉尧之为君也!巍巍乎!唯天为大,唯尧则之。荡荡乎!民无能名焉。巍巍乎其有成功也!焕乎其有文章!”

注释

❶ 凌次仲先生《礼经释例》卷十三“凡乐皆四节,初谓之升歌,次谓之笙奏,三谓之间歌,四谓之合乐”条:“窃谓《论语》‘师挚之始’,谓升歌也……升歌为乐之始也。‘关雎之乱’,谓合乐也。乐之卒章为乱,合乐为乐之终也。不言笙奏、间歌者,举始终以该其全也。亦与《礼经》相发明。”刘宝楠《论语正义》有不同说法。我们认为凌次仲先生的说法是可取的。刘台拱《论语骈枝》:“洋洋盈耳,总叹之也。自始至终,咸得其条理,而后声之美盛可见。言‘始’‘乱’,则笙、间在其中矣。孔子反鲁正乐,其效如此。”这个解释与凌次仲先生的说法相合,也是可取的。

❷ 这里“侗”读 tóng,或读 tōng,指童蒙未成器者。悾(kōng),悫实的样子。

原文

舜有臣五人而天下治。武王曰:“予有乱(臣)❸十人。”孔子曰:“才难,不其然乎?唐、虞之际,于斯为盛。❹有妇人❺焉,九人而已。三分天下有其二,以服事殷。周之德,可谓至德也已矣。”

子曰:“禹,吾无间然矣。菲饮食,而致孝乎鬼神;恶衣服,而致美乎黻冕;卑宫室,而尽力乎沟洫。禹,吾无间然矣!”❻

注释

❸ 《释文》:“‘予有乱十人’,本或作‘乱臣十人’,非。”《左传》襄二十八年“武王有乱十人”,昭公二十四年亦作“予有乱十人”(《唐石经》本如此,旁注“臣”字)。凡此都可以证明“臣”为衍文。

❹ “唐、虞之际,于斯为盛”:王伯申《经义述闻》把“于”解释作“与”,刘宝楠《论语正义》将“唐、虞之际”解释作“唐、虞之下”或

"唐、虞之后"。这就牵涉到对全句的理解。我们认为这两种说法都讲得好,而刘氏《正义》至确。

❺ 此"妇人"指文母。《诗·周颂·雍》:"既右烈考,亦右文母。"俞樾《群经平议》以为此"文母"与《论语·泰伯》"文母"不必是一人,后者应该是邑姜。程树德先生肯定了俞氏的说法。

❻《说文》:"间,隙也。"朱熹《集注》:"间,罅隙也。谓指其罅隙而非议之也。"《经传释词》将"无间然矣"的"然"解释作"焉"。"禹,吾无间然矣",意思是:禹啊,我对他没有一点微词了。可见孔子对大禹的赞扬与敬佩之情。"致孝乎鬼神""致美乎黻(fú,指古代礼服上绣的青与黑色相间的花纹)冕(miǎn,指古代的礼帽)""卑宫室",都与夏代礼制建设相关,拙著《中国礼制史·先秦卷》第二章第七节已言及之。大禹在这些方面有表率作用。

子罕

导读

邢疏:"此篇皆论孔子之德行也,故以次《泰伯》尧、禹之至德。"按:邢氏这里道出了本篇主旨,其所谓"皆论"则不尽然。其中记孔子对颜回、子路的赞许,似不必视为夫子自道。又,我们认为:孔子门人及门人弟子编纂《论语》之际,可能注意到分类与先后层次,但是未必能够辨别得十分清楚。《论语》各篇之间不必都有什么关联。

原文

子罕言利,与命与仁。❶

达巷党人曰:"大哉孔子!博学而无所成名。"子闻之,谓门弟子曰:"吾何执?执御乎?执射乎?吾执御矣。"

子曰:"麻冕,礼也;今也纯,俭。吾从众。拜下,礼也;今拜乎上，泰也。虽违众，吾从下。”[2]

子绝四：毋意，毋必，毋固，毋我。

注释

❶ “罕”是稀少的意思。孔子所罕言者，只有“利”；而“命”与“仁”，实非孔子所罕言。古今学者解说这一句，颇多异议。譬如史绳祖《学斋佔毕》以为“与命与仁”当别作一义，“与如‘吾与点也’‘吾不与也’等字之义”。也有学者说“与”是“从”的意思，“夫子罕曾言利，从命从仁而已”。程树德先生认为“解此章者多未了解‘言’字之义”：“盖‘言’者，自言也。记者旁窥已久，知夫子于此三者皆罕自言，非谓以此立教也。”但是程先生这种说法也很牵强。《论语》中“言”字很多，难道都要做“自言”理解吗？譬如《乡党》“似不能言者”“不疾言”，《先进》“于吾言无所不说”“夫人不言，言必有中”“夫三子者之言何如”，《颜渊》“非礼勿言”，这一类“言”字，恐怕不都是当“自言”讲的。于省吾先生说这一句的“仁”应当解释为“夷”，理由是古文字当中“仁”与“夷”相通，而孔子对夷狄之事确实说得不多，算是“罕言”了。可是“命”呢？孔子之言“命”不算少了。看来于先生的说法也不能贯通全句。还有陈天祥先生《四书辨疑》、龚元玠先生《十三经客难》以“从”训“与”，谓孔子罕言者利，而所从者命与仁，这个说法较为妥当。

❷ 这一段话说的是孔子当时以及他之前的服饰制度与拜下之礼，我们不拟详议，因为有《集解》、邢疏与朱子《集注》可参，我们认为前贤已经说得够明确了。当时孔子或从众，或违众，都自有理由。如同《八佾》“告朔之饩羊”，与维护等级社会的礼制有密切关系的，孔子要保存，要坚持，即使“违众”也不在乎。

原文

子畏于匡。曰：“文王既没，文不在兹乎？天之将丧斯文也，后死者不得与于斯文也;天之未丧斯文也,匡人其如予何?”[1]

大宰问于子贡曰:“夫子圣者与?何其多能也?”子贡曰:“固天纵之将圣[2],又多能也。”子闻之,曰:“大宰知我乎!吾少也贱,故多能鄙事。君子多乎哉?不多也。”牢曰:“子云:‘吾不试,故艺。’”

子曰:“吾有知乎哉?无知也。有鄙夫问于我,空空如也,我叩其两端而竭焉[3]。”

注释

❶“子畏于匡”,孔子在宋国的匡地遭到围困。“文不在兹”的“文”,朱熹《集注》说是“道之显者”“盖礼乐制度之谓”;“兹”,孔子指自己。“天之未丧斯文也,匡人其如予何!”斯文,孔子以为此道舍己莫属。如果天意不要斯文沦丧,那么他们匡人岂奈我何!可见孔子对肩负传播文化传统的责任充满自信。后面这两句与《述而》“天生德于予,桓魋其如予何”是同一格调。

❷《尔雅·释诂》:“将,大也。”《子罕》“固天纵之将圣”,此“将圣”即大圣。程树德先生不赞成朱熹《集注》“将,殆也”、《论衡·知实》“将者,且也”这一类解说,他的说法值得注意。

❸“我叩其两端而竭焉”,这与《中庸》的“执其两端,用其中于民”应该有某种相似相通之处。叩其两端,渐近于中,而后可以得到适当的中肯的答案。“执其两端,用其中于民”,就是中庸之道的运用,就不会发生偏差。

原文

子曰:“凤鸟不至,河不出图,吾已矣夫!”

子见齐衰者、冕衣裳者与瞽者,见之,虽少必作;过之,必趋。

颜渊喟然叹曰:“仰之弥高,钻之弥坚;瞻之在前,忽焉在后。[4]夫子循循然善诱人,博我以文,约我以礼。[5]欲罢不能,既竭吾才,如有所立卓尔。虽欲从之,末由也已。”

注释

❹ 仰、钻、瞻、忽,高、坚、前、后,确实反映了孔门高足对一代大师的德行学问表示服膺、尊敬而又渴望得到真传的由衷的热情。

❺《雍也》记孔子的话,有“君子博学于文,约之以礼”的提法。《子罕》这里记颜回的话,说夫子“博我以文,约我以礼”,可证孔子当年引导学生用功已经注意到博、约两个方面。

原文

子疾病,子路使门人为臣。病间,曰:“久矣哉,由之行诈也!无臣而为有臣,吾谁欺?欺天乎?❶且予与其死于臣之手也,无宁死于二三子之手乎?且予纵不得大葬,予死于道路乎?”

子贡曰:“有美玉于斯,韫椟而藏诸?求善贾而沽诸?”子曰:“沽之哉!沽之哉!我待贾者也。”❷

子欲居九夷。或曰:“陋,如之何?”子曰:“君子居之,何陋之有?”

子曰:“吾自卫反鲁,然后乐正,《雅》《颂》各得其所。”

子曰:“出则事公卿,入则事父兄,丧事不敢不勉,不为酒困,何有于我哉?”

注释

❶ 以当时孔子的地位而言,不应当用家臣服务。孔子向来反对僭越,所以对“子路使门人为臣”的做法表示不满、不认可。这里还应予注意的一个事实是:“子疾病”是说孔子病重(《集解》引包咸注曰“疾甚曰病”),“子路使门人为臣”正在“子疾病”之时。“病间”是孔子健康好转。病既好转,就应该制止僭越,要不然,人们就有理由怀疑孔子反对僭越的用心了。

❷ 韫(yùn),收藏的意思。椟(dú),匣子或柜子。“善贾”,《释文》:

“贾音嫁，一音古。”读“古”音，指商人；音“嫁”，指价格。沽（gū），买卖行为。子贡问孔子：“这儿有美玉，把它藏在匣子里好呢，还是找个善于做买卖的人（或者说是等个好价钱）把它卖掉好呢？”孔子回答：“卖掉它吧，卖掉它吧！我就在等待会做生意的商人（或者说是：我正在等个好价钱）呢。”这里孔子与子贡的区别在于：子贡的处理办法有二，一是藏起来，二是“求善贾”，而孔子很干脆，就是待贾而沽。瘢而不露，实际上不是子贡的愿望，所以这两师徒的区别仅仅在于“求”和“待”的不同。“求”有主动性，“待”有被动性。《述而》记孔子说的“用之则行，舍之则藏”，这也分明带有被动性。前贤或有赞颂孔子“用舍安于所遇，行藏一出无心”者。其实孔圣人并不甘于消极的等待。“沽之哉”一语的连用（这只能是孔子的话，不是子贡的话），显然表示了迫切的情绪。他已经体会过待贾待业的痛苦。

原文

子在川上，曰：“逝者如斯夫！不舍昼夜。”❶

子曰：“吾未见好德如好色者也。”

子曰：“譬如为山，未成一篑，止，吾止也。譬如平地，虽覆一篑，进，吾往也。”

子曰：“语之而不惰者，其回也与！”

子谓颜渊，曰：“惜乎！吾见其进也，未见其止也。”

子曰：“苗而不秀者有矣夫！秀而不实者有矣夫！”

子曰：“后生可畏，焉知来者之不如今也？四十、五十而无闻焉，斯亦不足畏也已。”❷

子曰：“法语之言，能无从乎？改之为贵。巽与之言，能无说乎？绎之为贵。❸说而不绎，从而不改，吾末如之何也已矣。”

子曰：“主忠信，毋友不如己者，过则勿惮改。”❹

注释

❶ “夫”字属下句读也是可以的，这样就成了“逝者如斯，夫不舍昼夜！”读这两句，人生观的差异，可以导致不同的感想。可以产生悲伤情绪，也可以激发积极进取、奋勇向前的精神。我们前文说孔子并不甘心于消极的等待，与“子在川上，曰：‘逝者如斯夫！’”的情怀应该是一致的。

❷ 闻（wèn），指名望声誉。孔子这一段话，鼓励后生青年奋发有为，充满了辩证法。论事业，总是一代比一代强才好。年轻人是希望所在。年轻人应该努力。虽然有“大器晚成”的情况，但是一般说来，一个人四十、五十岁还是一事无成而默默无闻，那他大概也就没有什么大作为了吧？

❸ 《集解》与朱熹《集注》的读法之外，还有俞樾先生《群经平议》说的另一种句读，两“言”字各从下句读，作语气词而无实义。两种读法，都可以成立，而俞氏说较好。巽（xùn），恭顺的意思。绎（yì），将头绪解释清楚。

❹ 已见于《学而》篇，是为重出。

原文

子曰：“三军可夺帅也，匹夫不可夺志也。”

子曰：“衣敝缊袍，与衣狐貉者立，而不耻者，其由也与？❶‘不忮不求，何用不臧？’❷”子路终身诵之。子曰：“是道也，何足以臧？”

子曰：“岁寒，然后知松柏之后凋也。”

子曰：“知者不惑，仁者不忧，勇者不惧。”

子曰：“可与共学，未可与适道；可与适道，未可与立；可与立，未可与权。”

“唐棣之华，偏其反而。岂不尔思？室是远而。”❸子曰：“未之思也。夫何远之有？”

注释

❶ 衣,这里读去声(yì),作动词,"穿"的意思。敝(bì),这里是破烂的意思。缊(yùn),指新旧混合的丝绵。貉(hé),野兽名,皮很贵重。邢疏:"缊袍,衣之贱者。狐貉,裘之贵者。"朱熹《集注》已言及子路("由")"能不以贫富动其心"。《里仁》说过"士志于道"则不应当"耻恶衣恶食",子路应该算得上"志于道"者。

❷ 忮(zhì),妒,害。"何用不臧",《经传释词》卷一:"言何为不臧也。"这里引《诗经·邶风·雄雉》的两句,意思是:无妒嫉害人之心,不贪不求,那还有什么不好呢?

❸ 这里引的诗,连贯而言,不见于流传至今的《诗经》,所以注释者以为出于逸诗。《春秋繁露·竹林》亦引此四句,可以作此四句诗自成一章的旁证。

乡党

导读

乡党是我国古代基层行政单位,传统文献(譬如《周官·地官》)有记载。其建制大小,文献有不同说法,我们不拟详论。《论语·乡党》,邢疏认为"此篇唯记孔子在鲁国乡党中言行"。这个说法不够准确,因为这一篇并非"唯记""乡党中言行"。刘台拱《论语骈枝》说得好:"《乡党》,记礼之书也。"古今研究礼制、礼仪的学者,都认识到《乡党》记载的主要是孔子平生在乡党、宗庙、朝廷表现的礼容。由此可见:"乡党"二字作标题,与《论语》其他各篇标题一样,并没有概括全篇内容的作用。又,蒋伯潜先生说《论语》前十篇谓之"上论",后十篇谓之"下论",而《乡党》为"上论"之殿,其说可参。

原文

孔子于乡党,恂恂如也,似不能言者。其在宗庙朝廷,便便言,唯谨尔。

朝，与下大夫言，侃侃如也；与上大夫言，訚訚如也。君在，踧踖如也，与与如也。❶

君召使摈，色勃如也，足躩如也。揖所与立，左右手。衣前后，襜如也。趋进，翼如也。宾退，必复命曰："宾不顾矣。"❷

注释

❶ 侃(kǎn)侃，《集解》说是"和乐之貌"，应与"衎衎"音义相同。訚(yín)訚，《集解》说是"中正之貌"。"如"，这里作语助词，相当于"然"。踧，读cù；踖，读jí。《广雅·释训》："踀踖，畏敬也。"踀踖就是踧踖，用现代汉语解说，就是恭敬害怕而惴惴不安的情形。与与，当即"懙懙"或"趣趣"之省。《说文》："懙懙，趣步懙懙也。"《诗·大雅·棫朴》毛传："趣，趋也。"上朝见君应该用"趋"的脚步。孔子在鲁国朝廷上的表现，符合礼的要求。

❷ "君召使摈"，《释文》："'摈'，本又作'傧'，亦作'宾'，皆同。"《礼经·聘礼》注："'摈'，谓主国之君所使出接宾者。"孔子奉君命，做过"承摈"，接待当时来行小聘的外国大夫。这一段记的是孔子为鲁君承摈之容。躩(jué)如，以盘旋徘徊的脚步表示敬意。襜(chān)如：整齐而不乱。"趋进"，黄式三先生以为"是从中庭趋进阼阶之事"，与《左传》成三年、襄七年的"趋进"相同。翼(《说文》作翼)如，摈(傧)者趋进时张开手臂的样子。"宾不顾"是符合礼节的表现，《仪礼·聘礼》可为证。

原文

入公门，鞠躬如也，如不容。立不中门，行不履阈❸。过位，色勃如也，足躩如也，其言似不足者。摄齐升堂，鞠躬如也，屏气似不息者。出，降一等，逞颜色，怡怡如也。没阶，趋进，翼如也。复其位，踧踖如也。

执圭，鞠躬如也，如不胜。上如揖，下如授。勃如战色，足蹜蹜，如有循[4]。享礼，有容色。私觌[5]，愉愉如也。

注释

③ 阈(yù)，这里指门槛。小戴辑《礼记·曲礼》："大夫士出入君门，由闑右，不践阈。"（闑，读 niè，门中间所竖短木。）《曲礼》又说："为人子者立不中门。"可见立不中门是为了避尊者所行。"行不履阈"，出入不踩门槛，主要还是为了向尊者表示敬意。

④ 蹜(sù)蹜：快走而小步的样子。朱熹《集注》："'如有循'，记所谓'举前曳踵'，言行不离地如缘物也。"好象缘着什么东西小步行走，这样解释"如有循"，形象而生动。

⑤ "私觌"是奉命出使诸侯国的礼典中一个节目，其仪注见《礼经·聘礼》。

原文

君子不以绀緅饰[1]。红紫不以为亵服。当暑，袗絺绤，必表而出之。[2]缁衣羔裘，素衣麑裘，黄衣狐裘。亵裘长。短右袂。必有寝衣，长一身有半。狐貉之厚以居。去丧，无所不佩。非帷裳，必杀之。羔裘玄冠不以吊。吉月，必朝服而朝。[3]齐，必有明衣，布。

齐，必变食，居必迁坐。食不厌精，脍不厌细。食饐而餲，鱼馁而肉败，不食。色恶，不食。臭恶，不食。失饪，不食。不时，不食。割不正，不食。不得其酱，不食。肉虽多，不使胜食气。惟酒无量，不及乱。沽酒市脯，不食。不撤姜食。不多食。祭于公，不宿肉。祭肉不出三日。出三日，不食之矣。食不语，寝不言。虽疏食菜羹，(瓜)〔必〕祭[4]，必齐如也。

席不正，不坐。

乡人饮酒，杖者出，斯出矣。乡人傩，朝服而立于阼阶。

注释

❶ 绀(gàn),稍带红的黑色。緅(zōu),稍带青色的红色(并非朱熹《集注》所谓绛色)。孔子衣服不以绀緅为饰,必有缘故。有学者以为绀是斋服之饰的颜色,緅与丧服之色相近,所以平时穿的衣服不宜用绀緅为饰。

❷ 袗(zhěn),有两个意思:一指单衣,又指华美之衣。这里两个意思都讲得通。"表而出之"也有两个意思:一是在单衣外面罩上另一件衣,而后出门;一是指在华丽的上衣外面加穿另一件衣,以免过分显眼,而后出门。袗可能既是单衣,又显得华美。考虑到"当暑"的时令,这里"袗"指单衣也许比较容易为读者所接受。还有一种解释,认为"表而出之"是把"袗絺绤"穿在外面,此说已为刘宝楠《论语正义》、俞曲园《群经平议》所驳斥,实不可取。又,不少学者认为"之"是衍文,黄式三先生《论语后案》认为"之"应该在"而"字之上。

❸ 吉月,本指正月,这里指正月之朔(元旦)。朝服,这里指上朝拜见国君的冠服。

❹ 《释文》:"《鲁》读'瓜'为'必',今从《古》。"意思是说:《古论语》这里是"瓜祭",而《鲁论语》这里是"必祭"。朱熹《四书或问》:"既曰'疏食菜羹',而又以'瓜'继之,则不辞矣。"按:作"必"较为合理,所以将"瓜"改为"必"字。

原文

问人于他邦,再拜而送之。

康子馈药。拜而受之,曰:"丘未达,不敢尝。"❶

厩焚。子退朝,曰:"伤人乎?"不问马。❷

君赐食,必正席先尝之。君赐腥,必熟而荐之。君赐生,必畜之。侍食于君,君祭,先饭。疾,君视之,东首,加朝服,拖绅。君命召，不俟驾行矣。

入太庙，每事问。[3]

注释

❶《述而》记孔子所慎有三，"疾"为其中之一。《乡党》这里记康子馈药，孔子因为不明白药性，所以不随便服用，这正是"慎疾"的表现。"慎疾"，就是珍视生命，热爱生活，理当如此。

❷ 马厩失火，孔子问人不问马，自是"仁者爱人"之故。这一段话，过去有三种读法。《释文》："'伤人乎'绝句。一读至'不'字绝句。"唐李匡乂《资暇录》主张"至'乎'字句绝，'不'字自为一句"，这是第三种读法。在"文革"时期，有人特别喜欢第二种读法，那就成了："子退朝，曰：'伤人乎不？'问马。"企图以此证明孔子关心家畜胜于关心家人。有些学者仍然取第一种读法，但是迫于当时政治形势，偏要鸡蛋里找骨头，说什么"只问人，不问马""不过是他的伪善面目的又一次暴露而已"。真是欲加之罪，何患无辞！其实，即使用第二种读法，先问人，后问马，有何不可？

❸ 这两句重出。《论语》中重出的句子不只是《子罕》"主忠信"及其下凡三句与《乡党》这两句。以下凡重出者，概不做注。

原文

朋友死，无所归，曰："于我殡。"朋友之馈，虽车马，非祭肉，不拜。

寝不尸，居不(容)〔客〕。[4]见齐衰者，虽狎，必变。见冕者与瞽者，虽亵，必以貌。凶服者，式之。式负版者。有盛馔，必变色而作。迅雷风烈，必变。

升车，必正立执绥。车中(不)内顾[5]，不疾言，不亲指。

色斯举矣，翔而后集。曰："山梁雌雉，时哉！时哉！"子路共之。三嗅而作。

注释

❹《释文》出“居不客”(此依黄焯先生《经典释文汇校》),谓“客”字“本或作容”。朱熹《集注》作“居不容”,以为“容”是“容仪”,“但不若奉祭祀见宾客而已”,是字不作“客”而解说依然与“宾客”有联系。今按:早于朱子《集注》一千多年的何晏《集解》,引伪孔安国注为“不客”,成书不迟于唐初的陆氏《释文》亦作“不客”,后来《唐石经》中容亦作客,依《集解》《释文》与《唐石经》,作“容”非,实当作“客”。又按:古今学人对“寝不尸”的解释,也颇多异议。《集解》引包咸注:“偃卧四体,布展手足,似死人。”程树德先生说:“尸当为‘坐如尸’之尸,非死尸也。包、郑均训为死人,是其误不始于朱子。”友生曾永胜君作《“寝不尸”注辨》(发表于2001年第1期《古汉语研究》),写道:“尸有坐有立,应不会有人舍躺卧而取坐立之睡姿。故训为‘坐如尸’之尸不当。”又说:“《论语》‘寝不尸’之‘尸’……言人寝时不可展布四肢。”包咸等人已明其义(“尸,陈也”),但他们“使后人仍有‘尸’‘屍’之争”,实未达一间。我们细加比较,认为曾君的解说较为融通,有胜过前人的地方。

❺《释文》:“《鲁》读‘车中内顾’。”有“不”字者为《古论语》。《文选》张平子《东京赋》薛综注引文“内顾”上无“不”字,注:“谓不外视臣下之私也。”意思明白,可为旁证。而阮元等《校勘记》说明“究以无‘不’字为是”之理甚详。

先进

导读

邢疏:“此篇论弟子贤人之行。”按:本篇除了少数句子,都与孔子对弟子的评价以及因材施教有关,与孔门诸贤的志向以及行为言论有关。从这个方面来说,邢疏的概括是对的。

原文

子曰:"'先进于礼乐,野人也;后进于礼乐,君子也。'如用之,则吾从先进。"

子曰:"从我于陈、蔡者,皆不及门也。"❶

德行:颜渊,闵子骞,冉伯牛,仲弓。言语:宰我,子贡。政事:冉有,季路。文学:子游,子夏。❷

子曰:"回也非助我者也,于吾言无所不说。"

子曰:"孝哉闵子骞!人不间于其父母昆弟之言。"

南容三复"白圭",孔子以其兄之子妻之。❸

季康子问:"弟子孰为好学?"孔子对曰:"有颜回者好学,不幸短命死矣!今也则亡。"

注释

❶《孟子·尽心下》:"君子之厄于陈、蔡之间,无上下之交也。"刘宝楠《论语正义》:"孔门弟子无仕陈蔡者……'无上下之交',即此所云'不及门'也。"程树德先生《论语集释》:"所谓'不及门'者,即'无上下之交'之义。谓弟子中无仕陈蔡者,故致斯厄。"别的解释不确。

❷ 孔门四科,可由这一段记载得知。四科中"德行"为首,也由这一段话可知。这里所谓"文学",与六朝及其后的文学区别很大。孔门所谓"文学",实质上就是《论语·八佾》所谓"文献"之学,就是《先进》邢疏所谓"文章博学"。在秦汉以前,"文学"也就是所谓"经学"。

❸《集解》引伪孔注:"《诗》云:'白圭之玷,尚可磨也。斯言之玷,不可为也。'南容读《诗》至此,三反复之,是其心慎言也。"按:伪孔注说出了"白圭"的出处,引《诗》为证,所引诗句见《诗经·大雅·

抑》。孔子以其兄之女妻南容一事,《论语·公冶长》已有记载。

原文

颜渊死,颜路请子之车以为之椁。子曰:“才不才,亦各言其子也。鲤也死,有棺而无椁,吾不徒行以为之椁。以吾从大夫之后,不可徒行也。”❶

颜渊死。子曰:“噫! 天丧予! 天丧予!”

颜渊死,子哭之恸。从者曰:“子恸矣。”曰:“有恸乎? 非夫人❷之为恸而谁为!”

颜渊死,门人欲厚葬之。子曰:“不可。”门人厚葬之。子曰:“回也视予犹父也,予不得视犹子也。非我也,夫二三子也。”❸

注释

❶ 《檀弓》:“天子之殡也,菆涂龙辅以椁。”《丧大记》:“士殡,见衽涂上帷之。”这一类记载说的是各个阶层的人死后停殡之时的安置,其时也有所谓棺椁之用。宦懋庸《论语稽》:“为殡也以椁者,非葬时之椁,乃涂所从之木如椁也……颜子,士也。三日之后,三月未葬之前,当殡于西序。其殡也,当掘肂见衽,帷其上而涂之,不当用车。颜路请车为椁,盖欲殡时以孔子之车菆涂为椁,非葬时之椁也。”这个说法很精确。请车为殡时之椁,而不是请求卖车以买葬时之椁,何氏《集解》、朱子《集注》关于颜路请车为椁的解说都是错误的。孔子没有答应颜路的请求,是因为当时大夫不可徒行而士之殡不能用车。孔子是当时礼制的维护者,他不会允许门下弟子的殡葬违反礼制。

❷ 邢疏:“夫人谓颜渊。”这里“夫”读 fú,指示代词。

❸ 这一段与上文三段,记载了颜回去世之后孔子的悲恸与坚持当时丧葬制度的言行。孔子不赞成厚葬,态度是明确的。

原文

季路问事鬼神。子曰:"未能事人,焉能事鬼?"曰:"敢问死。"曰:"未知生,焉知死?"❶

闵子侍侧,訚訚如也;子路,行行如也;冉有、子贡,侃侃如也。子(乐)〔曰〕❷:"若由也,不得其死然。"

鲁人为长府。闵子骞曰:"仍旧贯,如之何?何必改作?"子曰:"夫人不言,言必有中。"

子曰:"由之瑟,奚为于丘之门?"门人不敬子路。子曰:"由也升堂矣,未入于室也。"

子贡问:"师与商也孰贤?"子曰:"师也过,商也不及。"曰:"然则师愈与?"子曰:"过犹不及。"

"季氏富于周公,而求也为之聚敛而附益之。"子曰:"非吾徒也。小子鸣鼓而攻之可也!"❸

柴也愚,参也鲁,师也辟,由也喭。

子曰:"回也其庶乎!屡空❹。赐不受命,而货殖焉,亿则屡中。"

注释

❶ 这一段话,反映了孔子对鬼神与生死的态度。比较而言,孔子对生与人的重视超过死与鬼。其中含有对季路的批评与告诫,这一点不可忽略。

❷ "子乐"当作"子曰",说见阮元等《校勘记》。

❸ "季氏富于周公":"富",这里是厚敛(加重盘剥)而致富的意思。周公,这里指与季氏、孔子同时而继任王朝卿相的周公,不是《泰伯》"如有周公之才之美"的周公姬旦。冉有(名求)为季氏宰,帮助季氏搜刮民脂民膏,孔子因此而批评冉有,竟至于不承认他是自家弟子(或同道之人),鼓动弟子们声讨冉有。可见孔子对学生的言行是讲原则的。

❹ 这个“空”是《孟子·告子下》“空乏其身行”的意思。

原文

子张问善人之道。子曰：“不践迹，亦不入于室。”

子曰：“论笃是与，君子者乎？色庄[1]者乎？”

子路问：“闻斯行诸？”子曰：“有父兄在，如之何其闻斯行之？”冉有问：“闻斯行诸？”子曰：“闻斯行之。”公西华曰：“由也问‘闻斯行诸’，子曰‘有父兄在’；求也问‘闻斯行诸’，子曰‘闻斯行之’。赤也惑，敢问。”子曰：“求也退，故进之；由也兼人，故退之。”

子畏于匡，颜渊后。子曰：“吾以女为死矣。”曰：“子在，回何敢死？”

季子然问：“仲由、冉求可谓大臣与？”子曰：“吾以子为异之问，曾由与求之问！所谓大臣者：以道事君，不可则止。今由与求也，可谓具臣矣。”曰：“然则从之者与？”子曰：“弑父与君，亦不从也。”[2]

子路使子羔为费宰。子曰：“贼夫人之子。”子路曰：“有民人焉，有社稷焉。何必读书，然后为学？[3]”子曰：“是故恶夫佞者。”

注释

❶ 色庄：《集解》说是“不恶而严”，邢疏说是“能颜色庄严，使小人畏威者”。

❷ 孔子评价仲由、冉求为“具臣”，《集解》《集注》都说是“备臣数而已”，意思是并没有什么大作为，起不了大作用。但孔子又说他们不会做大逆不道之事，“弑父与君，亦不从也”，《集注》：“盖深许二子以死难不可夺之节，而又以阴折季氏不臣之心也。”由此可见孔子鼓动弟子们声讨冉求，旨在教导冉求学做大臣而不做具臣，“以道事君，不可则止”，不要为虎作伥，越滑越远。应该无疑的是孔子对门下弟子的德行学问都有基本的估计。《韩诗外传》

说:"季氏为无道……然而不亡者,以有冉求、季路为宰臣也。"正是由于接受了孔子老师的教导,孔子弟子留在后世的形象都还是有善可陈的。

❸ 子路这个观点发人深省。为人民为国家效力,就有一个学习的过程。"何必读书,然后为学?"如果理解为:"难道只有读书才是求学治学吗?"那是不算糊涂观念的。但是根本不读书就不行了,书读少了也未必行啊!

原文

子路、曾皙、冉有、公西华侍坐。子曰:"以吾一日长乎尔,毋吾以也。居则曰:'不吾知也!'如或知尔,则何以哉?"子路率尔而对曰:"千乘之国,摄乎大国之间,加之以师旅,因之以饥馑;由也为之,比及三年[1],可使有勇,且知方也。"夫子哂之。"求!尔何如?"对曰:"方六七十,如五六十,求也为之,比及三年,可使足民。如其礼乐,以俟君子。""赤!尔何如?"对曰:"非曰能之,愿学焉。[2]宗庙之事,如会同,端章甫,愿为小相焉。""点!尔何如?"鼓瑟希,铿尔,舍瑟而作。对曰:"异乎三子者之撰[3]。"子曰:"何伤乎?亦各言其志也。"曰:"莫春者,春服既成。冠者五六人,童子六七人,浴乎沂,风乎舞雩,咏而归。"夫子喟然叹曰:"吾与点也!"[4]三子者出,曾皙后。曾皙曰:"夫三子者之言何如?"子曰:"亦各言其志也已矣。"曰:"夫子何哂由也?"曰:"为国以礼。其言不让,是故哂之。""唯求则非邦也与?""安见方六七十如五六十而非邦也者?""唯赤则非邦也与?""宗庙会同,非诸侯而何?赤也为之小,孰能为之大?"

注释

❶ 这个"三年"应该是实数,而不是表示多数的虚数。《论语·子路》:"苟有用我者,期月而已可也,三年有成。"希望从政而保证早见成效,子路与他的老师表示了同样的气魄。都说是"三年",

不是遥遥无期。

❷ “非曰能之，愿学焉”：不敢说自己很行，能干这样，能干那样，但我愿意学习。公西华这两句话，表示了谦谨好学的态度，后世可以当座右铭看。

❸《释文》：“撰，郑作僎，读曰诠，诠之言善也。”《乡饮酒礼》“遵者降席”，注：“今文遵为僎，或为全。”可证撰、僎、全、诠音义相通。曾皙说他的志向“异乎三子者之撰”，意思是不能如三位同门之善，显然是自谦之词。《集解》引伪孔安国注：“撰，具也，为政之具也。”依此说，就看（或听）不出曾点的谦虚态度，甚至会引起听众（或读者）对曾氏态度的怀疑。程树德先生《集释》肯定“郑义精审”，今从之。

❹ 明杨慎《丹铅录》：“所谓‘与点’者，不过‘与汝偕隐’之意。”杨氏又认为孔子表示同意曾皙的志向，“完全感慨身世，自伤不遇”。黄式三先生《论语后案》言及孔子“乐天知命之心与忧民济世之志两者并行不悖”。这些意见都已道出夫子本意。学者或以为儒家大师孔子能融汇其他诸家思想，举《论语》四子侍坐章为一旁证，其说自有见地。

颜渊

导读

邢疏：“此篇论仁、政、明、达，君、臣、父、子，辨惑、折狱，君子、文为，皆圣贤之格言，仕进之阶路，故次《先进》也。”我们认为本篇还讲了礼与信的重要，让百姓富足的必要，还讲了举直与交友之道。本篇与前篇《先进》未必有什么固定先后次序的关系。

原文

颜渊问仁。子曰：“克己复礼为仁。一日克己复礼，天下归仁焉。为仁由己，而由人乎哉？”颜渊曰：“请问其目。”子曰：“非礼勿视，非礼勿听，非礼勿言，非礼勿动。”[1]颜渊曰：“回虽不敏，请事斯语矣。”

仲弓问仁。子曰：“出门如见大宾，使民如承大祭。己所不欲，勿施于人。在邦无怨，在家无怨。”仲弓曰：“雍虽不敏，请事斯语矣。”

司马牛问仁。子曰：“仁者其言也讱。”曰：“其言也讱，斯谓之仁已乎？”子曰：“为之难，言之得无讱乎？”[2]

司马牛问君子。子曰：“君子不忧不惧。”曰：“不忧不惧，斯谓之君子已乎？”子曰：“内省不疚，夫何忧何惧？”

司马牛忧曰：“人皆有兄弟，我独亡。”子夏曰：“商闻之矣：死生有命，富贵在天。君子敬而无失，与人恭而有礼，四海之内，皆兄弟也。君子何患乎无兄弟也？”[3]

注释

❶ 仁与礼的关系，思想学术界已有不少学者做过研究。在孔子心目中，仁与礼有无重轻主次之分？如果有，何者为重？何者为轻？何者为主？何者为次？礼当如何？何由至仁？《颜渊》这开头一段话值得琢磨。“克己复礼为仁”一句很可以代表孔子的观点。“复礼为仁”，回归于礼就算仁了，谁个重要？谁个为主？复礼当克己，不克己就不能复礼。克己就意味着“非礼勿视，非礼勿听，非礼勿言，非礼勿动”。这四“勿”就是“克己”。克己→复礼→归仁，“一日克己复礼，天下归仁焉”，这就指出“归仁”之路了。“克己”要自己克，“复礼”要自己复，“为仁”要自己为。“为仁由己”，不由别人。孔子称赞的颜回，就是由他自己从事“克己复礼”的实践，才达到“其心三月不违仁”（《雍也》）的境界。

❷ 这以上连续三段记载孔子与弟子讨论“仁”的对话。《论语·八佾》《里仁》《公冶长》诸篇都论到“仁”。研究孔子关于“仁”的思

想，应该注意这些篇章以及其他有关细节。如果说孔子答颜渊问，着眼于复礼与归仁的关系，所论甚大，可以说具有普遍性的理论意义；那么，可以说：孔子答仲弓问，答司马牛问，已是着眼于仁的实践问题了。答仲弓问，“见大宾”“承大祭”，仍然牵涉礼制。答司马牛问，论仁者言语之讱（rèn，迟钝），所论已细。孔子心目中“仁”的内容已经够丰富了。学术界关于“仁”的研讨，未必已经做到题无剩义。

❸“商闻之矣”，自是闻之于老师孔子。“死生有命，富贵在天”，这两句宣扬的是典型的天命观。“四海之内，皆兄弟也”，表现了孔门师生的博大胸怀与和平友好的气质。要怎样才能做到无患于无兄弟呢？那就要做到“敬而无失”“恭而有礼”。

原文

子张问明。子曰：“浸润之谮，肤受之诉，不行焉，可谓明也已矣。浸润之谮，肤受之诉，不行焉，可谓远也已矣。”

子贡问政。子曰：“足食，足兵，民信之矣。”子贡曰：“必不得已而去，于斯三者何先？”曰：“去兵。”子贡曰：“必不得已而去，于斯二者何先？”曰：“去食。自古皆有死，民无信不立。”❶

棘子成曰：“君子质而已矣，何以文为？”子贡曰：“惜乎夫子之说君子也，驷不及舌。文犹质也，质犹文也。虎豹之鞟犹犬羊之鞟。”❷

哀公问于有若曰：“年饥，用不足，如之何？”有若对曰：“盍彻乎？”曰：“二，吾犹不足，如之何其彻也？”对曰：“百姓足，君孰与不足？百姓不足，君孰与足？”

子张问崇德、辨惑。子曰：“主忠信，徙义，崇德也。爱之欲其生，恶之欲其死：既欲其生，又欲其死，是惑也。‘诚不以富，亦（衹）〔祇〕以异。❸’”

齐景公问政于孔子。孔子对曰:“君君,臣臣,父父,子子。”公曰:“善哉!信如君不君,臣不臣,父不父,子不子,虽有粟,吾得而食诸?”

注释

❶ 孔子强调诚信重于兵与食,所以有这样说法。考虑到孔子说的“民信之矣”在“足食足兵”之后,可以认为孔子重信是有理由的。就国民素质而言,应该说:诚信确实重要而可贵,兵与食则不属于形而上的素质之内。但是,就治理国家的政治实践而言,兵与食岂是可去的东西?无兵无食,哪里有国家?国家哪里有安宁?然而如果忽视信义与信誉,也会落到国将不国的地步。信誉比什么都宝贵,从长远的观点看,无疑是对的。

❷ 这一段话强调文质同等重要,不赞成轻视文采(扩大范围而言之,不赞成轻视文化与文治),观点是可取的。其中“夫子”指棘子成。“夫子之说君子”的君子,我们认为应该是指上文“君子质而已矣”的君子,未必是指孔子。鞟(kuò),《说文》作鞹,说是“去毛皮也”。《集解》引伪孔注:“皮去毛曰鞟。虎豹与犬羊别者,正以毛文异耳。今使文质同者,何以别虎豹于犬羊耶?”但我们也不赞成过分看重文饰,看重包装,因为其一,“皮之不存,毛将焉附?”其二,虎豹之质毕竟与犬羊之质不同。

❸ 这里引诗见《诗经·小雅·我行其野》。《集解》引郑康成注:“祇,适也。言此行诚不可以富致,适足以为异耳。取此诗之‘异’义以非之。”我们认为引《诗》所谓“亦祇以异”,不过借指上文所谓“惑”罢了。

原文

子曰:“片言可以折狱者,其由也与?”子路无宿诺。❶

子曰:“听讼,吾犹人也。必也使无讼乎!”

子张问政。子曰:“居之无倦,行之以忠。”

子曰:“博学于文,约之以礼,亦可以弗畔矣夫!”

子曰:“君子成人之美,不成人之恶。小人反是。”

季康子问政于孔子。孔子对曰:“政者,正也。子帅以正,孰敢不正?”❷

季康子患盗,问于孔子。孔子对曰:“苟子之不欲,虽赏之不窃。”

季康子问政于孔子,曰:“如杀无道,以就有道,何如?”孔子对曰:“子为政,焉用杀?子欲善,而民善矣。君子之德风,小人之德草。草上之风,必偃。”❸

注释

❶ “折狱”就是断狱判案。《集解》:“宿,犹豫也。子路笃信,恐临时多故,故不豫诺。”程树德先生说:“此章解释,《集解》与《集注》不同,然当以《集解》说为正。皇疏两说并存,最为良法。”今按:说《集解》与《集注》不同,这是不错的。说皇疏两说并存,这就是程先生的偶疏了。程先生将皇疏列入“唐以前古注”(这也是不错的),可是《集注》出于南宋朱子,皇疏怎么可能保存或采纳《集注》的说法呢?

❷ “政者,正也”,用声训。“子帅以正,孰敢不正?”这是对季康子的劝诫,寓批评之意。俗话说的“上梁不正下梁歪”,与孔子说的这两句是同一个道理。

❸ 这一段话的主旨,也在于强调为官者的表率作用。可是,倘若完全否定“杀无道以就有道”的作用,也未必妥当。

原文

子张问:“士何如,斯可谓之达矣?”子曰:“何哉,尔所谓达者?”子张对曰:“在邦必闻,在家必闻。”子曰:“是闻也,非达也。

夫达也者,质直而好义,察言而观色,虑以下人。[1]在邦必达,在家必达。夫闻也者,色取仁而行违,居之不疑。在邦必闻,在家必闻。"

樊迟从游于舞雩之下[2],曰:"敢问崇德、修慝、辨惑。"子曰:"善哉问!先事后得,非崇德与?攻其恶,无攻人之恶,非修慝与?一朝之忿,忘其身以及其亲,非惑与?"

注释

❶ "虑以下人":《集解》引马融注将"虑"解释为"志虑"。俞曲园先生说:"'无虑'与'大氐'同……亦或止言'虑'……'虑以下人'之虑,乃'无虑'之虑。"程树德先生《集释》说马、俞二说当并存。今按:依马说,达者"志虑常欲以下人",所以"察言而观色";依俞说,所谓达者"察言观色,大氐以下人"。既如此,这些所谓"达者"不过是仕于诸侯或卿大夫而得到赏识的走狗或奴才,有何"质直而好义"可言?当然也可能是扬雄《太玄·玄莹》所谓"君子内正而外驯,每以下人"的君子。问题在于:"质直而好义""内正",总该有所表现,而不应该仅仅挂在口头上。

❷ 由"樊迟从游于舞雩之下"这一句,可知《先进》四子侍坐章记载孔子赞许曾皙的志向,不仅是口头上的,而且确有行动。遥想孔子晚年与弟子们在暮春时节"浴乎沂,风乎舞雩,咏而归",那该是怎样的情景呢?

原文

樊迟问仁。子曰:"爱人。"问知。子曰:"知人。"樊迟未达。子曰:"举直错诸枉,能使枉者直。"[3]樊迟退,见子夏,曰:"乡也吾见于夫子而问'知',子曰:'举直错诸枉,能使枉者直',何谓也?"子夏曰:"富哉言乎!舜有天下,选于众,举皋陶,不仁者远矣。[4]汤有天下,选于众,举伊尹,不仁者远矣。"

子贡问友。子曰:“忠告而善道之,不可则止,毋自辱焉。”

曾子曰:“君子以文会友,以友辅仁。”

注释

❸ 仁者爱人,是孔子思想的重要内容。又,《论语·为政》记孔子答哀公问“何为则民服”,也有“举直错诸枉”的话,可见孔子认识到选拔人才的重要意义。

❹ 皋陶(yáo,不读 táo),唐尧虞舜时候的人,与禹同时辅佐尧舜治理部落联盟的内部纠纷。“举皋陶,不仁者远矣”,这就把选拔人才与落实“仁”的思想联系起来了。

子路

导读

邢疏:“此篇论善人、君子,为邦、教民,仁、政、孝、弟,中行、常德,皆治国修身之要,大意与前篇相类。且回也入室,由也升堂,故以为次也。”按:邢疏所说的诸项之外,本篇还有孔子说正名、说学稼、说《诗》、说士、说君、说臣、说君子小人、说丧邦兴邦诸项值得研究。本篇与前篇的位置,无关乎升堂入室之分。

原文

子路问政。子曰:“先之,劳之。”请益。曰:“无倦。”

仲弓为季氏宰,问政。子曰:“先有司,赦小过,举贤才。”❶曰:“焉知贤才而举之?”曰:“举尔所知。尔所不知,人其舍诸?”

子路曰:“卫君待子而为政,子将奚先?”子曰:“必也正名乎!”子路曰:“有是哉,子之迂也!奚其正?”子曰:“野哉由也!君子于其所不知,盖阙如也。名不正,则言不顺;言不顺,则事不成;事不成,则礼乐不兴;礼乐不兴,则刑罚不中;刑罚不中,则民无所错手足。故君子名之必可言也，言之必可行也。君子于其言，无所苟而已矣。”[2]

注释

[1] 孔子这里明确地提出了“举贤才”的主张。先以有司试之，可以赦免他们任职期间难以避免的小错误，意思是大错误不得赦免。后来曹孟德颁布的《举贤勿拘品行令》，可能从孔子这些话得到启发。

[2] 为政以“正名”为先，与《颜渊》记孔子答子贡问政，以为兵、食、信三者应该先去兵、食一样，都是颇为奇特而为一般人难以想象的创见。连孔子信得过的弟子子路也认为他把“正名”列入“为政”之先，未免有点“迂”了。这里不妨联想《左传》成公二年所记孔子的名言：“惟器与名不可以假人，君之所司也。”他的理念把名器与信、礼、义、利贯通了，认为那是“政之大节”。我们认为孔子的话实有一番道理。关键是为何“正名”，如何正法。这是与政治与学术都有关的理论问题，这里不拟详议。

原文

樊迟请学稼，子曰：“吾不如老农。”请学为圃，曰：“吾不如老圃。”樊迟出。子曰：“小人哉，樊须也！上好礼，则民莫敢不敬；上好义，则民莫敢不服；上好信，则民莫敢不用情。夫如是，则四方之民襁负其子而至矣，焉用稼？”[1]

子曰：“诵《诗》三百，授之以政，不达；使于四方，不能专对：虽多，亦奚以为？”[2]

子曰：“其身正，不令而行；其身不正，虽令不从。”

子曰：“鲁卫之政，兄弟也。”

子谓卫公子荆善居室。“始有，曰：‘苟合矣。’少有，曰：‘苟完矣。’富有，曰：‘苟美矣。’”[3]

注释

❶ 孔门弟子樊迟请学稼、学为圃(学习种菜种粮),这当然没有什么不对。孔子因此骂他为"小人",充分暴露了轻视农民和农业劳动的错误思想。但是用不着全部否定孔子的这些话。第一,他重视"上好礼""上好义""上好信",可以借鉴。第二,他十分爽快地承认"不如老农""不如老圃",承认自己的不足,正所谓"不知为不知",态度还是诚实可爱的。

❷ 这一段话表明孔子学以致用的思想,也包含有孔子对《诗经》的看法。拙著《诗经刍议》《中国礼制史·先秦卷》有关论述可参看,这里不多说。

❸ 这一段话的三个"苟"字,王伯申《经传释词》:"且也。"裴学海先生认为释"且"未允,当释为"诚"。我们认为这里"苟"有差强人意的意思。

原文

子适卫,冉有仆。子曰:"庶矣哉!"冉有曰:"既庶矣,又何加焉?"曰:"富之。"曰:"既富矣,又何加焉?"曰:"教之。"❶

子曰:"苟有用我者,期月❷而已可也,三年有成。"

子曰:"'善人为邦百年,亦可以胜残去杀矣。'诚哉是言也!"

子曰:"如有王者,必世而后仁。"

子曰:"苟正其身矣,于从政乎何有?不能正其身,如正人何?"❸

冉子退朝。子曰:"何晏也?"对曰:"有政。"子曰:"其事也。如有政,虽不吾以,吾其与闻之。"❹

注释

❶ 国家人口多起来了("既庶矣"),要使人民富裕起来("富之")。人民富起来了("既富矣"),要让他们得到优良的文化教育("教

之”)。孔子的这个思路是对的。

❷ 期，这里读 jī。期月，邢疏：“谓周一年之十二月也。”

❸ 这还是强调在上位者对自身的严格要求(自律，正身)，重视各级“有司”的表率作用。

❹ 邢疏：“晏，晚也。”引《左传》昭二十五年杜注：“在君为政，在臣为事。”当时冉有为季氏家臣，所以孔子称其所谓“政”为“事”。

原文

定公问：“一言而可以兴邦，有诸?”孔子对曰：“言不可以若是其幾也。人之言曰：‘为君难，为臣不易。’如知为君之难也，不几乎一言而兴邦乎?”曰：“一言而丧邦，有诸?”孔子对曰：“言不可以若是其幾也。人之言曰：‘予无乐乎为君，惟其言而莫予违也。’如其善而莫之违也，不亦善乎？如不善而莫之违也，不几乎一言而丧邦乎?”❶

叶公问政。子曰：“近者说，远者来。”

子夏为莒父宰，问政。子曰：“无欲速，无见小利。欲速，则不达；见小利，则大事不成。”

叶公语孔子曰：“吾党有直躬者，其父攘羊，而子证之。”孔子曰：“吾党之直者异于是。父为子隐，子为父隐，直在其中矣。”❷

注释

❶ 一言而兴邦，一言而丧邦，此其言只可能在两种情况下发生作用。一是其言出自国家最高统治者而发布推行，果然起了大作用，导致国家兴衰。一是最高统治者(或国家最高决策机构)采纳他人(包括高层决策圈之外的人)的建议，对国家兴亡起了决定性作用。不必否认，一言兴邦与一言丧邦的情况还是发生过的。

❷ 孔子认为父与子互相包庇才是直道。一部《论语》，这种说法最为可疑。我们认为：如果父或子做了有悖于社会公德的事，那么，

不是大义灭亲,而是互相包庇,这就不属于中华民族的传统美德。这里关键在于是否合乎"义"。只要合乎义,本来是不要父子互隐的。孔子也有失言,他的话也不可能句句是真理,这有什么奇怪呢!我们实事求是,又何必为尊者、为贤者、为亲者讳呢?

原文

樊迟问仁。子曰:"居处恭,执事敬,与人忠。虽之夷狄,不可弃也。"❶

子贡问曰:"何如斯可谓之士矣?"子曰:"行己有耻;使于四方,不辱君命:可谓士矣。"曰:"敢问其次。"曰:"宗族称孝焉,乡党称弟焉。"曰:"敢问其次。"曰:"言必信,行必果,硁硁然小人哉!抑亦可以为次矣。"曰:"今之从政者何如?"子曰:"噫!斗筲之人,何足算也!"❷

注释

❶ 由孔子答樊迟问仁,可知"居处恭,执事敬,与人忠"也是孔子心目中"仁"的部分内容。"虽之夷狄,不可弃也",说的是"仁"的普遍意义。

❷ 孔子与子贡的这一段对话论述了"士"的标准。"言必信,行必果,硁硁然小人哉!"硁(kēng)硁:鄙贱狭小的状况。视"言必信,行必果"为小人,与孔子多次赞扬忠信、信义、诚信的说法毕竟有点矛盾(尽管孔子把"言必信,行必果"作为士人标准的第三条)。如何解释呢?《孟子·离娄下》:"大人者,言不必信,行不必果,唯义所在。"有了孟子这个说明,后世读者也就可以释疑了。倘若与义不合,言不必信,行不必果,这是可以理解的。至于把"行己有耻"放在"士"的首位,我们认为很有道理。士人应该是各民族文明的承传者,应该有廉耻之心。士无廉耻心,譬如大焉者卖国求荣,小焉者剽窃他人脑力劳动成果,沽名钓誉,此风蔓延,那

实在是民族的悲哀！孔子把“今之从政者”斥为“斗筲之人”，认为“何足算也”，这倒是应该赢得被压迫阶级称颂的。所谓“今之从政者”，指鲁国季氏、阳货之流，孔子有理由蔑视他们。

原文

子曰：“不得中行而与之，必也狂狷乎！狂者进取，狷者有所不为也。”❸

子曰：“南人有言曰：‘人而无恒，不可以作巫医。’善夫！”“不恒其德，或承之羞。”子曰：“不占而已矣。”❹

子曰：“君子和而不同，小人同而不和。”

注释

❸《集解》引包咸注：“中行，行能得其中者。”“狂者进取于善道，狷者守节无为。”我们的理解：中行，就是行中庸之道。狂狷，就是不行中庸之道。夫子的意思：不得与中行为伍，能得到狂狷者也好。

❹“不恒其德，或承之羞”，是《易经·恒卦》九三爻辞。《集解》引伪孔注：“言德无常则羞辱承之。”又引郑君的话解释说：“《易》所以占吉凶。无恒之人，《易》所不占。”按：引南人言，引《易》爻辞，目的是告诫人们应该有恒心。没有恒心，巫医卜筮都无法做。孔子所谓“不占而已”，正是对所引《易》爻辞的判断。

原文

子贡问曰：“乡人皆好之，何如？”子曰：“未可也。”“乡人皆恶之，何如？”子曰：“未可也。不如乡人之善者好之，其不善者恶之。”

子曰：“君子易事而难说也：说之不以道，不说也；及其使人也，器之。小人难事而易说也：说之虽不以道，说也；及其使人也，求备焉。”❶

子曰："君子泰而不骄，小人骄而不泰。"

子曰："刚、毅，木、讷，近仁。"

子路问曰："何如斯可谓之士矣？"子曰："切切、偲偲，怡怡如也，可谓士矣。朋友，切切、偲偲。兄弟，怡怡。"❷

子曰："善人教民七年，亦可以即戎矣。"

子曰："以不教民战，是谓弃之。"❸

注释

❶ 这一段六个"说"字，皇侃、邢昺二疏以及朱熹《集注》都认为应作"悦"字解。程树德先生《集释》"疑当作言说或游说解"。我们有不同看法，认为第三第六两个"说"字应作"悦"字讲，其他四个"说"字都是言说、游说的意思（这四个"说"读 shuì）。君子不会随便动摇，难于说动；若不以正道与君子交谈，他就不高兴了。小人没有坚定的意志，容易说动；即使不以正道与他交谈，他也高兴（当然只要顺着他的心意）。

❷ 这一段话说的也是士的标准。《集解》引马融的话："切切、偲偲，相切责之貌。怡怡，和顺之貌。"其实，兄弟也该求戒厉，不光是和顺就行了；朋友也该求"怡怡"融洽，不光是切磋戒厉就行了。这一层意思，前贤（譬如皇侃）也早已道出。

❸ 这一段与上一段的意思，就是平时应该教导民间习武备战，以便保家卫国。后世全民皆兵的思想源于先秦，至迟可以上溯到孔子。

宪问

导读

邢疏："此篇论三王二霸之迹，诸侯大夫之行，为仁，知耻，修己安民，皆政之大节也。"按：本篇确实记载有孔子对一些历史人物的评论，此外，还有孔子说的为士、为使、为君子之道以及事君之义，还有当时人对孔子的批评。本篇与上篇的次序，也不是由什么必然联系决定的。

原文

宪问耻。子曰："邦有道，穀；邦无道，穀：耻也。"❶

"克、伐、怨、欲不行焉，可以为仁矣？"子曰："可以为难矣，仁则吾不知也。"❷

注释

❶《论语·泰伯》："天下有道则见，无道则隐。邦有道，贫且贱焉，耻也。邦无道，富且贵焉，耻也。"这一段话与《宪问》开头一段话意思相同。《公冶长》"邦有道则知，邦无道则愚"，与《宪问》开头一段话意思相通。邦有道，图的只是"穀"（俸禄）；邦无道，图的也只是"穀"（俸禄）：可耻啊！如果这样理解《宪问》这段话，"耻也"就不仅仅与"邦无道，穀"有关系了。

❷ 将这一段与上一段合为一章是可以的。原宪两问，孔子两答，这中间不但没有什么妨碍，而且可以免除"克、伐、怨、欲不行"为仁与否这个问题没有来由的缺陷。我们这里分为两段，只是为了让问耻与问仁两个意思都比较显豁。

原文

子曰："士而怀居，不足以为士矣。"

子曰："邦有道，危言危行；邦无道，危行言孙。"❸

子曰："有德者必有言，有言者不必有德；仁者必有勇，勇者不必有仁。"

南宫适问于孔子，曰："羿善射，奡荡舟，俱不得其死然。禹稷躬稼，而有天下。"夫子不答，南宫适出。子曰："君子哉若人！尚德哉若人！"❹

子曰："君子而不仁者有矣夫，未有小人而仁者也。"

注释

❸ 这里三个"危"，都是"正直""堂堂正正"的意思。《广雅·释诂》："危，正也。"孙，在这里音义与"逊"相同。黄式三先生《论语后案》："言孙者，不正说已意，顺人之义而婉道之也。"

❹ 南宫适(kuò)，人名。这个"适"字不是简体。《释文》："本又作括。"羿(yì)，这里指古代善射之人。奡(ào)，也是人名，《左传》作浇，《说文》"䇘"字下引作"敖"。稷(jì)，也是人名。听了南宫适对羿、奡和禹、稷的评论，孔子在他离开之后表示赞许。

原文

子曰："爱之，能勿劳乎？忠焉，能勿诲乎？"

子曰："为命：裨谌草创之，世叔讨论之，行人子羽修饰之，东里子产润色之。"❶

或问子产。子曰："惠人也。"问子西。曰："彼哉！彼哉！"问管仲。曰："人也。夺伯氏骈邑三百，饭疏食，没齿无怨言。"❷

子曰："贫而无怨难，富而无骄易。"

子曰："孟公绰为赵、魏老则优，不可以为滕、薛大夫。"

注释

❶ 裨谌，《汉书·古今人表》作卑湛。裨(这里读 pí)，这里是姓。谌，《释文》"时针反"，应该可以读 shēn，但"谌"字今读 chén。《左传》襄公三十一年："子产之从政也，择能而使之……郑国将有诸侯之事，子产乃问四国之为于子羽，且使多为辞令；与裨谌乘以适野，使谋可否；而告冯简子，使断之；事成，乃授子大叔使行之，以应对宾客：是以鲜有败事。"《左传》这一段话可以作《论语》"子曰'为命'"一段话的注脚。又，"子曰'为命'"一段话可以与下文"或问子产"一段连在一起而合为一章。

❷《左传》昭公二十年:“子产卒,仲尼闻之出涕,曰:‘古之遗爱也。’”《论语·宪问》所谓“惠人”,就是给百姓们恩爱的好人。《集解》引马融注:“彼哉彼哉,言无足称。”依马说,孔子对郑大夫子西的评价,大概是把他看作“斗筲之人”,认为无足算也。孔子对管仲的评论不太高,但也够高了。这里说的“人也”,总该是干脆利落地承认管仲为一代人物。管仲夺了伯氏骈邑三百,让人家过苦日子,人家居然没有怨言,一般人是做不到这一步的。朱彬《经传考证》把《宪问》这个“人也”解释为“仁也”,我们认为是可以的,因为孔子确曾称许管子之“仁”。就在《宪问》下文,论及管仲帮助桓公“九合诸侯”“如其仁,如其仁”。

原文

子路问成人。子曰:“若臧武仲之知,公绰之不欲,卞庄子之勇,冉求之艺,文之以礼乐,亦可以为成人矣。”曰:“今之成人者何必然?见利思义,见危授命,久要不忘平生之言,亦可以为成人矣。”❸

子问公叔文子于公明贾,曰:“信乎夫子不言、不笑、不取乎?”公明贾对曰:“以告者过也。夫子时然后言,人不厌其言;乐然后笑,人不厌其笑;义然后取,人不厌其取。”子曰:“其然,岂其然乎?”❹

注释

❸《集解》引伪孔注:“久要,旧约也。平生,犹少时。”“见利思义,见危授命,久要不忘平生之言。”这些话说起来容易,事到临头偏偏忘记了,那就还不能算是“成人”。当今社会太需要“见利思义,见危授命”这一类舆论与人物了。在举国批判孔子的年代,这一类舆论难得听见,这一类人物难得看见,其影响对国家与民族够深重了。见利忘义,见危而图苟活者,不算“成人”。糟蹋“见利

思义,见危授命”这一类传统美德的年代,其实也暴露了某种意义的不成熟啊!

❹ 这一段话中的“夫子”指公叔文子。孔子听人传颂公叔文子“不言、不笑、不取”,表示怀疑,所以问人用“信乎”开头。公明贾解释了“不言、不笑、不取”的含义,孔子既赞叹“其然”,又疑于未必“其然”。然而孔子的意思是明确的:他肯定“时然后言”“乐然后笑”“义然后取”的人物行为,只是对公叔文子能否真正做到这样表示怀疑而已。“乐然后笑”是自然的事情,不足为奇。“时然后言”就不容易做到,“义然后取”更难做到了;如果公叔文子真正做到了,孔子至少也该赞许他:“如其知! 如其仁!”

原文

子曰:“臧武仲以防求为后于鲁,虽曰不要君,吾不信也。”

子曰:“晋文公谲而不正,齐桓公正而不谲。”

子路曰:“桓公杀公子纠,召忽死之,管仲不死。”曰:“未仁乎?”子曰:“桓公九合诸侯[1],不以兵车,管仲之力也。如其仁! 如其仁!”

子贡曰:“管仲非仁者与? 桓公杀公子纠,不能死,又相之。”子曰:“管仲相桓公,霸诸侯,一匡天下,民到于今受其赐。微管仲,吾其被发左衽矣。岂若匹夫匹妇之为谅也,自经于沟渎而莫之知也。”[2]

公叔文子之臣大夫僎,与文子同升诸公。子闻之曰:“可以为文矣。”

子言卫灵公之无道也,康子曰:“夫如是,奚而不丧?”孔子曰:“仲叔圉治宾客,祝鮀治宗庙,王孙贾治军旅。夫如是,奚其丧?”[3]

注释

❶ 清代学者汪中《述学・释三九》总结古文献使用数字的规律之

一,是“约之三以见其多”“约之九以见其极多”。据此,程树德先生《集释》指出:“九合之义,亦若是而已矣。”按:“九合诸侯”只能依汪、程二氏说法,其他的解释都不可取。

❷ 这一段话与上一段话,记载孔子对管仲一生功业的评论。研究孔子对历史人物的批评,可以了解孔子的历史观,从中获得一些有益的启示或借鉴。“被发左衽”,是当时夷狄民族的生活习惯。若是没有管仲辅佐齐桓公成霸业,领导华夏族保卫并发展自己的文明,那就有可能出现华夏文明不保而以夷变夏的局面。我们不能说孔子的设想(“微管仲,吾其被发左衽矣”)只是杞人忧天。如何评价春秋五霸以及有关重要人物,孔子的意见也许不是毫无参考意义。

❸ 依孔子的意见,仲叔圉(yǔ)、祝鮀、王孙贾为卫君治理国家还是有业绩有功劳的。卫灵公正是因为有他们办事,国家得以不亡。历史上确实存在过这一类情况:国君无道,国民经济濒于崩溃,民怨沸腾,而国家竟然未至于沦丧,其原因就在于若干忠臣苦苦支撑。可是,《论语·公冶长》固然说到仲叔圉(即孔文子)之“文”,而其他文献倒是说此人并不怎么贤良。又,《论语·八佾》记王孙贾问“宁媚于灶”,《雍也》记有“祝鮀之佞”,莫非祝鮀、王孙贾们另有忠诚报国报君的一面?

原文

子曰:“其言之不怍,则为之也难。”

陈成子弑简公。孔子沐浴而朝,告于哀公曰:“陈恒弑其君,请讨之。”公曰:“告夫三子!”❶孔子曰:“以吾从大夫之后,不敢不告也。君曰‘告夫三子’者?”之三子告,不可。孔子曰:“以吾从大夫之后,不敢不告也。”

子路问事君。子曰:“勿欺也,而犯之。”

子曰:“君子上达。小人下达。”

子曰："古之学者为己，今之学者为人。"

蘧伯玉使人于孔子。孔子与之坐而问焉，曰："夫子何为？"对曰："夫子欲寡其过而未能也。"使者出。子曰："使乎！使乎！"[2]

子曰："不在其位，不谋其政。"

曾子曰："君子思不出其位。"

子曰："君子耻其言(而)〔之〕过其行。"[3]

注释

❶ 田常(即陈恒)弑齐简公，孔子请鲁君伐齐，这些事情《左传》哀公十四年有记载。《论语》记孔子为请伐齐事"沐浴而朝"，而《左传》的记载是："孔丘三日齐，而请伐齐，三。"(按："三日齐"的齐，音义与"斋"相同。)可见《论语》与《左传》有关记载应该互相参证。为了维护"君君臣臣"的国家制度，孔子请求伐齐的态度是严肃而认真的。可惜他没有认清当时齐鲁两国的政治形势，鲁哀公已自顾不暇，礼乐征伐早已自大夫出。哀公做不了主，所以要他"告夫三子"，三子怎么会听孔丘先生的呢？到头来，孔子请伐齐也就只是几声空喊罢了。

❷ 这一段话中"夫子"指蘧(qú)伯玉，蘧氏是卫国大夫。他派人来见孔子，言辞谦卑。待"使者"离开后，孔子称赞说："使乎！使乎！"朱熹《集注》的解释是"再言'使乎'以重美之"。

❸ 依阮元等人《校勘记》改"而"作"之"，这样就好理解了。言过其行，不是务实的好作风。

原文

子曰："君子道者三，我无能焉：仁者不忧，知者不惑，勇者不惧。"子贡曰："夫子自道也。"

子贡方人[1]。子曰："赐也贤乎哉？夫我则不暇。"

子曰："不患人之不(已)〔己〕知，患其不能也。"

子曰："不逆诈，不亿不信。抑亦先觉者，是贤乎！"

微生亩谓孔子曰："丘何为是栖栖者与？无乃为佞乎？"孔子曰："非敢为佞也，疾固也。"[2]

子曰："骥不称其力，称其德也。"

或曰："以德报怨，何如？"子曰："何以报德？以直报怨，以德报德。"

注释

1. 方人，《集解》引伪孔注："比方人也。"邢疏："子贡多言，尝举其人伦以相比方。"阮元等《校勘记》据《释文》所记郑本"方"作"谤"，认为"方人"是言人之过失的意思，亦通。
2. 微生亩，《汉书·古今人表》作"尾生晦"。郑晓《古言》已指出微生亩就是微生高。俞樾《群经平议》据《诗·小雅·六月》"六月栖栖，戎车既饬"、《有客》"有萋有且"、《文王》"济济多士"及其传笺，解释微生亩对孔子的提问，说："微生亩见孔子修饰威仪，疑其以此求悦于人。"而孔子的自我辩护，说是"非敢为佞也，疾固也"，以固陋为病，所以颇注意威仪礼容。《晏子春秋·外篇》："今孔丘盛声乐以侈世，饰弦歌鼓舞以聚徒，繁登降之礼、趋翔之节以观众。"曲园先生从训诂入手，引《晏子》为旁证，说得很有道理。如此说来，孔夫子当年游说列国，干君求进，未必老是一幅丧家犬模样。

原文

子曰："莫我知也夫！"子贡曰："何为其莫知子也？"子曰："不怨天，不尤人。下学而上达。知我者其天乎！"

公伯寮诉子路于季孙。子服景伯以告，曰："夫子固有惑志。于公伯寮，吾力犹能肆诸市朝。"子曰："道之将行也与？命也。道之将废也与？命也。公伯寮其如命何！"[3]

注释

❸ 这一段话中的"夫子"指季孙氏。《周官·秋官·掌戮》:"凡杀人者,踣诸市,肆之三日……凡罪之丽于法者,亦如之。唯王之同族与有爵者,杀之于甸师氏。"何晏《论语集解》引郑康成注:"有罪既刑,陈其尸曰肆。"《周官·秋官·乡士》疏引《论语注》:"大夫于朝,士于市。公伯寮是士,止应云'肆诸市',连言朝耳。"刘宝楠《论语正义》以为《乡士》疏引此注亦当为郑注文。公伯寮向季孙告子路的状,子服景伯将此事告诉孔子,并且说季孙受到公伯寮的迷惑,而他子服景伯有办法处理此事。《集解》引郑注:"吾势力犹能辨子路之无罪于季孙,使之诛寮而肆之。"可是孔子此时将事情托付于天命,认为公伯寮对天命应无可奈何。这当然表现了孔子思想的局限性。

原文

子曰:"贤者辟世,其次辟地,其次辟色,其次辟言。"子曰❶:"作者七人矣。"

子路宿于石门。晨门❷曰:"奚自?"子路曰:"自孔氏。"曰:"是知其不可而为之者与?"

子击磬于卫。有荷蒉而过孔氏之门者,曰:"有心哉!击磬乎!"既而曰:"鄙哉!硁硁乎!莫(已)〔己〕知也,斯(已)〔己〕而已矣。深则厉,浅则揭。"子曰:"果哉!末之难矣。"❸

注释

❶ 有学者认为这个"子曰"是衍文。据俞曲园先生《古书疑义举例》"一人之辞而加曰字例"条,我们认为不必删去。

❷ 有些版本"晨门"上另有"石门"二字,阮元等《校勘记》已言之。我们认为"石门"二字重与不重,都可。

❸《释文》:"'莫己'音纪,下'斯己'同。"唐石经"莫己""斯己",己

是人己之己，“而已”之已是已止之已。阮元等《校勘记》与钱竹汀《养新录》考之甚详，当从之。“深则厉，浅则揭”，这两句出自《诗经・邶风・匏有苦叶》。朱熹《集注》：“以衣涉水曰厉，摄衣涉水曰揭……讥孔子人不知己而不止，不能适浅深之宜。”如何理解后面两句孔子的话（“果哉！末之难矣”），关键在于“果”“难”二字。俞樾《群经平议》：“‘果哉！末之难矣’，犹曰诚哉无难矣……孔子闻其言而叹之，一若深喜其易者，而甘为其难之意自在言外。”按：孔子既然“知其不可而为之”，应该早有思想准备，不畏艰难。俞先生的说法可供参考。

原文

子张曰：“《书》云：‘高宗谅阴，三年不言。’何谓也？”子曰：“何必高宗？古之人皆然。君薨，百官总己以听于冢宰三年。”[4]

子曰：“上好礼，则民易使也。”[5]

子路问君子。子曰：“修己以敬。”曰：“如斯而已乎？”曰：“修己以安人。”曰：“如斯而已乎？”曰：“修己以安百姓。修己以安百姓，尧、舜其犹病诸！”[6]

原壤夷俟[7]。子曰：“幼而不孙弟，长而无述焉，老而不死，是为贼！”以杖叩其胫。

阙党童子将命。或问之曰：“益者与？”子曰：“吾见其居于位也，见其与先生并行也，非求益者也，欲速成者也。”

注释

[4] 《尚书・无逸》《尚书大传》、小戴辑《礼记・檀弓》《丧服四制》等不少文献记有“高宗谅阴”的事。谅，或作亮，或作梁。阴，一作闇。两个字还各有别的写法。老一代领袖（譬如国王或皇帝）死了，太子继位居丧，国家大事交给大臣（譬如宰相）管理，直到三年丧服满期，这就叫作谅闇。依礼制规定，谅闇有简单的设施，看

《尚书大传》《白虎通·丧服》诸文献可以约略考见。孔子说:“何必高宗?古之人皆然。”但不知孔子说的这个“古”的时间范围到底有多大。总而言之,在孔子看来,至少殷商时候已经通行三年丧服制度。

❺ “上好礼,则民易使也”,这一句道出了“上好礼”的本质,道出了古代礼制部分内容的本质。《左传》庄公二十三年:“夫礼,所以整民也。”《国语·鲁语上》:“夫礼,所以正民也。”这些议论表达的思想与孔子一致。

❻ 这一段话说到修己、安人、安百姓,可以视为《大学》修齐治平思想的源头。

❼ 《集解》引马季长注:“原壤,鲁人,孔子故旧。夷,踞。俟,待也。踞待孔子。”邢疏:“原壤闻孔子来,乃申两足箕踞以待孔子也。”简单一点说:“夷”在这里是说放肆无礼之状。

卫灵公

导读

邢疏:“此章记孔子先礼后兵,去乱就治,并明忠信、仁知,劝学、为邦,无所毁誉,必察好恶,志士君子之道,事君相师之仪,皆有耻且格之事,故次前篇也。”我们认为本篇所记孔子之言“君子固穷”“杀身成仁”“善其事必先利其器”以及所谓“恕道”,都是至理名言。而“军旅之事,未之学也”一语,固有为而发;后人误解这一句,亟宜指正。

原文

卫灵公问陈于孔子。孔子对曰:“俎豆之事,则尝闻之矣;军旅之事,未之学也。”❶明日遂行。

在陈绝粮,从者病,莫能兴。子路愠见,曰:“君子亦有穷乎?”子曰:“君子固穷,小人穷斯滥矣❷。”

子曰:"赐也,女以予为多学而识之者与?"对曰:"然。非与?"曰:"非也。予一以贯之。"

子曰:"由!知德者鲜矣。"

子曰:"无为而治者,其舜也与?夫何为哉?恭己正南面而已矣。"

注释

❶ "问陈"之"陈",音义同"阵"。孔子自谦,说"军旅之事,未之学也"。其实孔子懂得军旅之事。《史记·孔子世家》:"冉有为季氏将师,与齐战于郎,克之。季康子曰:'子之于军旅,学之乎?性之乎?'冉有曰:'学之于孔子。'"冉有坦白地承认他的用兵之法是从老师孔子学来的。谁能说冉有扯谎呢?孔子故意说自己未学军旅之事,那是因为他以仁义礼乐为本,军旅为末,况且他已看破"卫灵公之无道"(见《宪问》),有可能挑起争伐而破坏和平。也正因为此,就在卫灵公问陈第二天,孔子就走了。古今学人注释《卫灵公》此句,皆未道破真相,殊为可怪。以《论语》证《论语》,《子路》篇谓"以不教民战,是谓弃之",也可作孔子懂得军旅之事的旁证。至于俎(zǔ)豆之事,也有《孔子世家》为证:"孔子为儿嬉戏,常陈俎豆,设礼容。"完全可以相信:论俎豆之礼,孔子实实在在更是专家。

❷ 《朱子语类》卷第四十五:"固守其穷,古人多如此说。但以上文观之,则恐圣人一时答问之辞,未遽及此。盖子路方问'君子亦有穷乎',圣人答之曰:'君子固是有穷时,但不如小人穷则滥尔。'以'固'字答上面'有'字,文势乃相应。"按:朱子这个讲法,从原文脉络语气(所谓"文势")着眼,而一般学者未能注意及此。与孔子在世以及《论语》成书基本同时或者稍有先后之分的文献也有同样的文理语势,可以找出相似的语例,譬如《左传》桓五年:"蔡卫不枝,固将先奔。"《左传》僖十五年:"愎谏违卜,固败是求,又何逃焉?"《左传》昭四年:"夫子固欲去之。"小戴辑《礼记·哀

公问》:“固民是尽。”由这些例句,可见后来朱熹讲解“君子固穷”,不把“固”字说成“固守”,是对的。只要有道理,真有根据,何必非拾前贤牙慧不可呢?

原文

子张问行。子曰:“言忠信,行笃敬,虽蛮貊之邦,行矣;言不忠信,行不笃敬,虽州里,行乎哉?[3]立则见其参于前也,在舆则见其倚于衡也,夫然后行。”子张书诸绅。[4]

注释

[3]《论语·子路》:“居处恭,执事敬,与人忠。虽之夷狄,不可弃也。”与《卫灵公》这里说的“言忠信,行笃敬,虽蛮貊之邦,行矣”,显然大意相同。

[4] 黄式三先生《论语后案》:“书绅,以笔书绅也。”他在先秦文献里找到不少证据,然后说:“后人疑笔始蒙恬,遂以‘书绅’为刺文,非也。”今按:黄先生这个说法很有理由,如果能在出土文物里找到先秦有笔的证明,就更有说服力了。又按:在先秦,及门弟子听老师讲话而于当时或稍后做出笔记,至迟始于孔门弟子,我们在《卫灵公》这篇找到了证据。

原文

子曰:“直哉史鱼!邦有道,如矢;邦无道,如矢。君子哉蘧伯玉!邦有道,则仕;邦无道,则可卷而怀之。”[1]

子曰:“可与言而不与言[2],失人。不可与言而与之言,失言。知者不失人,亦不失言。”

子曰:“志士仁人,无求生以害仁,有杀身以成仁。”

子贡问为仁,子曰:“工欲善其事,必先利其器。居是邦也,事其大夫之贤者,友其士之仁者。”

注释

❶《论语・宪问》记孔子的话,说到卫灵公无道而卫国不亡,其原因在于卫国有仲叔圉、祝鮀、王孙贾主持国事。其实孔子提到的这三个人未必可以算是卫国贤大夫,孔子在这里难免失察失言之嫌。《宪问》还记有孔子与蘧伯玉使者的对话。据使者说,蘧伯玉"欲寡其过"。其实蘧氏才称得上卫国的贤大夫。《卫灵公》这里记孔子称赞蘧伯玉的话:"邦有道,则仕;邦无道,则可卷而怀之。"蘧氏真可以算是卫国的君子了。前辈学者还找到了不少别的文献证据,我们不拟复述。

❷"不与"下,不少本子(如朱子《集注》本)有"之"字。唐石经、《正义》本无"之"字。阮元等人认为无"之"字是,今从之。

原文

颜渊问为邦。子曰:"行夏之时,乘殷之辂,服周之冕,乐则《韶》《舞》。放郑声,远佞人。郑声淫,佞人殆。"❸

子曰:"人无远虑,必有近忧。"

子曰:"已矣乎!吾未见好德如好色者也。"

子曰:"臧文仲其窃位者与?知柳下惠之贤,而不与立也。"❹

注释

❸ 为邦,就是治国,也就是《论语》里多次出现的为政。颜渊问为邦,是不是可以说明孔门第一大弟子也不是不问政治的书生呢?俞樾先生《群经平议》已论证这里"舞"应为"武","韶舞"指舜之《韶》与周武王姬发之《武》。孔子教导颜渊,治国应该实行夏时制度,乘用殷商之车,戴姬周之帽,而音乐采用《韶》《武》。他主张治国应该放逐郑声,疏远佞人。这一段话所记孔子的治国之计,是否都妥当,可以商量。譬如殷辂周冕就那么好吗?郑声就那么可恶吗?

❹ 俞樾先生《古书疑义举例》卷一“上下文异字同义例”条：“此章‘立’字当读为‘位’，‘不与立’即‘不与位’。”这样解说是对的。

原文

子曰：“躬自厚而薄责于人，则远怨矣。”

子曰：“不曰‘如之何，如之何’者，吾末如之何也已矣。”

子曰：“群居终日，言不及义，好行小慧，难矣哉！”[1]

子曰：“君子义以为质，礼以行之，孙以出之，信以成之。君子哉！”[2]

子曰：“君子病无能焉，不病人之不(已)〔己〕知也。”

注释

❶《释文》：“《鲁》读‘慧’为‘惠’。今从《古》。”按：“慧”“惠”二字可以互借。其实各用“慧”“惠”字之本义，也讲得通。无论是行小恩小惠，还是玩弄小聪明，都难以办大事。这里重要的还是“义”。群居终日，忘大义而行小慧(惠)，思想空虚而无聊，那绝对不是国家兴旺的好气象。

❷ 这一段话，议论“君子”的标准，一是“义”，二是“礼”，三是“孙”(这里音义同“逊”)，四是“信”。《公冶长》称许“子产有君子之道四”，第四项是“其使民也义”。君子自是成人，《宪问》说“今之成人”应该“见利思义”。稍作比较，应知孔子的思想大体上是一贯的，当然不排除某些变化。

原文

子曰：“君子疾没世而名不称焉。”[3]

子曰：“君子求诸(已)〔己〕，小人求诸人。”

子曰：“君子矜而不争，群而不党。”

子曰：“君子不以言举人，不以人废言。”

子贡问曰:“有一言而可以终身行之者乎?”子曰:“其‘恕’乎!己所不欲,勿施于人。”[4]

注释

3 《论语·子罕》记达巷党人的话:“大哉孔子!博学而无所成名。”孔子听了,发了一通议论,其中表示了愿执御以成名的意思。《史记·孔子世家》:“君子病没世而名不称焉。吾道不行矣,吾何以自见于后世哉!”可知有证据说明孔子平生实有强烈的名望欲。《子罕》记有孔子如下的多言:“四十、五十而无闻焉,斯亦不足畏也已。”所谓“无闻”,就是没有名声。《宪问》批评原壤“长而无述焉”,所谓“无述”也就是没有成就可以称道,没有什么好名声。后世士子的功名观,与孔子这个祖师是有关系的。

4 《颜渊》记孔子答仲弓问仁的话,也有“己所不欲,勿施于人”这样的句子,显然已列入“仁”的内容。《卫灵公》这一段话告诉读者:一、孔子概括“己所不欲,勿施于人”的思想核心是“恕”;二、孔子的“仁”“恕”思想是相通的。其实,孔子思想的诸多部分之间多有相通的地方。

原文

子曰:“吾之于人也,谁毁谁誉?如有所誉者,其有所试矣。斯民也,三代之所以直道而行也。”

子曰:“吾犹及史之阙文也。‘有马者借人乘之’,今亡矣夫!”[1]

子曰:“巧言乱德,小不忍则乱大谋。”

子曰:“众恶之,必察焉;众好之,必察焉。”

子曰:“人能弘道,非道弘人。”

子曰:“过而不改,是谓过矣。”

子曰:“吾尝终日不食,终夜不寝,以思,无益,不如学也。”[2]

注释

❶《汉书·艺文志》引孔子的话:"吾犹及史之阙文也,今亡矣夫!"被班氏略去的"有马者借人乘之"一句,应该就是"史之阙文"。孔子举这一句为例,就是为了说明史有阙文。虽然《论语·公冶长》有"愿车马与朋友共"的文句,但是"有马者借人乘之"这句话出于哪部古籍,孔子当时就记不起了,查不到了,所以他说是"今亡矣夫"。前人对这几句的理解还有别的说法,但是都不如把"有马者"句视为阙文顺畅。《汉志》举了刘向校书碰到的不少例子,都可以证明古籍有残阙。《卫灵公》这一段话可以引起古文献研究者注意"史之阙文"的若干问题,更加珍视出土文献。

❷ 这一段话说明学习的重要性。《荀子·劝学》:"吾尝终日而思矣,不如须臾之所学也。"包括这两句在内的很多劝学的话,又见于大戴辑《礼记·劝学》。王节信《潜夫论》开篇《赞学》也引用了《荀子·劝学》这两句。后世劝学的学者与诗文多得很,而劝学的言论发表较早又较多的,应该首推孔子。上引《荀子·劝学》的两句,显然也是从《论语·卫灵公》记孔子劝学的话演化来的。

原文

子曰:"君子谋道不谋食。耕也,馁在其中矣;学也,禄在其中矣。君子忧道不忧贫。"❸

子曰:"知及之,仁不能守之,虽得之,必失之。知及之,仁能守之,不庄以莅之,则民不敬。知及之,仁能守之,庄以莅之,动之不以礼,未善也。"❹

注释

❸ "谋道不谋食""忧道不忧贫",可以说明"道"在人生旅途中的意义比"食"、比解决"贫"的问题重要。"耕也,馁在其中矣;学也,禄在其中矣",这种说法道出了人类历史的部分事实,但是有可

能而且已经引起过误会。如果拿孔子这些话作根据，轻视耕种，一味读死书，从中产生“万般皆下品，唯有读书高”的观念，那就大错而特错了。

❹ 这一段话包含有孔子对“知”“仁”“礼”（“庄”可以纳入“礼”中）的理解，学者应予注意。其中十一个“之”字，有前辈学者已判断皆指“民”言，这样理解是对的。

原文

子曰：“君子不可小知，而可大受也。小人不可大受，而可小知也。”子曰：“民之于仁也，甚于水火。水火，吾见蹈而死者矣；未见蹈仁而死者也。”

子曰：“当仁，不让于师。”[1]

子曰：“君子贞而不谅。”[2]

子曰：“事君，敬其事而后其食。”

子曰：“有教无类。”

子曰：“道不同，不相为谋。”

子曰：“辞达而已矣。”

师冕见，及阶，子曰：“阶也。”及席，子曰：“席也。”皆坐，子告之曰：“某在斯，某在斯。”师冕出。子张问曰：“与师言之道与？”子曰：“然。固相师之道也。”[3]

注释

❶ 这一句的关键在于对“师”字的理解。“师”若是“师旅”之师，“师，众也”之师，那么，这一句的意思就是对当仁勇为者的肯定。只要符合仁义，不顾敌人或旁人之众，挺身而出。“师”若是老师，那这一句就是对学生当仁勇为的鼓励。“师”的概念可以不同，当仁勇为者的身份不必固定。不畏众人而勇往直前者，有可能是某学校的学生。“师”是老师，当仁不让者就只能是学生。

老师应该鼓励、赞许学生敢说敢做，超过自己。孔子就有这个气度。

❷《集解》引伪孔注："贞，正也。谅，信也。"黄式三先生《论语后案》："贞，信乎正也。谅者，言之信也。君子行事必守道之正，而言之信有时不拘守也。"按：《论语·子路》说的"言必信，行必果，硁硁然小人哉"，与《卫灵公》这一句意思相通。我们的看法，还是要以"义"与否为准则。

❸ 相，这里读 xiàng，帮助、扶持、引导的意思。"师"，这里是乐师。当时乐师一般是瞽者（失明的人），所以需要引导和扶助。师冕，名叫冕的乐师。"相师之道"，指帮助乐师而应有的礼节。小戴辑《礼记·少仪》："其未有烛而有后至者，则以在者告。道瞽亦然。"可见帮助乐师之外的盲人，都应该讲究相当的礼节，这可以视为中华民族的一种传统美德。后来的雷锋精神有似于此。

季氏

导读

邢疏："此篇论天下无道，政在大夫，故孔子陈其正道，扬其衰失，称损益以教人，举《诗》《礼》以训子，明君子之行，正夫人之名。以前篇首章记卫君灵公失礼，此篇首章言鲁臣季氏专恣，故以次之也。"今按：前篇首章记卫君灵公问陈于孔子，然而问陈未必就是失礼。邢疏总是喜欢猜测《论语》前后篇之间的关系，大多没有说服力。可是本篇的内容，邢疏的概述竟然完全准确。

原文

季氏将伐颛臾。冉有、季路见于孔子，曰："季氏将有事于颛臾。"孔子曰："求！无乃尔是过与？夫颛臾，昔者先王以为东蒙主，且在邦域之中矣，是社稷之臣也。何以伐为？"冉有曰："夫子欲之，吾二臣者皆不欲也。”孔子曰:“求!周任有言曰:‘陈力就列,不能者止。’危而不持,颠而不扶,则将焉用彼相[1]矣?且尔言过矣。虎兕出于柙,龟玉毁于椟中,是谁之过与?”冉有曰:“今夫颛臾,固而近于费。今不取,后世必为子孙忧。”孔子曰:“求!君子疾夫舍曰‘欲之’而必为之辞。丘也闻:有国有家者,不患寡而患不均,不患贫而患不安。盖均无贫,和无寡,安无倾。[2]夫如是,故远人不服,则修文德以来之。既来之,则安之。今由与求也相夫子,远人不服而不能来也,邦分崩离析而不能守也,而谋动干戈于邦内。吾恐季孙之忧,不在颛臾,而在萧墙之内也。[3]”

注释

❶ 这个“相”,是辅佐治国的“相”。下文“相夫子”之“相”也是辅相的意思。颠危之人需要扶持之相,这个“相”与《卫灵公》“相师之道”的“相”实有相通相似之处。

❷ 俞曲园先生《群经平议》认为“寡”“贫”二字传写应互易,引《春秋繁露·度制》“不患贫而患不均”句为证,程树德先生《集释》又引《魏书·张普惠传》所引夫子言为证,其说不诬。有学者由下文“均无贫,和无寡,安无倾”句推定“不患寡而患不均”句当作“不患寡而患不和”,这个说法比曲园先生讲得更好、更有道理。我们认为“不患贫而患不安”句当作“不患倾而患不安”。这样,“丘也闻:有国有家者”之下,应该是“不患贫而患不均,不患寡而患不和,不患倾而患不安”三句。但我们没有找到文献证据,所以对原文没有擅自删改与增补。

❸《集解》引郑康成注:“萧之言肃也。墙谓屏也。君臣相见之礼,至屏而加肃敬焉,是以谓之萧墙。后季氏家臣阳虎果囚季桓子。”有学者认为季氏是大夫,依礼制不应有萧墙之设。另有学者(譬如皇侃)认为季氏僭有之。我们的看法:刘宝楠《论语正义》引方观旭《论语偶记》已经解决了这个问题。“萧墙之内何人?鲁哀公耳。”哀公早有去三桓之心,孔子早已知道。

原文

孔子曰："天下有道，则礼乐征伐自天子出；天下无道，则礼乐征伐自诸侯出。自诸侯出，盖十世希不失矣；自大夫出，五世希不失矣；陪臣执国命，三世希不失矣。天下有道，则政不在大夫。天下有道，则庶人不议。"❶

孔子曰："禄之去公室，五世矣。政逮于大夫，四世矣。故夫三桓之子孙，微矣。"

孔子曰："益者三友，损者三友。友直，友谅，友多闻，益矣。友便辟，友善柔，友便佞，损矣。"❷

孔子曰："益者三乐，损者三乐。乐节礼乐，乐道人之善，乐多贤友，益矣。乐骄乐，乐佚游，乐宴乐，损矣。"

注释

❶ 据唐代学者韩愈、李翱与清代学者毛奇龄的统计，礼乐征伐自诸侯出、自大夫出，以及陪臣执国命的时间，孔子这里说的基本准确。孔子说："天下有道，则庶人不议。"那么，天下无道，庶人应该是可以发表议论的。其实，天下有道，才会容许庶人议论；容许庶人议论，那天下也就有道了。议论，可以是抨击，可以是赞美，也可以是希望改进、希望更好的意见。就算是有道之世，也该鼓励庶人议论才是。

❷《论语·公冶长》："巧言、令色、足恭，左丘明耻之，丘亦耻之。"《集解》引伪孔注："足恭，便辟貌。"《季氏》"友便辟，友善柔，友便佞"，黄式三先生《论语后案》："式三谓便辟者，习惯其般旋退避之容，一于卑逊，是足恭也。善柔，马注云面柔，是令色也。便佞，《说文》作'谝佞'，郑君读辩，辩谝义同，是巧言也。"孔子深以"巧言、令色、足恭"三者为耻，自然反对与此三者交朋友。《季氏》所记孔子这一段话，论交友之道。谁不愿意从"益者三友"得到帮助呢？谁希望交朋友反而受损呢？世人交友可要慎重啊！

原文

孔子曰："侍于君子有三愆：言未及之而言，谓之躁；言及之而不言，谓之隐；未见颜色而言，谓之瞽。"

孔子曰："君子有三戒：少之时，血气未定，戒之在色；及其壮也，血气方刚，戒之在斗；及其老也，血气既衰，戒之在得。"❸

孔子曰："君子有三畏：畏天命，畏大人，畏圣人之言。小人不知天命而不畏也，狎大人，侮圣人之言。"❹

注释

❸ 这一段话，论君子三戒，也有普遍的教育意义，可资后世借鉴。年少戒任性贪色，壮年戒任气争斗，年老戒贪得无厌。能持此三戒，就不枉一生做真君子、大丈夫了。君不闻少年流氓、壮年恶棍、老年不保晚节者（譬如所谓"五十九岁现象"）代代有之，可不可以说那都是不读《论语》或者没有读懂《论语》之过呢？就算不可以这样讲，总不该说那些少年人、壮年人与老人违背三戒竟是受孔孟之道毒害的恶果吧？

❹ 孔子说的"君子有三畏"，反映了他自己的真实思想。如果"畏"只是"敬畏"而不敢轻视，那在孔子时代倒也有可以理解之处。若是要君子们或想做君子的人们跪倒在所谓"天命""大人""圣人之言"的神坛下，那"君子有三畏"论岂不成了束缚世人思想的锁链？后来北宋的王安石就不信孔子的"三畏"论，成了有宋一代的改革家。又，不承认孔子有"天命"观的说法，显然也谈不上实事求是。

原文

孔子曰："生而知之者，上也；学而知之者，次也；困而学之，又其次也；困而不学，民斯为下矣。"❶

孔子曰："君子有九思：视思明，听思聪，色思温，貌思恭，言思忠，事思敬，疑思问，忿思难，见得思义。"❷

注释

❶ 孔子这一段话的最大错误是轻视人民,说什么"困而不学,民斯为下矣"。他还说什么"生而知之者,上也",这是后世所谓"天才"论的来源(或者说是"天才"论的较早的表达形式)。好在他自觉地置身于"生而知之者"之外(《述而》云"我非生而知之者"),这样就没有给后世"天才"论的鼓吹者太多的口实了。"学而知之"与"困而学之"两句说得很对,反映了人类求学的基本事实,符合唯物论的反映论。

❷ 孔子说的"九思",反映了人类认识事物的基本要求与普遍的心理状态。与"见得思义"相同或相近的话,在《论语》里出现多次,表达了孔子对"义"的重视。

原文

孔子曰:"见善如不及,见不善如探汤。吾见其人矣,吾闻其语矣。隐居以求其志,行义以达其道。吾闻其语矣,未见其人也。"

齐景公有马千驷,死之日,民无德而称焉。伯夷、叔齐饿于首阳之下,民到于今称之。其斯之谓与?❸

陈亢问于伯鱼曰:"子亦有异闻乎?"对曰:"未也。尝独立,鲤趋而过庭。曰:'学《诗》乎?'对曰:'未也。''不学《诗》,无以言。'鲤退而学《诗》。他日又独立,鲤趋而过庭。曰:'学礼乎?'对曰:'未也。''不学礼,无以立。'鲤退而学礼。闻斯二者。"陈亢退而喜曰:"问一得三:闻《诗》,闻礼,又闻君子之远其子也。"❹

邦君之妻,君称之曰"夫人",夫人自称曰"小童";邦人称之曰"君夫人",称诸异邦曰"寡小君";异邦人称之,亦曰"君夫人"。❺

注释

❸ 这一段如果不与上一段合并,则"其斯之谓"的"斯"没有着落。

先贤多说这里有阙文,疑是。

❹ 孔子启发儿子伯鱼学《诗》学礼,是因为“不学《诗》,无以言”,“不学礼,无以立”。平日孔子启发及门弟子学《诗》学礼的事,屡见于《论语》,足以证明孔子对儿子与学生的教育没有什么差异。这也可以作为孔子“有教无类”的一个旁证。

❺ 这一段话记邦君之妻的称呼(包括自称与他人对此妇人的称呼)。这未必是孔子说的话。

阳货

导读

邢疏:“此篇论陪臣专恣,因明性习、知愚、礼乐本末,六蔽之恶,二《南》之美,君子小人为行各异,今之与古其疾不同。以前篇首章言大夫之恶,此篇首章记家臣之乱,尊卑之差,故以相次也。”今按:本篇首章记家臣之事,然而并未记家臣之“乱”。邢疏关于前后篇次的说法,又不免牵强。又,本篇记孔子关于仁、德以及三年丧服的议论,值得注意;孔子关于“女子与小人为难养”,关于“磨而不磷”“涅而不缁”的观点,都应予研究,不可误会。

原文

阳货欲见孔子,孔子不见,归孔子豚。孔子时其亡也,而往拜之,遇诸涂。[❶]谓孔子曰:“来!予与尔言。”曰:“怀其宝而迷其邦,可谓仁乎?”曰:“不可。”“好从事而亟失时,可谓知乎?”曰:“不可。”“日月逝矣,岁不我与。”孔子曰:“诺。吾将仕矣。”

子曰:“性相近也,习相远也。”[❷]

注释

❶ 小戴辑《礼记·玉藻》:“大夫亲赐士,士拜受,又拜于其室……敌

者不在，拜于其室。”《孟子·滕文公下》：“阳货欲见孔子，而恶无礼。大夫有赐于士，不得受于其家，则往拜其门。阳货瞰孔子之亡也，而馈孔子蒸豚。孔子亦瞰其亡也而往拜之。当是时，阳货先，岂得不见？”《论语·阳货》开头这几句说的就是阳货与孔子利用相见礼行往来之事。

❷《公冶长》记子贡的话说：“夫子之言性与天道，不可得而闻也。”按：孔子确实有说得很少的事（见《子罕》），但是子贡干脆说孔子对“性”的议论“不可得而闻”，这就不尽然了。《阳货》这一句就是孔子关于“性”的说法，明明白白。如果将“子罕言利与命与仁”改为“子罕言利与性与刑”（“刑”或者换作“杀”），那就准确了。“性相近也”，凡人类天性（与生俱来的品性）应该相近。“习相远也”，由于社会环境、自然条件、生活实践的差异，各方面习性也就大不相同了。应该说这样的观点符合唯物论的辩证法。

原文

子曰：“唯上知与下愚不移。”❸

子之武城，闻弦歌之声。夫子莞尔而笑，曰：“割鸡焉用牛刀？”子游对曰：“昔者偃也闻诸夫子曰：‘君子学道则爱人，小人学道则易使也。’”子曰：“二三子！偃之言是也。前言戏之耳。”

公山弗扰以费畔❹，召，子欲往。子路不说，曰：“末之也已，何必公山氏之之也。”子曰：“夫召我者，而岂徒哉？如有用我者，吾其为东周乎？”

子张问仁于孔子。孔子曰：“能行五者于天下，为仁矣。”请问之。曰：“恭，宽，信，敏，惠。恭则不侮，宽则得众，信则人任焉，敏则有功，惠则足以使人。”❺

注释

❸“唯上知与下愚不移”，这个说法既有悖于唯物论的辩证法，也与

孔子自己的一些观点相违。既然"性相近也,习相远也",上知与下愚为何"不移"(不发生变化)呢?也许孔夫子的意思是说:人生下来的时候,天性相近,后来才有上知下愚的差别,这个差别是不会消失("不移")的。然而人们会产生这样的疑问:世上愚知之分永远都不会改变吗?知者永远没有一个变化过程吗?愚者就永远没有办法改变自我为知者吗?很难证明孔子"唯上知与下愚不移"的结论不含形而上学的观点。《集解》将这一句与上文关于"性"的两句合为一章,那意思就是说:唯上知下愚不会有变化,而上知下愚之间的"中人"就"习相远"了。这样,上面的疑问又会很自然地提出来。

❹ 费,地名,旧读 bì,依现代汉语读 fèi 亦无不可。"畔",与"叛"音义相同,这是常识。

❺ 孔子答子张问仁,认为"仁"应该做到"恭,宽,信,敏,惠","能行五者于天下,为仁矣"。研究孔子所谓"仁",应该注意这一段话。

原文

佛肸召,子欲往。子路曰:"昔者由也闻诸夫子曰:'亲于其身为不善者,君子不入也。'佛肸以中牟畔,子之往也,如之何?"子曰:"然。有是言也。不曰坚乎,磨而不磷;不曰白乎,涅而不缁。吾岂匏瓜也哉?焉能系而不食?"[1]

子曰:"由也,女闻六言六蔽矣乎?"对曰:"未也。""居!吾语女。好仁不好学,其蔽也愚;好知不好学,其蔽也荡;好信不好学,其蔽也贼;好直不好学,其蔽也绞;好勇不好学,其蔽也乱;好刚不好学,其蔽也狂。"

子曰:"小子!何莫学夫《诗》?《诗》,可以兴,可以观,可以群,可以怨。迩之事父,远之事君。多识于鸟兽草木之名。"[2]

注释

❶ 磷(lín),《集解》引伪孔注:“薄也。”涅(niè),染黑的意思。缁(zī),黑色。磨而不薄,染而不黑,其本性可知。匏(páo)瓜,俗称瓢葫芦。从“佛(bì)肸(xī)召,子欲往”与上文说的“公山弗扰召,子欲往”这两件事,读者不难体会孔子为实现政治理想而不肯放过任何机会的迫切感。“亲于其身为不善者,君子不入也”,这本是孔子择主而仕的原则,可是后来顾不得这么多了。由是他提出“磨而不磷”“涅而不缁”的原则,表示不肯同流合污的立场。如果没有这种原则立场,除了不肯做瓠瓜的愿望很值得同情之外,恐历代士人不能对他的急于苟合保持沉默。

❷ 从《论语》记载的孔子关于《诗》的言论,可见孔子对《诗》有较深的研究。这一段表明了孔子对《诗》的总体认识。《诗》可兴观群怨,这个评论符合《诗》意而前无古人。“多识于鸟兽草木之名”,说的也是事实。至于“事父”“事君”而牵扯《诗》三百,就未必确切了。

原文

子谓伯鱼曰:“女为《周南》《召南》矣乎?人而不为《周南》《召南》,其犹正墙面而立也与!”❸

子曰:“礼云礼云,玉帛云乎哉?乐云乐云,钟鼓云乎哉?”

子曰:“色厉而内荏,譬诸小人,其犹穿窬之盗也与?”

子曰:“乡原,德之贼也。”❹

注释

❸ 《召南》之召,音义同“邵”。《周南》《召南》,《诗·国风》的第一、第二两个部分。《诗大序》:“《周南》《召南》,正始之道,王化之基。”据说不懂二《南》,就好比“正墙面而立”,寸步难行;其理由,就因为二《南》是宣扬王化的诗。孔子指示后生小子学《诗》,又

特别指示儿子认真读《诗》的前两部分，自然是因为他把《周南》《召南》看得重要。

❹《孟子·尽心下》记答万章问："阉然媚于世也者，是乡原也。""非之无举也，刺之无刺也。同乎流俗，合乎污世。居之似忠信，行之似廉洁。众皆悦之，自以为是。而不可与入尧、舜之道，故曰'德之贼'也。"从孟子对乡原的批评，可知它是没有正直精神、不讲正道而到处讨好的媚世表现，足以乱德，所以说它是"德之贼"。

原文

子曰："道听而涂说，德之弃也。"

子曰："鄙夫可与事君也与哉？其未得之也，患得之；既得之，患失之。❶苟患失之，无所不至矣。"

子曰："古者民有三疾，今也或是之亡也。古之狂也肆，今之狂也荡；古之矜也廉，今之矜也忿戾；古之愚也直，今之愚也诈而已矣。"

注释

❶ 沈作喆《寓简》说苏东坡《论语解》认为"'患得之'当作'患不得之'"。苏氏《上神宗书》引《论语》这一句作"患不得之"。《荀子·子道》："孔子曰：小人者，其未得也，则忧不得；既已得之，又恐失之。"王节信《潜夫论·爱日》："孔子病夫未得之也，患不得之。"朱熹《集注》引何氏《集解》，以为"患得之"就是"患不能得之"。焦循《论语补疏》不赞成在"患"与"得"两字中间增一"不"字，因为"古人文法有急缓"，急读之，就可"以'得'为'不得'"。我们认为下文"既得之，患失之"，所患者为事情("既得之")的反面，自然是"患失之"，那么，上文所患者也应该是事情("未得之也")的反面，自然就是"患得之"了。这是社会上某种超前心理

的反映：尚未成为事实，可是有人在为设想中已成事实之后的情况操心甚至发愁。所以我们不赞成遽增“不”字，况且证明原文有“不”字的文献证据毕竟还不充分。

原文

子曰：“巧言令色，鲜矣仁。”

子曰：“恶紫之夺朱也，恶郑声之乱雅乐也，恶利口之覆邦家者。”

子曰：“予欲无言。”子贡曰：“子如不言，则小子何述焉？”子曰：“天何言哉？四时行焉，百物生焉，天何言哉？”

孺悲欲见孔子，孔子辞以疾。将命者出户。取瑟而歌，使之闻之。❷

注释

❷ 孔子既然以疾病为理由不肯接见孺悲，又“取瑟而歌”，使孺悲知道弹瑟唱歌者没有生病，这是为何？为孔夫子辩护的学者与议论已经很多了。我们认为这总不能算是正常的事。是由于孔子太忙而顾不上吗？显然不是。您老人家弹瑟唱歌，不正闲着吗？是由于孺子不堪教诲吗？应该也不是。孺悲不是不堪造就之人。小戴辑《礼记·杂记下》：“哀公使孺悲之孔子学士丧礼，《士丧礼》于是乎书。”无论此事发生于何时，都可以证明孺子可教。按：拒见孺悲的原因，揣测颇不易。莫非是对使孺悲来见的哀公表示不满？鲁哀公实在是曾经让孔夫子大失所望的无为之君，孔子对此公不满是可以理解的。

原文

宰我问：“三年之丧，期已久矣。君子三年不为礼，礼必坏；三年不为乐，乐必崩。旧谷既没，新谷既升，钻燧改火，期可已矣。”

子曰:“食夫稻,衣夫锦,于女安乎?”曰:“安。”“女安则为之!夫君子之居丧,食旨不甘,闻乐不乐,居处不安,故不为也。今女安,则为之!”宰我出。子曰:“予之不仁也!子生三年,然后免于父母之怀。夫三年之丧,天下之通丧也。予也有三年之爱于其父母乎?”❶

子曰:“饱食终日,无所用心,难矣哉!不有博弈者乎,为之犹贤乎已。”❷

子路曰:“君子尚勇乎?”子曰:“君子义以为上。君子有勇而无义为乱,小人有勇而无义为盗。”❸

注释

❶ 孔子与宰我的这一段对话,可以证明关于丧服制度的讨论很早就有不同意见。孔子尽力维护“三年之丧”,认为这是对父母养育之恩的回报,非如此,子不得心安。宰我力主短丧,“期可已矣”,因为三年太长,于后辈前程、生计不利。师徒各有道理。从社会发展趋势的需要看丧服制度,我们以为宰我的主张比较妥当,只是他改革丧服制度的思想还不够彻底而已。拙著《中国礼制史》相关各节有论说,可参看。

❷ 这一段,可以与《卫灵公》“群居终日,言不及义”一段互参。

❸ 《为政》:“见义不为,无勇也。”《宪问》:“见利思义,见危授命,久要不忘平生之言,亦可以为成人矣。”《阳货》这一段说“君子义以为上”,又说“君子有勇而无义为乱”。以义为上,勇是为了义。义与勇二者的关系,孔子已经说明白了。

原文

子贡曰:“君子亦有恶乎?”子曰:“有恶:恶称人之恶者,恶居下流而讪上者,恶勇而无礼者,恶果敢而窒者。”曰:“赐也亦有恶乎?”“恶徼以为知者,恶不孙以为勇者,恶讦以为直者。”

子曰："唯女子与小人为难养也，近之则不孙，远之则怨。"[4]

子曰："年四十而见恶焉，其终也已。"[5]

注释

[4] 孔子也说错了一些话，他的话不可能句句是真理，我们在前面已经说过这个意思，并且已经举例为证。自从上个世纪的五四运动以来，在孔子的错误言论中，最令人反感的是《阳货》"唯女子与小人为难养也"这一句。女子指女孩子，为数很多，约占男女青少年的一半。男人、女人中都有"小人"（主要指下等人）。"小人"占全社会人口的大多数。女子与小人本来不是可以并列的概念。若是斥"女子"与"小人"为"难养"，那就只有不是"女子"和"小人"的女人与不是"小人"的男人在"难养"者范围之外了。孔夫子此言既出，自然得罪了全人类的大多数。谁曾想过孔夫子也有糊涂、唐突、荒谬、欠思量而犯众怒的时候！我们的民族有许许多多的贤妻良母属于孔子所说的"小人"，有成千上万的"女子"英雄，怎么能将这些人一概小看、一概否定了呢？"小人"所指如果是广大劳动者（包括奴隶们、仆人们），这些人乃是物质财富的创造者，吃苦耐劳，奉献多而享受少，依据历史唯物主义的观点，怎么能说他们"难养"呢？这些"小人"有很多怨愤，有时颇为"不孙"，那是因为社会对他们有太多不公。应该怪谁呢？只能怪孔夫子心目中的"大人"。古人如可做，质诸夫子，他是不是该收回诸如此类的错误（姑且不说"反动"）言论呢？我们也曾尝试过为孔子这句话辩护，略述浅见于下。《泰伯》记孔子的话说：周武王时候的人才，"有妇人焉，九人而已"。可见孔子承认妇女当中有人才。《阳货》说的难养的"女子"，不是泛指广大青少年女孩，更不是指广大妇女，而应该是指孔府自家的女儿。《公冶长》记孔子为公冶长鸣冤，说他"虽在缧绁之中，非其罪也"，还记载了孔子"以其子妻之"一事。这个"子"，当然就是孔老先生的"女子"。同一篇还记下了孔子"以其兄之子"妻南容的事。先秦汉语中

"女子"的"子"不是词尾,女子只能是女性儿子(女孩子),婚前以及婚后不久(生育之前)的女孩子。将"女子"理解为广大妇女是不对的。[①] 至于《阳货》中的"小人",应该指孔子门人或孔府中的仆人。斥门人为"小人",《论语·子路》记孔子说的"小人哉,樊须也",实在是最有力的证明。(如果"小人"指孔府子孙中的儿童,那么《阳货》这一段就更好解释了。)我们认为:孔子说的"唯女子与小人为难养也",可能只是对他自家女孩子与仆人或门人开玩笑,或者对他们表示不满罢了。就在《阳货》这一篇,不是有孔子在武城与爱徒子游开玩笑的记载吗?但是,这句话中的"女子与小人"如果超出孔府范围,那问题就太大了,那我们就只能用这个注释的前一段话来批评了。南京大学博士研究生陈冠梅曾经发挥上文提示的意思,撰就《析"女子"与"小人"》一文,已发表[②],可参看。

❺《子罕》:"四十、五十而无闻焉,斯亦不足畏也已。"与《阳货》这里说的"年四十而见恶焉,其终也已",大意显然相近。

微子

导读

邢疏:"此篇论天下无道,礼坏乐崩,君子仁人或去或死,否则隐沦岩野,周流四方,因记周公戒鲁公之语,四乳生八士之名。以前篇言群小在位,则必致仁人失所,故以此篇次之。"按:前篇确实说到"小人",然而并未明言"群小在位",邢疏这里对于篇次的解说,恐怕仍然难以成立。又,本篇所记时人对孔子的批评,值得注意。

---

① 王力(了一)先生《汉语史稿》(中华书局 1980 年版)第三章第三十二节《名词的发展》(P225)有十分明确的论述。

② 《古汉语研究》2003 年第 1 期。

原文

“微子去之，箕子为之奴，比干谏而死。”孔子曰：“殷有三仁焉。”

柳下惠为士师，三黜。人曰：“子未可以去乎？”曰：“直道而事人，焉往而不三黜？枉道而事人，何必去父母之邦[1]？”

齐景公待孔子，曰：“若季氏则吾不能，以季、孟之间待之。”曰：“吾老矣，不能用也。”孔子行。

齐人归女乐。季桓子受之，三日不朝。孔子行。

楚狂接舆歌而过孔子，曰：“凤兮！凤兮！何德之衰？往者不可谏，来者犹可追。已而！已而！今之从政者殆而！”[2]孔子下，欲与之言。趋而辟之，不得与之言。

注释

❶ 我国古代宗臣观念产生并成熟于夏商周三代。爱国思想的萌芽与趋于丰富也应该是三代之事。宗臣观念可以是爱国思想的来源之一，宗法观念应亦如此。“父母之邦”与“祖国”的概念几乎相同。“何必去父母之邦”，这种说法应已表达了爱国思想。

❷ 《周官·天官·追师》注：“追犹治也。”俞樾先生《春在堂随笔》解说“来者犹可追”句，以为“犹可追，言犹可治也”，其说有据，可备一义。我们的看法：“往者”与《子罕》“逝者如斯夫”的“逝者”同义。对于逝者，自然不可进言，不可追赶了；对于来者，应该还可以追赶，可以有为。“追”用本义，也是可以的。“殆而”，戴望《论语注》说：“殆，疑也。昭王欲以书社地封孔子，令尹子西沮之。故言今之从政者见疑也。”刘宝楠《论语正义》以为“殆训疑至确”。按：《为政》“思而不学则殆”“多见阙殆”，殆就是疑，说见王怀祖《读书杂志》，我们前文已经援引过了。但是，“殆”在《微子》这一段话里，在楚狂歌里，解释作“危殆”，也讲得通。

原文

长沮、桀溺耦而耕[1]，孔子过之，使子路问津焉。长沮曰："夫执舆者为谁？"子路曰："为孔丘。"曰："是鲁孔丘与？"曰："是也。"曰："是知津矣。"问于桀溺，桀溺曰："子为谁？"曰："为仲由。"曰："是鲁孔丘之徒与？"对曰："然。"曰："滔滔者天下皆是也，而谁以易之？且而与其从辟人之士也，岂若从辟世之士哉？"耰而不辍。子路行，以告。夫子怃然曰："鸟兽不可与同群，吾非斯人之徒与而谁与？天下有道，丘不与易也。"[2]

注释

❶《诗·周颂·噫嘻》"十千维耦"，《周颂·载芟》"千耦其耘"，《论语·微子》"长沮、桀溺耦而耕"，可以看作西周至春秋末期农耕方式的反映。

❷ 不能断定孔子没有受到退隐避世思想的影响，但他终于不肯与鸟兽同群，那是因为他总是怀抱一颗治理无道天下的热心。所以《宪问》记荷蒉而过孔氏之门者的话，说孔子"有心哉"，从孔子击磬发出的声音听出了难以避世的内涵。"天下有道，丘不与易也。"天下无道，孔子就不会避世。他创立的儒家学派永远以入世为怀而不愿出世，这种精神自孔夫子自己开始。

原文

子路从而后，遇丈人以杖荷蓧。子路问曰："子见夫子乎？"丈人曰："四体不勤，五谷不分。孰为夫子？"植其杖而芸。子路拱而立[3]。止子路宿，杀鸡为黍而食之，见其二子焉。明日，子路行，以告。子曰："隐者也。"使子路反见之。至则行矣。子路曰："不仕无义。长幼之节，不可废也；君臣之义，如之何其废之？欲洁其身，而乱大伦？君子之仕也，行其义也。道之不行，已知之矣。"[4]

注释

❸ 拱立,在唐宋之前以迄三代是表示恭敬的姿势。"子路拱而立",毕竟是孔门弟子,一改往日的勇武,向丈人表示了必要的礼貌。小戴辑《礼记·曲礼上》:"遭先生于道,趋而进,正立拱手。"《檀弓上》:"孔子与门人立,拱而尚右。"都是行拱手而立之礼的文献资料。唐宋以叉手礼表示恭敬,与拱手礼相近。元明及其后以垂手示敬,与拱手、叉手的姿势显然不同。

❹ 子路向丈人之二子讲了这番大道理。"君臣之义""长幼之节"都在伦理关系之中,而"君臣之义"属于"大伦"。从子路说的"道之不行,已知之矣",可见孔门师徒当时已经醒悟,已经承认自己是"知其不可为而为之者",已经意识到自己治国安民的政治理想是不能实现了。

原文

逸民:伯夷,叔齐,虞仲,夷逸,朱张,柳下惠,少连。子曰:"不降其志,不辱其身,伯夷、叔齐与!"谓:"柳下惠、少连,降志辱身矣。言中伦,行中虑,其斯而已矣。"谓:"虞仲、夷逸,隐居放言,身中清,废中权。我则异于是,无可无不可。"❶

大师挚适齐,亚饭干适楚,三饭缭适蔡,四饭缺适秦。鼓方叔入于河,播鼗武入于汉,少师阳、击磬襄入于海。❷

周公谓鲁公曰:"君子不施其亲,不使大臣怨乎不以。故旧无大故,则不弃也。无求备于一人。"❸

周有八士:伯达,伯适,仲突,仲忽,叔夜,叔夏,季随,季騧。

注释

❶《史记·孔子世家》"身中清"之"身"作"行"。《释文》:"'废',郑作'发'。"身行合乎清洁,动废合于权变,这是对"隐居放言"者的评价。至于孔子自己,与他说的逸民七人都有区别,志在无可

无不可之间。《孟子·公孙丑上》:“可以仕则仕,可以止则止,可以久则久,可以速则速:孔子也。”(《万章下》有基本相同的说法)这就是所谓“圣之时者”了。

❷ 王者四食,诸侯三饭,卿大夫两饭,《白虎通·礼乐》有记载。《汉书·礼乐志》:“殷纣作淫声,乐官师瞽抱其器而奔散,或适诸侯,或入河海。”师古注:“《论语》‘太师挚适齐’云云,此《志》所云及《古今人表》所叙皆谓是也……而说《论语》者乃以为鲁哀时礼坏乐崩,乐人皆去,斯未允也。”程树德先生不同意师古注,说:“以夫子正乐而曰‘师挚之始洋洋盈耳’言之,则挚与孔子同时。以齐楚秦蔡言之,则皆春秋时国名。当以鲁哀公时人为断。”(《论语集释》卷三十七)这个说法显然比小颜注有说服力而可信。朱熹《集注》引张子,以“鲁益衰,三桓僭妄”之时为断,这样说当然也是对的。朱注又说:“此记贤人之隐遁以附前章,然未必夫子之言也。”我们认为朱子这个说法也是对的。

❸ 这一段文字,程树德先生《集释》“疑系《伯禽之命》佚文,惜无确证”,所言既大胆又谨慎。按:后世家训体著述当始于此。

子张

导读

邢疏:“此篇记士行交情、仁人勉学,或接闻夫子之语,或辨扬圣师之德。以其皆弟子所言,故善次诸篇之后。”今按:本篇所记确实皆仲尼弟子所言。邢疏对于本篇大致情况的说明,基本可信。

原文

子张曰:“士见危致命,见得思义,祭思敬,丧思哀,其可已矣。”❶

子张曰:“执德不弘,信道不笃,焉能为有?焉能为亡?”

子夏之门人问交于子张。子张曰:“子夏云何?”对曰:“子夏曰:‘可者与之,其不可者拒之。’”子张曰:“异乎吾所闻:君子尊贤而容众,嘉善而矜不能。❷我之大贤与,于人何所不容?我之不贤与,人将拒我,如之何其拒人也?”

子夏曰:“虽小道,必有可观者焉;致远恐泥,是以君子不为也。”

子夏曰:“日知其所亡,月无忘其所能,可谓好学也已矣。”

子夏曰:“博学而笃志,切问而近思,仁在其中矣。”❸

子夏曰:“百工居肆以成其事,君子学以致其道。”

子夏曰:“小人之过也必文。”

注释

❶ “士见危致命,见得思义”,同样的意思又见于《阳货》,而《宪问》有基本相同的文字。“祭思敬,丧思哀”,应该属于礼的范畴。这一段话的意思是士人必须思义、行礼、勇为。应该说子张没有违背孔夫子的思想。

❷ 这一句“嘉善而矜不能”,意思是表彰善者,勉励能力稍弱者。《中庸》“凡为天下国家有九经”一段也有这一句,文字无一不同。只是由于上下文造成不同的语言环境,所以意思实有区别。又,《子张》这里说“君子尊贤而容众,嘉善而矜不能”,既然由“所闻”而得,自然可以视为孔夫子平日所说过的话,前辈学者已有注意到这一点的。比较子夏与子张所持的交友之道,应该说子张所说的话真正符合孔子的主张,而子夏说的“可者与之,其不可者拒之”(如果子夏之门人没有转述错误的话),不是孔子的意思。

❸ 子夏这样讲,把“博学而笃志,切问而近思”列入“仁”的内容。看来孔门所谓“仁”有向无所不包的方向发展的趋势。

原文

子夏曰:“君子有三变:望之俨然,即之也温,听其言也厉。”

子夏曰:“君子信而后劳其民,未信则以为厉己也;信而后谏,未信则以为谤己也。”

子夏曰:“大德不逾闲,小德出入可也。”❹

子游曰:“子夏之门人小子,当洒扫、应对、进退,则可矣。抑末也,本之则无。如之何?”子夏闻之,曰:“噫!言游过矣!君子之道,孰先传焉?孰后倦焉?譬诸草木,区以别矣。君子之道,焉可诬也?有始有卒者,其惟圣人乎!”

子夏曰:“仕而优则学,学而优则仕。”❺

注释

❹《说文》:“阑,门遮也。”“闲,阑也,从门中有木。”段注:“引申为防闲。”今按:闲,既有防闲的意思,自然还可以引申为规矩,引申为法律(法规)。子夏的意思:大德大节不可逾越法规,小德小节与法规有出入是可以的。我们的意见:看人当然主要是看大节,但也不应忽视小节,因为小节的疏忽很有可能导致大节的败坏。

❺这两句话曾经被概括为“读书做官论”,在20世纪多次遭到批判。其实所谓“学”不应该仅仅是读书,然而要做好官,根本不读书是不行的。官做好了,在仕途中知道还要学,所谓用然后知不足,有什么不可以呢?书读好了,找个用武之地试一试身手,当个官,争取当好,检验书本知识的正误,又有什么不好呢?难道提倡“读书无用论”“不学而可仕论”就对了吗?可笑的是:有些根本不学或者学而不认真的人,为了求仕或者保官,不择手段骗文凭、买学位。他们也算是博取功名之人,然而严肃的学术被不学而有术的人破坏了、亵渎了,这可真是国家民族的大不幸!

原文

子游曰:“丧致乎哀而止。”

子游曰："吾友张也，为难能也。然而未仁。"

曾子曰："堂堂乎张也，难与并为仁矣。"❶

曾子曰："吾闻诸夫子：人未有自致者也，必也亲丧乎！"

曾子曰："吾闻诸夫子：孟庄子之孝也，其他可能也；其不改父之臣与父之政，是难能也。"

孟氏使阳肤为士师❷，问于曾子。曾子曰："上失其道，民散久矣。如得其情，则哀矜而勿喜。"

注释

❶ 上一段是子游的话，评价子张"为难能"而"未仁"。这一段曾子的话，称赞子张之仁，认为没有人可以与子张并列。如果仅仅是对同一个人有不同看法，并不奇怪，因为了解的程度不同，角度不同，结论自有差异。如果表现文人相轻或党同伐异的恶劣习气，那就非同小可，值得同时代人或后世之人检讨探索以明原委了。有前辈学者为了维护所谓圣门声誉，于是否认孔子身后及门弟子有文人相轻之语，想尽方法为某些言论辩解。其实孔门弟子某些言论的意思并不难懂，无须求之过深。譬如子游说"子夏之门人小子当洒扫应对进退则可矣""本之则无"，这不是很明显的贬低吗？小戴辑《礼记·檀弓》也记载了孔门弟子并不和谐的言行。总而言之，同门相轻之习早已有之，分清是非是应该的，但不必否认事实。即如子游这里说的"吾友张也，为难能也。然而未仁"，有学者说是子游"言我所以交子张之故，因其才难能可贵，己虽有其才，然未及其仁也"（程树德先生《集释》卷三十八），这就成了子游自己承认不如子张之仁了。探讨子游的原意，恐怕不是自贬之词。孔子说过："可以为难矣，仁则吾不知也。"（《宪问》）可见有难能可贵之才者，未必就够得上"仁"了。至于大戴辑《礼记·卫将军文子》记子贡转述孔子之言，以子张之仁为大，那是另一回事，与子游不许其仁是两回事。曾子这里说的"堂堂乎张也，难与并为仁矣"，《集解》与《集注》都认为是曾子批评子张之

仁不怎么了不起;我们认真三复原文,不以《集解》《集注》为然,而认为曾子恰与子游相反,曾子倒是盛赞子张之仁的。有学者认为子游说的子张之“难能”就在于曾子说的子张之“堂堂”,指子张善为容,仪容可观,并且说孔子称“师(子张)也辟”(《先进》),也是认为子张善于盘辟为礼容,这倒是称得上发明的意见。(看焦循《论语补疏》,参看程郁庭先生《论语集释》卷三十八。)

❷ 《集解》引包咸注:“阳肤,曾子弟子。士师,典狱之官。”邢疏说同。

原文

子贡曰:“纣之不善,不如是之甚也。是以君子恶居下流,天下之恶皆归焉。”❶

子贡曰:“君子之过也,如日月之食焉:过也,人皆见之;更也,人皆仰之。”❷

注释

❶ 子贡这一段话有两种解释。一、《集解》引伪孔注:“纣为不善以丧天下,后世憎甚之,皆以天下之恶归之于纣。”朱熹《集注》:“下流,地形卑下之处,众流之所归,喻人身有污贱之实,亦恶名之所聚也。”二、《左传》昭公七年云:“昔武王数纣之罪以告诸侯曰:‘纣为天下逋逃主,萃渊薮。’故夫致死焉。”杜注:“天下逋逃悉以纣为渊薮,集而归之。”前一说,是批评纣集中了天下的恶德恶言恶行。后一说,认为天下恶人都集中到纣那里去了。子贡认为纣虽然很坏,但是还没有坏到这步田地。只是因为纣后来被推翻了,其声名落入下流地位了,所以什么坏事都归到他名下了。从子贡的话语,可以判断第一种解释较为妥当。子贡的话还可以启发同时人与后人:一、切不可甘于堕入下流;二、评价历史或现实生活中的人物,不要只看或者只听所谓舆论,而应该通过调查研究,让可靠的证据说话。《论语·卫灵公》记孔子的话说:“众恶

之，必察焉；众好之，必察焉。”这样说是很对的。

❷ 子贡将君子的过错比方为“日月之食”，形象而恰当。月有圆缺，太阳也一样，但是终究不致损害日月的完美。伟人也有错误缺点，甚至很严重，但他终究是伟人。不承认伟人犯有错误，就好比不承认“日月之食”一样。可悲的是有些伟人终其一生不肯承认错误，更谈不上改正错误，尽管如此，历史与历史研究者也还是应该承认他们是伟人。

原文

卫公孙朝问于子贡曰：“仲尼焉学？”子贡曰：“文、武之道，未坠于地，在人。贤者识其大者，不贤者识其小者，莫不有文、武之道焉。夫子焉不学？而亦何常师之有？❸”

叔孙武叔语大夫于朝，曰：“子贡贤于仲尼。”子服景伯以告子贡。子贡曰：“譬之宫墙：赐之墙也及肩，窥见室家之好。夫子之墙数仞，不得其门而入，不见宗庙之美，百官之富。得其门者或寡矣。夫子之云，不亦宜乎！”

注释

❸ “夫子焉不学？而亦何常师之有”，子贡这个说法有相当大的正确性。孔子“入太庙，每事问”（《八佾》），承认“三人行，必有我师焉”（《述而》），多次自称“好学”（见《公冶长》《述而》等）、“学而不厌”（《述而》），他是我国历史上公认的“好学”的榜样。但他也有不学的领域，譬如他不肯学稼学为圃，这也是事实。孔子“学无常师”，也可以找到若干文献证据。我们赞成求学由博而精的说法。博学也就是“焉不学”，也就无“常师”了。“精”就是专门化，就要向精通某些领域的专门家学习，也就有了“常师”。在专门家比较多的领域，应该放弃门户之见，尽可能多地向该领域的专门家求教，这就是有常师与无常师的综合了。放弃门户之

见，有利于汲取众家之长，有利于根除文人相轻的恶习，有利于学术的发展与繁荣。子贡对他的老师的评价并不完全妥当，但是，如果把“焉不学”“何常师之有”提高到理论高度，那是很有道理的。这种理论也不是一点问题也没有，譬如：天下学问太多，怎么能什么都学呢？“常师”是必须有的。有些硕学大师，值得终生学习。尊重“常师”，有利于维护学术尊严，有利于发展专门绝学，莫非子贡不能明白这个道理吗？也许子贡是明白的，可惜他并未说清楚。

原文

叔孙武叔毁仲尼。子贡曰：“无以为也，仲尼不可毁也。他人之贤者，丘陵也，犹可逾也。仲尼，日月也，无得而逾焉。人虽欲自绝，其何伤于日月乎？多见其不知量也！”❹

陈子禽谓子贡曰：“子为恭也，仲尼岂贤于子乎？”子贡曰：“君子一言以为知，一言以为不知，言不可不慎也。夫子之不可及也，犹天之不可阶而升也。夫子之得邦家者，所谓立之斯立，道之斯行，绥之斯来，动之斯和。其生也荣，其死也哀。如之何其可及也！”❺

注释

❹ 将伟人比作太阳月亮，在文献中，《论语·子张》记子贡驳斥“叔孙武叔毁仲尼”这一段是比较早的（也许不是最早的）。拿太阳月亮比喻老师，这一段应该是最早的记录。子贡把老师孔子比方为日月，足以表达对老师的敬爱之情。

❺ “夫子之不可及也，犹天之不可阶而升也。”子贡这个话，将老师孔子比作巍巍之天，这恐怕有些过分，尤为历史上某些最高统治者所不容。歌颂孔子为“素王”，那当然是好听的赞扬，然而“素王”怎么能与真命天子比高低尊卑呢？在我们看来，比起某些所

谓天子来,孔仲尼给予社会的贡献不知要大过多少倍！但他又是有缺点与错误的,是有落后面的。似乎没有必要将孔子比为“不可阶而升”之天。然而对子贡而言,他对老师孔子太尊敬了,似乎不这样就不能表达他的服膺与仰慕,他采用过分的比喻又何怪之有？论其实,孔门弟子对先师的评论,“其生也荣,其死也哀”,这样说也就够了。

尧曰

导读

邢疏:“此篇记二帝三王及孔子之语,明天命政化之美,皆是圣人之道,可以垂训将来。故殿诸篇,非所次也。”蒋伯潜先生经过研究,认定“《尧曰》为后所附益”,前篇《子张》实为《论语》殿后之作。我们认为蒋先生言之成理。

原文

尧曰:“咨！尔舜！天之历数在尔躬。允执其中。四海困穷,天禄永终。”舜亦以命禹。❶

〔汤〕曰:“予小子履,敢用玄牡,敢昭告于皇皇后帝:有罪不敢赦。帝臣不蔽,简在帝心。朕躬有罪,无以万方;万方有罪,罪在朕躬。”❷

注释

❶ 以上是尧舜行禅让礼时对继承人说过的话。传闻之辞。不是孔门师徒的杜撰。历数,就是天命在位的次序。《集解》引包咸注:“允,信也。”“永,长也。”允执其中,信行中庸之道。

❷ 据《集解》引伪孔注补“汤”字。“汤曰”以下,《集解》说是汤伐桀告天之文(但有学者认为未必与伐桀有关)。《墨子·兼爱下》也

记有汤这篇讲话，文字略有差异。也有学者认为不必依伪孔注补“汤”字，而应该直接连上文读，那么，下文就成了舜命禹之辞了。我们没有采用“舜命禹之辞”说。《集解》引伪孔注：“履，殷汤名……殷家尚白，未变夏礼，故用玄牡。”

原文

周有大赉，善人是富。“虽有周亲，不如仁人。百姓有过，在予一人。”❸

谨权量，审法度，修废官，四方之政行焉。兴灭国，继绝世，举逸民，天下之民归心焉。所重：民、食、丧、祭。宽则得众，信则民任焉，敏则有功，公则说。❹

注释

❸ “周有大赉”以下至“在予一人”，显然记周朝之事。皇疏说是“周伐纣誓民之辞”，邢疏说是“武王诛纣誓众之辞”，大意相近。

❹ 《春秋公羊传》昭三十二年何休注引孔子的话：“谨权量，审法度，修废官，四方之政行焉。”《汉书·律历志》也引了孔子这一段话。根据这一类文献资料，学者们判断“谨权量”以下，“子张问于孔子”之上，都是孔子的话，应该可信。按：这些话都有关于治国安民之大计，也很明白。有学者怀疑“谨权量”以下非孔子语，恐怕没有理由。

原文

子张问于孔子曰：“何如斯可以从政矣？”子曰：“尊五美，屏四恶，斯可以从政矣。”❶子张曰：“何谓五美？”子曰：“君子惠而不费，劳而不怨，欲而不贪，泰而不骄，威而不猛。”子张曰：“何谓惠而不费？”子曰：“因民之所利而利之，斯不亦惠而不费乎？择可劳而劳之，又谁怨？欲仁而得仁，又焉贪？君子无众寡，无小大，无敢慢，斯不亦泰而不骄乎？君子正其衣冠，尊其瞻视，俨然人望而畏之，斯不亦威而不猛乎?”子张曰：“何谓四恶?”子曰：“不教而杀谓之虐；不戒视成谓之暴；慢令致期谓之贼；犹之与人也，出纳之吝，谓之有司[2]。”

孔子曰：“不知命，无以为君子也。不知礼，无以立也。不知言，无以知人也。”

注释

❶《汉平都相蒋君碑》“遵五迸四”，《后汉书·祭遵传》“遵美屏恶”，典出于《论语·尧曰》此处。《汉书·艺文志》：“《论语》古二十一篇，出孔子壁中。两《子张》。”齐、鲁家学者将后《子张》并入《尧曰》中，所以就只有第十九篇题为“子张”了。所以也可以说：“五美四恶”，在《古论语》后《子张》篇首。

❷《周官·地官·泉府》“与其有司辨而授之”，注：“有司，其所属吏也。”《礼经·士冠礼》“有司如主人服”，注：“有司，群吏有事者。”以君子的作为，比之“有司”而归入“四恶”，那是因为主政者行奖赏之礼而吝啬如“有司”，让人产生不值得卖力的感觉。

孟　子

孟子名轲(kē)。从《孟子》一书记载的孟轲交往的人物(如梁惠王、齐宣王等),可以判断孟子为战国中期人。《史记》卷七十四本传殊为简略,我们从中了解到:一、孟子是邹县人。二、孟子"受业子思之门人"。司马贞《索隐》:"王劭以'人'为衍字,则以轲亲受业孔伋之门也。今言'门人'者,乃受业于子思之弟子也。"无论如何,从师承关系看,他是儒家学者。三、"天下方务于合从连衡,以攻伐为贤,而孟轲乃述唐、虞、三代之德,是以所如者不合"。可见孟子学说与孔子确为一脉相承,而与当时的政治形势以及为当时统治者采纳的学说颇不相合。他也曾周游列国,希望能推行自己的(儒家的)政治理想,可是终于怀才不遇,没有明君愿意启用他。总之,从学说(理论)到经历(实践),孟子与他的祖师爷孔夫子极其相似,实出一辙。四、世人对孟子的评价,"见以为迂远而阔于事情",一如当年世人对孔子的批评(譬如《论语·宪问》记石门晨门讥笑孔氏为"知其不可为而为之者")。五、孟子既不见用,乃"退而与万章之徒序《诗》《书》,述仲尼之意,作《孟子》七篇"。这就是说:《孟子》书成,有孟轲自己的撰述与纂辑之功。而《论语》成书在孔子谢世之后,那是孔子门人以及再传弟子的功劳。

关于《孟子》其书,东汉赵岐(字邠卿)作《孟子题辞》,说:"包罗天地,揆叙万类,仁义道德,性命祸福,粲然靡所不载。帝王公侯遵之,则可以致隆平,颂清庙;卿大夫士蹈之,则可以尊君父,立忠信;守志厉操者仪之,则可以崇高节,抗浮云。有风人之托物,二《雅》之正言,可谓直而不倨,曲而不屈,命世亚圣之大才者也。"我们的意见:对于《孟子》一书的内容,赵氏的概述并没有过多的夸张(除了"包罗天地,揆叙万类"两句);对于《孟子》一书的功效及其意义,赵氏的推崇只是表达他个人的愿望而已。与《论语》一样,《孟子》一书也很有些可供今人借鉴的道理,也很有些并无道理甚至显得落后、腐朽的说法。我们曾经从思辨逻辑的角度入手研究过此书,做过如下的结论:无论是雄辩还是诡辩,《孟子》一书都可以称为典型之作。(见岳麓书社 1995 年

版拙著《十子平议·孟轲》)

《孟子》一书的注疏，赵岐之后，较著者有旧题孙奭撰的疏，我们称之为“伪孙疏”；朱熹撰的《孟子集注》，我们称之为“朱注”；焦循撰的《孟子正义》，我们称之为“焦氏《正义》”或“焦疏”。杨伯峻先生的《孟子注译》，我们认为堪称后出转精的典范之作。

和《四书五经》校注本的其他各部分一样，我们校注《孟子》的基础也是前修时贤已经取得的丰硕的成果。但我们对明初硕儒茶陵刘三吾先生的《孟子节文》不大感兴趣。

旧注疏将《孟子》每篇的内容分为若干章，概括每章的大意，我们认为这些分法和概括有的未必准确，有的略显琐碎，因而我们采用了与之不完全一样的做法。我们将原文每一个可以独立的部分列为独立的段落，类似于旧注疏的章，段首分别标以序号。有的段篇幅较大，校注较多，我们将其拆分为若干小段，也即自然段，这些小段均统摄于段首的序号，其校注的注码数字依次递升，这种段内的拆分是出于阅读的方便，而非内容的差异。

梁惠王上

导读

和《论语》《诗经》等先秦典籍一样,《孟子》每一篇的标题也只是从正文选出来的一个词(就《论语》《孟子》而言,这个词在正文首句),作为一篇的标识,并无概括中心论点的作用。梁惠王就是魏惠王,以其时都城为梁,故称梁惠王。因为篇幅较长,故有“上”“下”之分。赵注与伪孙疏在《孟子》各篇题之下解说篇次的根据,多揣测之词,今不取。赵邠卿关于章旨的概括,本校注将择其精要者选录之。

原文

1 孟子见梁惠王。王曰:“叟!不远千里而来,亦将有以利吾国乎?”孟子对曰:“王何必曰利?亦有仁义而已矣。王曰:‘何以利吾国?’大夫曰:‘何以利吾家?’士庶人曰:‘何以利吾身?’上下交征利,而国危矣。万乘之国,弑其君者必千乘之家。千乘之国,弑其君者必百乘之家。万取千焉,千取百焉,不为不多矣。苟为后义而先利,不夺不餍。未有仁而遗其亲者也,未有义而后其君者也。王亦曰仁义而已矣,何必曰利?”❶

注释

❶ 餍(yàn),本义是吃饱,引申为满足的意思。这开篇第一段有个著名的命题:“王何必曰利?亦有(曰)仁义而已矣。”这个命题是对孔子所谓“见利思义”的思想观点的发展。中国思想史上所谓义利之辩是个长期的有重大意义的话题。迄今为止,普遍的共识是:根本不讲物质利益是错误的,唯利是图而违背社会公德更是可耻的。既要为国家民族以及公民个人谋求物质生活与精神生活的改善,让人民富裕起来,又要反对为个人为少数人的福利而

不择手段、不顾道义。孟子分析了统治者一味鼓吹求“利”“上下交征利”的后果，提出了重视仁义的观点，有一定的积极意义。但是这一段话绝非没有毛病。一、“亦有仁义而已矣”“亦曰仁义而已矣”，“而已矣”意味着排斥其他，这就走上极端，过头了。仅仅有“仁义”是不行的。“利”还是要讲的，不能抛弃不顾的。孔夫子“罕言利”，但他一再强调“见利思义”而不是不要利，他还主张对百姓实行“既庶矣”而后“富之”（《子路》）的政策，他的说法似乎没有片面性。二、孟子这里的逻辑或思辩错误，是把梁惠王所谓“利”（“安吉之利”）与他孟子所谓“利”（“货财之利”）的概念混淆了，偷换了，所以其言虽辩而未必能服人心。这个问题，东汉王充《论衡·刺孟》已经道破，拙撰《十子平议·孟轲》也有批评。

原文

2 孟子见梁惠王。王立于沼上，顾鸿雁麋鹿，曰：“贤者亦乐此乎？”孟子对曰：“贤者而后乐此。不贤者虽有此，不乐也。《诗》云：‘经始灵台，经之营之。庶民攻之，不日成之。经始勿亟，庶民子来。王在灵囿，麀鹿攸伏。麀鹿濯濯，白鸟鹤鹤。王在灵沼，於牣鱼跃。’[1]文王以民力为台为沼，而民欢乐之，谓其台曰灵台，谓其沼曰灵沼，乐其有麋鹿鱼鳖。古之人与民偕乐，故能乐也。《汤誓》曰：‘时日害丧？予及女皆亡！’[2]民欲与之皆亡，虽有台池鸟兽，岂能独乐哉？”[3]

注释

❶ 这里引诗见《诗经·大雅·灵台》。麀（yōu），母鹿。濯（zhuó）濯，毛传：“娱游也。”鹤（hè）鹤，一作翯翯，音义相同，《毛诗释文》引《字林》：“鸟白肥泽曰翯。”於（wū），语助词。牣（rèn），充满，多的意思。引诗大意是：人民爱戴周文王，积极为他建成了灵

台灵沼，民众欢喜，一切生灵都觉得快乐。

❷ 这里引文出于《尚书·汤誓》。夏末桀为昏君，淫乱无道，人民诅咒他，说："那个太阳什么时候丧亡呢？我和你同归于尽吧！"

❸ 整个这一段，通过爱戴周文王与诅咒夏桀的对比，阐明为君者独乐的结局不如与民同乐。

原文

3 梁惠王曰："寡人之于国也，尽心焉耳矣。河内凶，则移其民于河东，移其粟于河内。河东凶亦然。察邻国之政，无如寡人之用心者。邻国之民不加少，寡人之民不加多，何也？"孟子对曰："王好战，请以战喻。填然鼓之，兵刃既接，弃甲曳兵而走，或百步而后止，或五十步而后止。以五十步笑百步，则何如？"曰："不可。直不百步耳，是亦走也。"[1]曰："王如知此，则无望民之多于邻国也。不违农时，谷不可胜食也。数罟不入洿池，鱼鳖不可胜食也。斧斤以时入山林，材木不可胜用也。谷与鱼鳖不可胜食，材木不可胜用，是使民养生丧死无憾也。养生丧死无憾，王道之始也。五亩之宅，树之以桑，五十者可以衣帛矣。鸡豚狗彘之畜，无失其时，七十者可以食肉矣。百亩之田，勿夺其时，数口之家可以无饥矣。谨庠序之教，申之以孝悌之义，颁白者不负戴于道路矣。七十者衣帛食肉，黎民不饥不寒，然而不王者，未之有也。[2]狗彘食人食而不知检，涂有饿莩而不知发[3]；人死，则曰：'非我也，岁也。'是何异于刺人而杀之，曰：'非我也，兵也。'王无罪岁，斯天下之民至焉。"[4]

注释

❶ 《孟子》善于用寓言说明道理，这是全书第一个寓言。这个寓言后来被概括为"五十步笑百步"的成语。都是当逃兵，没有质的差别，跑了五十步的一个逃兵，凭什么耻笑跑了一百步的那个逃兵呢？

❷ 从“不违农时”至“然而不王者,未之有也”,是孟子描绘的一幅美好的理想农村图,也是当时的国家建设图,或者说是三道理想图。现在的中国人当然有理由认为儒家先哲的这幅理想图实在不算美妙,然而这毕竟曾经是令人向往的社会理想。“颁白”的意思,赵注:“颁者班也,头半白班班者也。”

❸ 莩(piǎo),音义与“殍”相同。赵注:“饿死者曰莩。”发,这里是开仓廪赈救饥民的意思。发,开也。

❹ 整个这一段,寓言的恰当地运用,对“罪岁”论的生动地批评,表现了孟子的雄辩。

原文

4 梁惠王曰:“寡人愿安承教。”孟子对曰:“杀人以(挺)[梃]与刃,有以异乎?”曰:“无以异也。”“以刃与政,有以异乎?”曰:“无以异也。”曰:“庖有肥肉,厩有肥马,民有饥色,野有饿莩,此率兽而食人也。兽相食,且人恶之;为民父母,行政不免于率兽而食人,恶在其为民父母也?仲尼曰:‘始作俑者,其无后乎?’为其象人而用之也。如之何其使斯民饥而死也!”❶

注释

❶ 梃(tǐng),棍棒。用棍棒打死人与用刀杀人,有什么区别呢?赵注:“俑,偶人也。用之送死。”孔子批评作俑者,“为其象人而用之”。孔孟主张行仁政,仁者爱人,对那些“使斯民饥而死”的执政者自然会提出批评。按:这一段论恶政杀人。

原文

5 梁惠王曰:“晋国,天下莫强焉,叟之所知也。及寡人之身,东败于齐,长子死焉;西丧地于秦七百里;南辱于楚。寡人耻之,愿比死者壹洒之。如之何则可?”孟子对曰:“地方百里而可以王。王如施仁政于民，省刑罚，薄税敛，深耕易耨，壮者以暇日修其孝悌忠信，入以事其父兄，出以事其长上，可使制梃以挞秦楚之坚甲利兵矣。彼夺其民时，使不得耕耨以养其父母，父母冻饿，兄弟妻子离散。彼陷溺其民，王往而征之，夫谁与王敌？故曰：'仁者无敌。'王请勿疑。"[1]

注释

[1] 耨(nòu)，这里是锄草的意思，有时指锄草的农具。这一段提出了施仁政而行王道的措施，当然只是设想而已。"仁者无敌"这个命题，表现了孟子对仁政的信心。

原文

6 孟子见梁襄王。出，语人曰："望之不似人君，就之而不见所畏焉。卒然问曰：'天下恶乎定？'吾对曰：'定于一。''孰能一之？'对曰：'不嗜杀人者能一之。''孰能与之？'对曰：'天下莫不与也。王知夫苗乎？七、八月之间旱，则苗槁矣。天油然作云，沛然下雨，则苗浡然[1]兴之矣。其如是，孰能御之？今夫天下之人牧，未有不嗜杀人者也。如有不嗜杀人者，则天下之民皆引领而望之矣！诚如是也，民归之，由水之就下，沛然谁能御之[2]？'"

注释

[1] 浡(bó)然，振作的意思。

[2] "由水之就下"句以下，伪孙疏的解释是："若水之流自上而下，其势沛然而来，谁能止之？"按：这个"由"就是"犹"，"若"的意思。

原文

7 齐宣王问曰："齐桓、晋文之事，可得闻乎？"[1]孟子对曰："仲尼之徒，无道桓、文之事者，是以后世无传焉，臣未之闻也。无以，则王乎？"曰："德何如，则可以王矣？"曰："保民而王，莫之能御也。"曰："若寡人者，可以保民乎哉？"曰："可。"曰："何由知吾可也？"曰："臣闻之胡龁曰：王坐于堂上，有牵牛而过堂下者，王见之，曰：'牛何之？'对曰：'将以衅钟。'王曰：'舍之！吾不忍其觳觫，若无罪而就死地。'对曰：'然则废衅钟与？'曰：'何可废也？以羊易之。'不识有诸？"曰："有之。"曰："是心足以王矣。百姓皆以王为爱也，臣固知王之不忍也。"王曰："然。诚有百姓者。齐国虽褊小，吾何爱一牛？即不忍其觳觫，若无罪而就死地，故以羊易之也。"曰："王无异于百姓之以王为爱也，以小易大，彼恶知之？王若隐其无罪而就死地，则牛羊何择焉？"王笑曰："是诚何心哉？我非爱其财而易之以羊也。——宜乎百姓之谓我爱也。"曰："无伤也。是乃仁术也，见牛未见羊也。君子之于禽兽也，见其生，不忍见其死；闻其声，不忍食其肉。是以君子远庖厨也。"❷

注释

❶ 自此以下至篇末（"然而不王者，未之有也"），是孟子与齐宣王的一大段完整的对话，前辈学者多称为"齐桓、晋文之事"章。实际上这一章并未论及"齐桓晋文之事"，其主旨无非记述孟子关于行"王道"而行仁政的议论。

❷ 衅（xìn），这里意思是用牲畜的血涂抹器物的缝隙。觳（hú）觫（sù），因害怕而发抖的样子。爱，这里是吝惜的意思。齐宣王命令用一只羊代替衅钟的牛，他以为牛"若无罪而就死地"，显得可怜，由是羊就成了替罪羊。难道羊就真有罪吗？羊就不可怜吗？而孟子居然由以羊易牛一事看出齐宣王"可以保民""是心足以王矣"，我们说他这是十足的诡辩，大概不算冤枉他吧。"君子远庖厨"的所谓"仁术"，包括鲁迅在内的不少学者曾经批评过，这是众所周知的。

原文

8 王说，曰："《诗》云：'他人有心，予忖度之。'夫子之谓也。❶夫我乃行之，反而求之，不得吾心。夫子言之，于我心有戚戚焉。此心之所以合于王者，何也？"曰："有复于王者曰：'吾力足以举百钧，——而不足以举一羽；明足以察秋毫之末，——而不见舆薪。'则王许之乎？"曰："否。""今恩足以及禽兽，而功不至于百姓者，独何与？然则一羽之不举，为不用力焉；舆薪之不见，为不用明焉；百姓之不见保，为不用恩焉。故王之不王，不为也，非不能也。"曰："不为者与不能者之形何以异？"曰："挟太山以超北海，语人曰：'我不能。'是诚不能也。为长者折枝，语人曰：'我不能。'是不为也，非不能也。故王之不王，非挟太山以超北海之类也；王之不王，是折枝之类也。老吾老，以及人之老；幼吾幼，以及人之幼：天下可运于掌。《诗》云：'刑于寡妻，至于兄弟，以御于家邦。'言举斯心加诸彼而已。故推恩足以保四海，不推恩无以保妻子。古之人所以大过人者，无他焉，善推其所为而已矣。❷今恩足以及禽兽，而功不至于百姓者，独何与？权，然后知轻重。度，然后知长短。物皆然，心为甚。王请度之！"

注释

❶ 这里引诗见《诗经·小雅·巧言》。忖（cǔn）度（duó），推测、揣（chuǎi）度（duó）、估量的意思。齐宣王引"他人有心，予忖度之"这两句诗，意思是说他的心理活动，为孟子所了解。

❷ 这里提出了"推恩""善推其所为"以保四海的办法。由自家老人需要尊重、赡养，推想人家的老人也需要尊重、赡养；由自家小孩需要爱护、抚养，推想人家小孩也需要爱护、抚养：这是推恩。引诗"刑于寡妻，至于兄弟，以御于家邦"，这也是为了证明应该推恩。这三句诗见于《诗经·大雅·思齐》。毛传："刑，法也。寡妻，適（dí）妻也。"郑笺："御，治也。文王以礼法接待其妻，至于

宗族,以此又能为政治于家邦也。”孔疏:“適妻唯一,故言寡也。”“以礼法接待其妻,明法自近始……以此待妻及兄弟之法,又能为政治于家邦,使之皆如己也。”由近及远,由家而推及国,正是“言举斯心加诸彼而已”,当然是“善推其所为”的最高境界了。上文关于“不能”与“不为”的解说,用形象的比喻与鲜明的对比,能给人深刻的印象。精彩与诡谲的说辞杂糅在一起,孟子的文章往往如此。

原文

9 “抑王兴甲兵、危士臣、构怨于诸侯,然后快于心与?”王曰:“否。吾何快于是?将以求吾所大欲也!”曰:“王之所大欲,可得闻与?”王笑而不言。曰:“为肥甘不足于口与?轻暖不足于体与?抑为采色不足视于目与?声音不足听于耳与?便嬖不足使令于前与?王之诸臣,皆足以供之,而王岂为是哉?”曰:“否。吾不为是也。”曰:“然则王之所大欲可知已。欲辟土地,朝秦、楚,莅中国而抚四夷也。以若所为,求若所欲,犹缘木而求鱼也。”王曰:“若是其甚与?”曰:“殆有甚焉。缘木求鱼,虽不得鱼,无后灾。以若所为,求若所欲,尽心力而为之,后必有灾。”曰:“可得闻与?”曰:“邹人与楚人战,则王以为孰胜?”曰:“楚人胜。”曰:“然则小固不可以敌大,寡固不可以敌众,弱固不可以敌强。海内之地,方千里者九,齐集有其一。以一服八,何以异于邹敌楚哉?❶盖亦反其本矣。❷今王发政施仁,使天下仕者皆欲立于王之朝,耕者皆欲耕于王之野,商贾皆欲藏于王之市,行旅皆欲出于王之涂,天下之欲疾其君者皆欲赴诉于王,其若是,孰能御之?”

注释

❶ 据说齐有当时海内之地九分之一,而齐宣王“欲辟土地,朝秦、楚,莅中国而抚四夷”“以一服八”。孟子认为这就好比小国邹与

大国楚打仗一样,邹败楚胜是必然的。可是,怎见得齐以一服八就无以异于邹敌楚了呢?齐这个九分之一,在诸国之和这个九分之八面前,固然好比邹在楚面前一样;可是那九分之八是齐之外诸国之和,如果它们不和,就只是各个九分之一,就未必如同邹国面前的楚一样。所以孟子这里的议论也就有了简单的概念方面的问题,他似乎忘记了思辨中异类不比的原则。他是先假定诸国之和与某一个大国同类,然后就作出了比较。殊不知诸国之和是要有条件的。按照孟子的理论,后来的秦国怎么可能统一天下呢?

❷ 这个“盖亦反其本矣”,与下文“则盍反其本矣”句式相同,“盖”应该就是“盍”(“何不”)的意思。与《论语》及其他多种古籍一样,《孟子》一书也可以找到自身互证或互相发明的通例。

原文

10 王曰:“吾惛[1],不能进于是矣。愿夫子辅吾志,明以教我。我虽不敏,请尝试之。”曰:“无恒产而有恒心者,惟士为能。若民则无恒产,因无恒心。苟无恒心,放辟邪侈,无不为已。及陷于罪,然后从而刑之,是罔民[2]也。焉有仁人在位,罔民而可为也?是故明君制民之产,必使仰足以事父母,俯足以畜妻子,乐岁终身饱,凶年免于死亡。然后驱而之善,故民之从之也轻。今也制民之产,仰不足以事父母,俯不足以畜妻子,乐岁终身苦,凶年不免于死亡。此惟救死而恐不赡,奚暇治礼义哉?王欲行之,则盍反其本矣。五亩之宅,树之以桑,五十者可以衣帛矣。鸡豚狗彘之畜,无失其时,七十者可以食肉矣。百亩之田,勿夺其时,八口之家可以无饥矣。谨庠序之教,申之以孝悌之义,颁白[3]者不负戴于道路矣。老者衣帛食肉,黎民不饥不寒,然而不王者,未之有也。”[4]

注释

❶ 惛,音义与“昏”同,糊涂。

❷ 据赵注，这个"罔"与"网"相通."罔民"意思是"张罗罟"以"罔陷其民"。

❸ "颁白"，前文已出现。就是"斑白"，也就是后世所说的花白。"颁"，这里与"斑"音义相同。斑，一作班。

❹ 在这里，孟子把他曾经呈献给梁惠王的王道理想图(或叫理想农村图)，又转呈给齐宣王。他是多么想找到一个能够实现王道理想的用武之地啊！如果他的理想真能实现，应该说对老百姓还是有好处的。他能看到老百姓"仰不足以事父母，俯不足以畜妻子，乐岁终身苦，凶年不免于死亡"的悲惨生活，敢于批评那些统治者(在位者)"罔民"的行为，而且为国家百姓设计出那么一幅在当时已经够美好的理想图，也实在算得上难能可贵了。他说得对:"此惟救死而恐不赡，奚暇治礼义哉?"他的"无恒产而有恒心者，惟士为能"的理论固不尽然，但是，"若民则无恒产，因无恒心"的议论还是值得研究的。伪孙疏与焦里堂疏都将《梁惠王上》分为七章，所谓"齐桓、晋文之事"章最长。我们认为两疏关于分章的意见是正确的。就《梁惠王上》原文而言，孟子的义利之辩固无所谓创见，但他首倡的保民、行王道、与民同乐，自有其政治意义与思想价值。

梁惠王下

导读

旧注疏将《梁惠王下》分为十六章，并且概括了每章的大意，基本正确。我们将原文每一个可以独立的部分列为独立的段落，然后加以校注，凡十三段，分别标以序号。与民同乐的思想，诛一夫(独夫)的观点，"忧以天下，乐以天下"的怀抱，救民于水火的热心，是《梁惠王下》的精华所在。

原文

1 庄暴见孟子,曰:"暴见于王,王语暴以好乐,暴未有以对也。"曰[1]:"好乐何如?"孟子曰:"王之好乐甚,则齐国其庶几乎?"他日见于王,曰:"王尝语庄子以好乐,有诸?"王变乎色,曰:"寡人非能好先王之乐也,直好世俗之乐耳。"曰:"王之好乐甚,则齐其庶几乎!今之乐犹古之乐也。"曰:"可得闻与?"曰:"独乐乐,与人乐乐,孰乐?"[2]曰:"不若与人。"曰:"与少乐乐,与众乐乐,孰乐?"曰:"不若与众。""臣请为王言乐。今王鼓乐于此,百姓闻王钟鼓之声、管籥之音,举疾首蹙頞[3]而相告曰:'吾王之好鼓乐,夫何使我至于此极也?父子不相见,兄弟妻子离散。'今王田猎于此,百姓闻王车马之音,见羽旄之美,举疾首蹙頞而相告曰:'吾王之好田猎,夫何使我至于此极也?父子不相见,兄弟妻子离散。'此无他,不与民同乐也。今王鼓乐于此,百姓闻王钟鼓之声、管籥之音,举欣欣然有喜色而相告曰:'吾王庶几无疾病与?何以能鼓乐也?'今王田猎于此,百姓闻王车马之音,见羽旄之美,举欣欣然有喜色而相告曰:'吾王庶几无疾病与?何以能田猎也?'此无他,与民同乐也。今王与百姓同乐,则王矣。"[4]

注释

❶ 俞曲园先生《古书疑义举例》书中有"一人之辞而加曰字例"。这个"曰"字正与此例相合。

❷ 赵注:"孟子复问王:独自作乐乐耶?与人共听其乐为乐耶?"可知这里第一、第三个"乐"应读 yuè,第二、第四、第五个"乐"应读 lè。

❸ 赵注:"疾首,头痛也。蹙頞,愁貌。"按:頞读 è,指额头。

❹ 这一段的主旨还是宣传与民同乐。这个观点,上篇第二段已经说过了。但是两段文章议论同一个观点的方式并不相同。前一段是引典引史的对比,这后一段是设想百姓的两种截然不同的反应作对比。"今之乐犹古之乐也",这样说的意思是:无论今乐古

乐,与民同乐就好。如果不是这个意思,请问怎么能够说今之乐与古之乐相同,今之世俗之乐与先王之乐一样呢?

原文

2 齐宣王问曰:"文王之囿方七十里,有诸?"孟子对曰:"于传有之。"曰:"若是其大乎?"曰:"民犹以为小也。"曰:"寡人之囿方四十里,民犹以为大,何也?"曰:"文王之囿方七十里,刍荛者往焉,雉兔者往焉。❶与民同之,民以为小,不亦宜乎?臣始至于境,问国之大禁,然后敢入。臣闻郊关之内,有囿方四十里,杀其麋鹿者如杀人之罪。则是方四十里为阱于国中,民以为大,不亦宜乎?"❷

注释

❶ 赵注:"刍荛者,取刍薪之贱人也。雉兔,猎人取雉兔者。"按:这里"刍荛""雉兔"是名词用作动词。

❷ 这一段宣扬的,还是与民同乐的观点。

原文

3 齐宣王问曰:"交邻国有道乎?"孟子对曰:"有。惟仁者为能以大事小,是故汤事葛,文王事昆夷。惟智者为能以小事大,故(太)〔大〕王事獯鬻,勾践事吴。以大事小者,乐天者也。以小事大者,畏天者也。乐天者保天下,畏天者保其国。《诗》云:'畏天之威,于时保之。'"❶王曰:"大哉言矣!寡人有疾,寡人好勇。"对曰:"王请无好小勇。夫抚剑疾视,曰:'彼恶敢当我哉!'此匹夫之勇,敌一人者也。王请大之。《诗》云:'王赫斯怒,爰整其旅。以遏徂莒,以笃周祜,以对于天下。'此文王之勇也。文王一怒而安天下之民。❷《书》曰:'天降下民,作之君,作之师。惟曰其助上帝,宠之四方。有罪无罪,惟我在。天下曷敢有越厥志?'一人衡行于天下,武王耻之。此武王之勇也,而武王亦一怒而安天下之民。[3]今王亦一怒而安天下之民,民惟恐王之不好勇也。"

注释

1. "汤事葛",殷汤善待葛伯,《孟子·滕文公下》答万章问章有详情。文王事昆夷,见《诗经·大雅·绵》。獯(xūn)鬻(yù),有多种写法(譬如"荤粥"),古代北方民族;太王事之,见本篇下文。引诗见《诗经·周颂·我将》,诗意恰与上文"畏天者保其国"一句吻合。这一段话至此,孟子和齐宣王讨论如何"交邻国"的问题。
2. 这里引诗见《诗经·大雅·皇矣》。诗意是说:周文王赫然大怒,整顿他的军队以阻止"徂莒"之侵,"以厚周当王之福,以答天下乡周之望"(郑笺)。依孟子的说法,这几句诗是写文王之勇。
3. 这里引《书》见《尚书·泰誓》。当孟子时,《泰誓》一篇不佚,引文应该可信。依孟子说法,《泰誓》这几句是写周武王"安天下之民"。

原文

4 齐宣王见孟子于雪宫。王曰:"贤者亦有此乐乎?"孟子对曰:"有。人不得,则非其上矣。不得而非其上者,非也。为民上而不与民同乐者,亦非也。乐民之乐者,民亦乐其乐。忧民之忧者,民亦忧其忧。乐以天下,忧以天下,然而不王者,未之有也。[1]昔者齐景公问于晏子,曰:'吾欲观于转附、朝儛,遵海而南,放于琅邪,吾何修而可以比于先王观也?'晏子对曰:'善哉问也!天子适诸侯曰巡狩,巡狩者,巡所守也。诸侯朝于天子曰述职,述职者,述所职也。无非事者。春省耕而补不足,秋省敛而助不给。夏谚曰:"吾王不游,吾何以休?吾王不豫,吾何以助?一游一豫,为诸侯度。"今也不然:师行而粮食,饥者弗食,劳者弗息。睊睊胥谗,民乃作慝。方命虐民,饮食若流。流连荒亡,为诸侯忧。从流下而忘反,谓之流。从流上而忘反，谓之连。从兽无厌，谓之荒。乐酒无厌，谓之亡。先王无流连之乐、荒亡之行。惟君所行也。'[2]景公说，大戒于国，出舍于郊。于是始兴发，补不足，召大师，曰：'为我作君臣相说之乐。'盖《徵招》《角招》是也。其诗曰：'畜君何尤？'畜君者，好君也。[3]"

注释

❶ "乐以天下，忧以天下"，这也可以算是《孟子》一书中的两句名言。大约一千三百年后，北宋范仲淹写下了"先天下之忧而忧，后天下之乐而乐"的名句，应该是孟子"乐以天下，忧以天下"的继承与发展。

❷ 《孟子》这里记载的晏子答齐景公问，又见于《晏子春秋·内篇·问下》"景公问何修则夫先王之游晏子对以省耕实"条，文字基本相同。转附、朝儛，都是山名。儛，一作舞。睊(juàn)睊，侧目而视。赵注："在位者又睊睊侧目相视，更相谗恶，民由是化之而作慝恶也。"晏子说的"今也"以下，应该是景公知道的事。孟子转述齐国先王史事，当然是为了让齐宣王从中得到借鉴。

❸ 赵岐注："大师，乐师也。《徵招》《角招》，其所作乐章名也。"按：《徵招》与《角招》并为乐师所作，"徵"与"角"应该在五音之中，所以"徵"应读 zhǐ。王怀祖《广雅疏证》："好畜古声相近，'畜君何尤'即好君何尤。"

原文

5 齐宣王问曰："人皆谓我毁明堂，毁诸？已乎？"孟子对曰："夫明堂者，王者之堂也。王欲行王政，则勿毁之矣。"[1]王曰："王政可得闻与？"对曰："昔者文王之治岐也，耕者九一，仕者世禄，关市讥而不征，泽梁无禁，罪人不孥。老而无妻曰鳏，老而无夫曰寡，老而无子曰独，幼而无父曰孤。此四者，天下之穷民而无告者。文王发政施仁,必先斯四者。《诗》云:'哿矣富人,哀此茕独!'"❷王曰:"善哉言乎!"曰:"王如善之,则何为不行?"王曰:"寡人有疾,寡人好货。"对曰:"昔者公刘好货,《诗》云:'乃积乃仓,乃裹糇粮,于橐于囊,思戢用光。弓矢斯张,干戈戚扬,爰方启行。'故居者有积仓,行者有裹囊也,然后可以'爰方启行'。❸王如好货,与百姓同之,于王何有?"王曰:"寡人有疾,寡人好色。"对曰:"昔者(太)〔大〕王好色,爱厥妃。《诗》云:'古公亶父,来朝走马。率西水浒,至于岐下。爰及姜女,聿来胥宇。'当是时也,内无怨女,外无旷夫。❹王如好色,与百姓同之,于王何有?"

注释

❶ 明堂,是古代统治阶级最高阶层的一种礼制建筑,用于集众行礼。但不是任何礼典都可以在明堂举行,譬如丧葬礼和藉田礼怎么能在明堂行礼呢?拙著《中国礼制史·秦汉卷》第二章第六节《西汉祀典举例与祭祀概论》有详论,这里不必复议。孟子劝齐宣王勿毁明堂,与《左传》襄公三十一年记载的子产不毁乡校表面上有相似的地方,都是为了维护统治,实际上具体目的不可能一致。

❷ 这里引诗见《诗经·小雅·正月》。哿,音 gě,可也。茕(qióng),也是孤独的意思。诗句大旨,与孟子说的"文王发政施仁"的意思吻合。

❸ 这里引诗见《诗经·大雅·公刘》。所引诗句的原意是歌咏公刘率领部族为迁往豳(bīn)地做好各种物资准备,可是孟子引用来说明古已有公刘"好(hào)货",殊无道理。

❹ 这里引诗见《诗经·大雅·绵》。所引诗句原意不过是说古公亶(dǎn)父(fǔ)和他的夫人率领部族迁于岐下,可是孟子援引这几句诗,竟然加以曲解,企图据此证明古已有"大王好(hào)色",并进而鼓励齐宣王"好色与百姓同之",这就真是牵强附会,用心良苦,匪夷所思。就算他的用意并不坏,然而这样的诡辩术实在不算高明。

原文

6 孟子谓齐宣王曰："王之臣，有托其妻子于其友而之楚游者。比其反也，则冻馁其妻子，则如之何？"王曰："弃之。"曰："士师不能治士，则如之何？"王曰："已之。"❶曰："四境之内不治，则如之何？"王顾左右而言他。❷

注释

❶ 赵注："士师，狱官吏也。不能治狱，当如之何？已之者，去之也。"伪孙疏："士师即周司寇之属……郑玄云：士，察也，主察狱讼之事。是士师为狱官之吏者也。"按：注疏说是。焦里堂并无异议。

❷ 这一段话不长，设立三连环，环环紧逼，引诱齐宣王终于意识到"四境之内不治"而责无旁贷。这里表现了孟子的雄辩术，妙用"以子之矛攻子之盾"法与"请君入瓮"术，真令人拍案叫好。

原文

7 孟子见齐宣王，曰："所谓故国者，非谓有乔木之谓也，有世臣之谓也。王无亲臣矣，昔者所进，今日不知其亡也。"王曰："吾何以识其不才而舍之？"曰："国君进贤，如不得已，将使卑逾尊，疏逾戚，可不慎与？左右皆曰贤，未可也。诸大夫皆曰贤，未可也。国人皆曰贤，然后察之；见贤焉，然后用之。左右皆曰不可，勿听。诸大夫皆曰不可，勿听。国人皆曰不可，然后察之；见不可焉，然后去之。左右皆曰可杀，勿听。诸大夫皆曰可杀，勿听。国人皆曰可杀，然后察之；见可杀焉，然后杀之。故曰国人杀之也。❶如此，然后可以为民父母❷。"

注释

❶ 进贤、杀人，必须慎重。要听取"左右""诸大夫""国人"的意见。

调查的范围要广泛,还要亲自"察之",才能作出正确决断。《论语·卫灵公》:"众恶之,必察焉;众好之,必察焉。"孟子所说的"察之"于"国人皆曰"之后,与孔子说的"必察"于众人意见之后,意思是一致的。只要慎重,只要真是贤才,"卑逾尊,疏逾戚"并无不可,这反映了孟子的进步的人才观。

❷ 孟子这里说的是"为民父母",距离做人民公仆的思想境界还很远。

原文

8 齐宣王问曰:"汤放桀,武王伐纣,有诸?"孟子对曰:"于传有之。"曰:"臣弑其君可乎?"曰:"贼仁者谓之贼。贼义者谓之残。残贼之人,谓之一夫。闻诛一夫纣矣,未闻弑君也。"❶

注释

❶ 这里记的孟子关于"弑君"的解释,是对愚忠观念的革命。譬如周武王伐纣,诛纣,那不是"弑君",那是"诛一夫纣"。"一夫"就是独夫。独夫民贼,那可是"国人皆曰可杀"而又察之不诬、诛之应当的啊!

原文

9 孟子谓齐宣王曰:"为巨室,则必使工师求大木。工师得大木,则王喜,以为能胜其任也。匠人斫而小之,则王怒,以为不胜其任矣。夫人幼而学之,壮而欲行之,王曰'姑舍女所学而从我',则何如?今有璞玉于此,虽万镒,必使玉人雕琢之。至于治国家,则曰'姑舍女所学而从我',则何以异于教玉人雕琢玉哉?"❶

注释

❶《元史·耶律楚材传》:"治弓尚须用弓匠,为天下者岂可不用治

天下匠耶?”富有治国之才的耶律楚材说的这句话,颇受元太祖铁木真赏识。他们应该知道,早在1500年前,孟子已经说过同样意思的话。对于治国家的匠人,国王怎么能够说“姑舍女所学而从我”呢?

原文

10 齐人伐燕,胜之。宣王问曰:“或谓寡人勿取,或谓寡人取之。以万乘之国伐万乘之国,五旬而举之,人力不至于此。不取必有天殃,取之何如?”孟子对曰:“取之而燕民悦,则取之。古之人有行之者,武王是也。取之而燕民不悦,则勿取。古之人有行之者,文王是也。以万乘之国伐万乘之国,箪食壶浆,以迎王师,岂有它哉?避水火也。如水益深,如火益热,亦运而已矣。”❶

齐人伐燕,取之。诸侯将谋救燕。宣王曰:“诸侯多谋伐寡人者,何以待之?”孟子对曰:“臣闻七十里为政于天下者,汤是也。未闻以千里畏人者也。《书》曰:‘汤一征,自葛始。’天下信之。‘东面而征,西夷怨。南面而征,北狄怨。曰:“奚为后我?”’民望之,若大旱之望云霓也。归市者不止,耕者不变。诛其君而吊其民,若时雨降,民大悦。《书》曰:‘徯我后,后来其苏!’今燕虐其民,王往而征之,民以为将拯己于水火之中也,箪食壶浆,以迎王师。若杀其父兄,系累其子弟,毁其宗庙,迁其重器,如之何其可也?天下固畏齐之强也,今又倍地而不行仁政,是动天下之兵也。王速出令,反其旄倪,止其重器,谋于燕众,置君而后去之,则犹可及止也。”❷

注释

❶ 齐宣王问可否取燕国,问在“齐人伐燕,胜之”之后,这个“取”自然是“占有”“并吞”的意思。孟轲认为:可否取之,要看燕民“悦”还是“不悦”。这样定下的标准,我们不能说没有道理。如果能救燕民于水火,燕民自然高兴(“悦”)。若是燕民觉得水更深了,

火更热了，他们还会高兴吗？那他们就不会“迎王师”，就只会转徙而离去了。

❷ 这一段记孟轲为出兵战胜并且占领燕地之后的齐宣王设计安定燕国，出主意帮助齐宣王脱身自保。引《书》见于流传至今的伪古文《尚书·仲虺之诰》(虺，读 huǐ)，文字略有差异。现在能够看到的《仲虺之诰》固然不可靠，但是《孟子》引用的句子应该是可信的，因为孟子在世的时候，古文《尚书》、今文《尚书》都还保存着呢。奚(xī)，为什么。“奚为后我”的后，是表示时间先后的后。徯(xī)，等待。“徯我后”的“后”是君主，全句是“等待我们的君王”的意思。“后来其苏”：我们的君王来了，我们就可以复活了。

原文

11 邹与鲁哄❶。穆公问曰：“吾有司死者三十三人，而民莫之死也。诛之则不可胜诛，不诛，则疾视其长上之死而不救。如之何则可也？”孟子对曰：“凶年饥岁，君之民老弱转乎沟壑，壮者散而之四方者几千人矣；而君之仓廪实、府库充，有司莫以告，是上慢而残下也。曾子曰：‘戒之，戒之！出乎尔者，反乎尔者也。’夫民今而后得反之也，君无尤焉！君行仁政，斯民亲其上、死其长矣。”❷

注释

❶ 这个“哄”是简化字。赵注：“哄，斗声也，犹构兵而斗也。”

❷ 这一段记孟轲答邹穆公问。老百姓不肯为国家卖命，孟子劝告穆公“行仁政”，认为这样老百姓才会“亲其上、死其长”。

原文

12 滕文公问曰：“滕，小国也，间于齐、楚。事齐乎？事楚乎？”孟子对曰：“是谋非吾所能及也。无已，则有一焉：凿斯池也，筑斯城也,与民守之。效死而民弗去,则是可为也。”

滕文公问曰:“齐人将筑薛,吾甚恐。如之何则可?”孟子对曰:“昔者大王居邠,狄人侵之。去之岐山之下居焉,非择而取之,不得已也。苟为善,后世子孙必有王者矣。君子创业垂统,为可继也。若夫成功,则天也。君如彼何哉?强为善而已矣。”

滕文公问曰:“滕,小国也。竭力以事大国,则不得免焉,如之何则可?”孟子对曰:“昔者大王居邠,狄人侵之。事之以皮币,不得免焉。事之以犬马,不得免焉。事之以珠玉,不得免焉。乃属其耆老而告之曰:‘狄人之所欲者,吾土地也。吾闻之也:君子不以其所以养人者害人。二三子何患乎无君?我将去之!’去邠,逾梁山,邑于岐山之下居焉。邠人曰:‘仁人也,不可失也。’从之者如归市。或曰:‘世守也,非身之所能为也,效死勿去。’君请择于斯二者。”❶

注释

❶ 这三小段,记滕文公作为小国之君,向孟子请教如何应付大国,如何保存自己,孟子教他向周族的古公亶父(大王)学习。前文孟子答齐宣王问的时候提到的“大王事獯鬻”,这里说得比较清楚了。

原文

13 鲁平公将出,嬖人臧仓者请曰:“他日君出,则必命有司所之。今乘舆已驾矣,有司未知所之,敢请。”公曰:“将见孟子。”曰:“何哉,君所为轻身以先于匹夫者?以为贤乎?礼义由贤者出,而孟子之后丧逾前丧。君无见焉!”公曰:“诺。”乐正子入见,曰:“君奚为不见孟轲也?”曰:“或告寡人曰:‘孟子之后丧逾前丧。’是以不往见也。”曰:“何哉,君所谓逾者?前以士,后以大夫;前以三鼎,而后以五鼎与?”曰:“否。谓棺椁衣衾之美也。”曰:“非所谓逾也,贫富不同也。”[1]乐正子见孟子，曰：“克告于君，君为来见也。嬖人有臧仓者沮[2]君，君是以不果来也。”曰：“行或使之，止或尼之。行、止，非人所能也。吾之不遇鲁侯，天也。臧氏之子，焉能使予不遇哉？”[3]

注释

❶ 孟子料理父母丧事，“后丧逾前丧”，这是因为孟子前后身份不同，“前以士，后以大夫”。至于“棺椁衣衾”之别，乐正子解释为“贫富不同”。身份不同，贫富不同，行礼自然不同，这是礼制所允许的。

❷ 这里“沮”读jǔ，阻止的意思。阮元等《校勘记》言及“本亦作阻”。

❸ 孟子将遇与不遇归之于“天”，这与他的祖师爷孔夫子是一样的。《论语·子罕》：“天之将丧斯文也，后死者不得与于斯文也；天之未丧斯文也，匡人其如予何？”孟子这里说的话与孔子的说法何其相似！

公孙丑上

导读

公孙丑为孟轲弟子。赵注、伪孙疏认为公孙丑“有政事之才，问管晏之功，犹《论语》子路问政，故以题篇”。焦里堂说：“赵氏谓丑有政事之才，未详所出。”其实赵注说公孙丑“有政事之才”，只是想当然，而伪孙疏只是因袭其说。我们认为《公孙丑》篇与前篇一样，并无中心论题。旧注疏与焦疏将《公孙丑上》分为九章。我们的校注将《公孙丑上》分为十一段，标以序号，这十一段各有其独立的大意。

原文

1 公孙丑问曰：“夫子当路于齐，管仲、晏子之功，可复许乎？”孟子曰:“子诚齐人也,知管仲、晏子而已矣。或问乎曾西曰:‘吾子与子路孰贤?’曾西蹴然[1]曰:‘吾先子之所畏也。’曰:‘然则吾子与管仲孰贤?’曾西艴然[2]不悦,曰:‘尔何曾比予于管仲?管仲得君如彼其专也,行乎国政如彼其久也,功烈如彼其卑也,尔何曾比予于是!’”曰[3]:“管仲,曾西之所不为也,而子为我愿之乎?”曰:“管仲以其君霸,晏子以其君显。管仲、晏子,犹不足为与?”曰:“以齐王,由反手也。”曰:“若是,则弟子之惑滋甚。且以文王之德,百年而后崩,犹未洽于天下;武王、周公继之,然后大行。今言王若易然,则文王不足法与?”曰:“文王何可当也!由汤至于武丁,贤圣之君六七作。天下归殷久矣,久则难变也。武丁朝诸侯、有天下,犹运之掌也。纣之去武丁未久也,其故家遗俗,流风善政,犹有存者;又有微子、微仲、王子比干、箕子、胶鬲,皆贤人也,相与辅相之。故久而后失之也。尺地莫非其有也,一民莫非其臣也,然而文王犹方百里起,是以难也。齐人有言曰:‘虽有智慧,不如乘势。虽有镃基,不如待时。’[4]今时则易然也。夏后、殷、周之盛,地未有过千里者也,而齐有其地矣;鸡鸣狗吠相闻,而达乎四境,而齐有其民矣。地不改辟矣,民不改聚矣,行仁政而王,莫之能御也。且王者之不作,未有疏于此时者也;民之憔悴于虐政,未有甚于此时者也。饥者易为食,渴者易为饮。孔子曰:‘德之流行,速于置邮而传命。’当今之时,万乘之国行仁政,民之悦之,犹解倒悬也。故事半古之人,功必倍之,惟此时为然。”[5]

注释

❶ 蹴(cù),踏。赵注:“蹴然,犹蹴踖也。”按:蹴踖,就是《论语·乡党》的踧踖,敬畏的样子。

❷ 艴(bó)然,勃然、突然的意思。

❸ 这个“曰”,还是“孟子曰”,用得着俞曲园先生的“一人之辞而加‘曰’字例”。

❹ 镃(zī),音与“资”同。《广雅·释器》:“镃錤,锄也。”镃錤就是《孟子》的镃基,也就是现在农村里常用的锄头。又按:这一段“齐人之言”是韵语:“慧”是曾星笠(运乾)先生所谓郁摄(王力先生物部)的字,“势”是乞摄(王力先生月部)的字,旁韵通押;“镃基”“待时”都是曾先生所谓噫摄(王力先生所谓之部)的字,同部谐韵。

❺ 孟子答公孙丑问当路于齐这一段的主旨是:一、要待时乘势。二、要抓住时机。其中有时势造英雄的观念。

原文

2 公孙丑问曰:“夫子加齐之卿相,得行道焉,虽由此霸王,不异矣。如此则动心否乎?”孟子曰:“否。我四十不动心。”曰:“若是,则夫子过孟贲[1]远矣。”曰:“是不难。告子先我不动心。”曰:“不动心有道乎?”曰:“有。北宫黝之养勇也,不肤桡,不目逃。思以一豪挫于人,若挞之于市朝。不受于褐宽博[2],亦不受于万乘之君。视刺万乘之君,若刺褐夫。无严诸侯。恶声至,必反之。孟施舍之所养勇也,曰:‘视不胜犹胜也。量敌而后进,虑胜而后会,是畏三军者也。舍岂能为必胜哉?能无惧而已矣。’孟施舍似曾子,北宫黝似子夏。夫二子之勇,未知其孰贤,然而孟施舍守约也。昔者曾子谓子襄曰:‘子好勇乎?吾尝闻大勇于夫子矣:自反而不缩,虽褐宽博,吾不惴焉;[3]自反而缩,虽千万人,吾往矣。’孟施舍之守气,又不如曾子之守约也。”曰:“敢问夫子之不动心,与告子之不动心,可得闻与?”“告子曰:‘不得于言,勿求于心。不得于心,勿求于气。’不得于心,勿求于气,可。不得于言,勿求于心,不可。夫志,气之帅也;气,体之充也。夫志,至焉;气,次焉。故曰:‘持其志,无暴其气。’”“既曰‘志,至焉;气,次焉’,又曰‘持其志,无暴其气’者,何也?”曰:“志壹则动气,气壹则动志也。今夫蹶者趋者,是气也,而反动其心。”[4]

注释

❶ 贲(bēn),勇士的别称。孟贲,古代勇士。

❷ 褐宽博,赵注:“独夫被褐者。”也就是《公孙丑》下文说的“褐夫”,焦循《正义》(前文所谓焦里堂疏)以为“即是衣褐之匹夫”。

❸ 赵注:“缩,义也。惴,惧也。”焦疏:“缩之为义,犹缩之为直。”“不惴”,不使人恐惧,这里是使动用法。

❹ 孟子答公孙丑问“动心否乎”这一段的大意是:一、“不动心有道”的内容。二、孟子“不动心”与告子“不动心”的含义及其区别。孔子说“四十而不惑”,孟子说“四十不动心”,两者实质是一致的。唯其“不惑”,方可“不动心”。在千变万化的世界面前能明辨是非,就不会迷惑了;不迷惑,在世上千姿万态面前就能自持自立而不会动心了。

原文

3“敢问夫子恶乎长?”曰:“我知言,我善养吾浩然之气。”“敢问何谓浩然之气?”曰:“难言也。其为气也,至大至刚,以直养而无害,则塞于天地之间。其为气也,配义与道,无是,馁也。是集义所生者,非义袭而取之也。行有不慊于心,则馁矣。我故曰告子未尝知义,以其外之也。[1]必有事焉而勿正,心勿忘,勿助长也。无若宋人然。宋人有闵其苗之不长而揠之者,芒芒然归,谓其人曰:‘今日病矣,予助苗长矣。’其子趋而往视之,苗则槁矣。天下之不助苗长者寡矣。以为无益而舍之者,不耘苗者也。助之长者,揠苗者也,非徒无益,而又害之。”[2]“何谓知言?”曰:“诐辞知其所蔽,淫辞知其所陷,邪辞知其所离,遁辞知其所穷。[3]生于其心,害于其政;发于其政,害于其事。圣人复起,必从吾言矣。”

注释

❶ 告子持仁内义外之说,其详见《孟子·告子上》。与告子不同者,孟子认为仁义皆出于内,又认为浩然之气与义合生,从内而出。以其与义合生,所以说他"善养"此气。告子既然主张"义外",义不在内,自然谈不上"善养"了。孟子说"告子未尝知义",包括批评他不善养气的意思在内。不少学者研究孟子与告子关于仁、义、气的观点,发表过一些见解,可参看。

❷ 揠(yà),往上拔的意思。"揠苗助长",是见于《孟子》的又一个为人熟知的寓言。揠苗助长,"非徒无益,而又害之",比孔子说的"欲速则不达"(《论语·子路》)、"欲速成者也"(《宪问》)更深一层了。

❸ 这四句是孟子所谓"知言"的内容。诐(bì)辞,意思是"险利佞谄"的言说。《广雅·释诂》:"蔽,障也。"知道险利佞谄之言蒙蔽人的所在,知道淫美之辞陷害人的所在,知道邪辟不正的言论所以离间人的作用,知道隐遁诡谲的言辞穷于道义之所在。一听到诐淫邪遁这四类言论,就能道破其要害,这可不是容易做到的。

原文

4"宰我,子贡,善为说辞。冉牛、闵子、颜渊,善言德行。孔子兼之,曰:'我于辞命,则不能也。'然则夫子既圣矣乎?"曰:"恶❶!是何言也!昔者子贡问于孔子,曰:'夫子圣矣乎?'孔子曰:'圣则吾不能,我学不厌而教不倦也。'❷子贡曰:'学不厌,智也;教不倦,仁也。仁且智,夫子既圣矣乎!'夫圣,孔子不居。——是何言也!""昔者窃闻之:子夏、子游、子张,皆有圣人之一体;冉牛、闵子、颜渊,则具体而微。敢问所安?"曰:"姑舍是。"曰:"伯夷、伊尹何如?"曰:"不同道。非其君不事,非其民不使;治则进,乱则退:伯夷也。'何事非君?何使非民?'治亦进,乱亦进:伊尹也。可以仕则仕,可以止则止，可以久则久，可以速则速：孔子也。皆古圣人也。吾未能有行焉，乃所愿，则学孔子也。”“伯夷、伊尹于孔子，若是班乎？”[3]曰：“否。自有生民以来，未有孔子也。”“然则有同与？”曰：“有。得百里之地而君之，皆能以朝诸侯，有天下。行一不义、杀一不辜而得天下，皆不为也。是则同。”曰：“敢问其所以异？”曰：“宰我、子贡、有若，智足以知圣人，汙不至阿其所好。宰我曰：‘以予观于夫子，贤于尧、舜远矣。’子贡曰：‘见其礼而知其政，闻其乐而知其德，由百世之后，等百世之王，莫之能违也。自生民以来，未有夫子也。’有若曰：‘岂惟民哉！麒麟之于走兽，凤凰之于飞鸟，泰山之于丘垤，河海之于行潦，类也。圣人之于民，亦类也。出于其类，拔乎其萃。自生民以来，未有盛于孔子也。’”[4]

注释

1. 恶(wū)，孙奭《音义》音“乌”。王伯申《经传释词》卷四：“恶，不然之词也。”焦氏《正义》：“意不然而直拒之则云‘恶’。”
2. 《论语·述而》确实说过这样的意思。
3. 赵注：“班，齐等之貌也。丑嫌伯夷、伊尹与孔子相比，问此三人之德，班然而等乎？”按：原文原意如此。
4. 这一段话是对若干历史人物的评论，主要是孟子对祖师爷孔子的赞颂。我国历史上儒家学派内部评价孔子最早而且最高的是子贡、有若、宰我，为时较晚而评价最高的是孟轲。有若的话（“麒麟之于走兽，凤凰之于飞鸟”等等），可以证明我国“类”的概念春秋时期已很成熟。孟轲转述有若的话，表明他的确懂得运用类概念。有时候他故意混淆“类”的概念，那大概是不得已而为之，因为他也有遁辞而穷的时候。

原文

5 孟子曰：“以力假人者霸，霸必有大国。以德行仁者王，王不待大,汤以七十里,文王以百里。以力服人者,非心服也,力不赡也。以德服人者,中心悦而诚服也,如七十子之服孔子也。《诗》云:'自西自东,自南自北,无思不服。'此之谓也。"❶

注释

❶ 孟子这一段话,论王霸之别。引诗见《诗经·大雅·文王有声》。

原文

6 孟子曰:"仁则荣,不仁则辱。今恶辱而居不仁,是犹恶湿而居下也。如恶之,莫如贵德而尊士,贤者在位,能者在职。国家闲暇,及是时明其政刑,虽大国必畏之矣。《诗》云:'迨天之未阴雨,彻彼桑土,绸缪牖户。今此下民,或敢侮予?'孔子曰:'为此诗者,其知道乎？能治其国家,谁敢侮之!'❶今国家闲暇,及是时般乐怠敖,是自求祸也。祸福无不自(已)〔己〕求之者。《诗》云:'永言配命,自求多福。'《太甲》曰:'天作孽,犹可违。自作孽,不可活。'此之谓也。❷"

注释

❶ 这里引诗见《诗经·豳风·鸱鸮》(鸱鸮,读 chī xiāo,俗称猫头鹰)。迨(dài),等到。《方言》:"东齐谓根曰土。"绸缪(chóu móu),修缮。牖(yǒu),窗户。按:《鸱鸮》是一首禽言诗,全诗用一只母鸟责备猫头鹰与"下民"的口气叙事抒情。孟子引用的这一章的原意是:及此天未阴未雨之时,把桑树根的皮剥下来,将巢室的门窗修理好。郑笺:"今女我巢下之民宁有敢侮慢欲毁之者乎!"孔子称许此诗"知道",宣传"未雨绸缪"的思想,实有道理。懂得未雨绸缪,"能治其国家","谁敢侮之"呢?

❷ "永言配命,自求多福",这两句诗见《诗经·大雅·文王》。"永"是长的意思。"言"是语中结构助词。长配天命,而"多福"还靠

"自求"。引自《尚书·太甲》的四句话的意思,也是强调自己的作用大于上天。上天造的孽,还可以设法避免;你自己造孽找死,那就活不成了。整个这一段的大意,说的是治国家者平时应该贵德尊士,明其政刑,不要忘了"祸福无不自己求之者"这个道理。

原文

7 孟子曰:"尊贤使能,俊杰在位,则天下之士皆悦而愿立于其朝矣。市,廛而不征,法而不廛,❶则天下之商皆悦而愿藏于其市矣。关,讥而不征,❷则天下之旅皆悦而愿出于其路矣。耕者助而不税,则天下之农皆悦而愿耕于其野矣。廛,无夫、里之布❸,则天下之民皆悦而愿为之氓矣。信能行此五者,则邻国之民仰之若父母矣。率其子弟,攻其父母,自〔有〕生民以来未有能济者也。如此,则无敌于天下。无敌于天下者,天吏也。然而不王者,未之有也。"❹

注释

❶ 廛(chán)是住房。小戴辑《礼记·王制》:"市廛而不税。"赵注:"法而不廛者,当以什一之法征其地耳,不当征其廛宅也。"

❷ 这里讥是监察的意思。赵注:"言古之设关,但讥禁异言、识异服耳,不征税出入者也。"

❸ 赵注:"里,居也。布,钱也。夫,一夫也。"按:《周官·闾师》有"夫布",《载师》有"里布"。

❹ 这一段,大意是:治理国家者应注意吸引并安定天下之士、商、旅、农、民五者,"信能行此五者",就能"无敌于天下"而为"天吏",就能王天下而推行王道。研究孟子政治经济思想者应该注意这一段话。

原文

8 孟子曰:"人皆有不忍人之心。先王有不忍人之心,斯有不忍人之政矣。以不忍人之心,行不忍人之政,治天下可运之掌上。所以谓‘人皆有不忍人之心’者,今人乍见孺子将入于井,皆有怵惕[1]、恻隐之心,非所以内交于孺子之父母也,非所以要誉于乡党朋友也,非恶其声而然也。由是观之,无恻隐之心,非人也;无羞恶之心,非人也;无辞让之心,非人也;无是非之心,非人也。恻隐之心,仁之端也;羞恶之心,义之端也;辞让之心,礼之端也;是非之心,智之端也。人之有是四端也,犹其有四体也。有是四端而自谓不能者,自贼者也。谓其君不能者,贼其君者也。凡有四端于我者,知皆扩而充之矣,若火之始然、泉之始达。苟能充之,足以保四海;苟不充之,不足以事父母。”[2]

注释

❶ 怵(chù),恐惧。怵惕,恐惧警惕的意思。

❷ 这一段解释人之“四端”,宣传四端“扩而充之”的巨大意义。研究孟子哲学思想以及社会政治学说者应该深入领会这一段话。这一段开头说的“以不忍人之心,行不忍人之政,治天下可运之掌上”,是否真有道理?恐怕未必如此,或者说恐不尽然。

原文

9 孟子曰:“矢人岂不仁于函人哉?矢人唯恐不伤人,函人唯恐伤人。巫、匠亦然。故术不可不慎也。孔子曰:‘里仁为美。择不处仁,焉得智?’夫仁,天之尊爵也,人之安宅也。莫之御而不仁,是不智也。不仁不智,无礼无义,人役也。人役而耻为役,由弓人而耻为弓,矢人而耻为矢也。如耻之,莫如为仁。仁者如射。射者正己而后发,发而不中,不怨胜己者,反求诸己而已矣。”[1]

注释

❶ 矢人,造箭的能手。函人,造甲之人。弓人自是造弓之人。皆见

于《考工记》(用以代《周官·冬官》者)。《孟子》这一段值得注意的是“仁”“人役”的命题。引孔子的话“里仁为美”等句,见《论语·里仁》。注意环境影响的作用,是唯物主义思想。又,孟子说“矢人唯恐不伤人,函人唯恐伤人”,这当然是社会实际生活、真实思想(为物质生活条件所决定)的客观反映,毫不足怪。实际生活中的矛盾反映为矛盾的思想,人类社会原本就是这样,“矛盾”这个词从《韩非子·难一》开始出现的时候就是这样。“由弓人而耻为弓”的“由”,借为“犹”。

原文

10 孟子曰:“子路,人告之以有过则喜。禹闻善言则拜。大舜有大焉:善与人同,舍己从人,乐取于人以为善;自耕稼、陶、渔以至为帝,无非取于人者。取诸人以为善,是与人为善者也,故君子莫大乎与人为善。”❶

注释

❶ 闻过则喜,闻善言则拜,取诸人以为善,与人为善,这都是可以发扬的好品行。“君子莫大乎与人为善”,这个命题是孟子首先提出来的。

原文

11 孟子曰:“伯夷,非其君不事,非其友不友,不立于恶人之朝,不与恶人言。立于恶人之朝,与恶人言,如以朝衣朝冠坐于涂炭。推恶恶之心,思与乡人立,其冠不正,望望然去之,若将浼焉。是故诸侯虽有善其辞命而至者,不受也。不受也者,是亦不屑就已。柳下惠,不羞污君,不卑小官,进不隐贤,必以其道。遗佚而不怨,厄穷而不悯,故曰:‘尔为尔,我为我。虽袒裼裸裎于我侧,尔焉能浼我哉!’故由由然与之偕而不自失焉,援而止之而止。❶援而止之而

止者，是亦不屑去已。”孟子曰：“伯夷隘，柳下惠不恭。隘与不恭，君子不由也。”❷

注释

❶ 赵注：“望望然，惭愧之貌也。去之，恐其污己也。”又说：“由由，浩浩之貌。”浼（měi），污染的意思。袒（tǎn）裼（xī），都是脱去上衣，露出上身。裸裎（chéng），都是“光着身子”的意思。焦氏《正义》：望望，“赵氏盖读为惘惘，惘惘即罔罔”。《正义》引《文选·西征赋》注“罔，失志之貌”，然后说：“失志，故惭愧也。”《楚辞·怀沙》王逸注曰“浩浩，广大貌”，焦氏《正义》引王氏此注，然后说：“此由由为浩浩，亦谓其不似伯夷之隘，而宽然大而能容也。”焦氏《正义》又指出《孟子》这一段前文“思与乡人立”之“思”为语辞，“非有义也”。这些解说都很精当。

❷ 鼓吹以德行仁，善养浩然之气，仁义礼智四端，自谓“四十不动心”，批评若干历史人物，盛赞孔子，是《公孙丑上》的重点所在。

公孙丑下

导读

赵注、伪孙疏、焦疏都将《公孙丑下》分作十四章。我们将《公孙丑下》分为十一段。如果以“孟子去齐”开头的部分各成一段，则应有十二段。其中关于天时、地利、人和的议论，关于人伦关系（譬如君臣、同僚关系）的理解，关于招礼与葬礼的意见，关于齐燕之战的批评，《孟子》研究者应予注意。

原文

1 孟子曰：“天时不如地利，地利不如人和。三里之城，七里之郭，环而攻之而不胜。夫环而攻之，必有得天时者矣；然而不胜者，是天时不如地利也。城非不高也，池非不深也，兵革非不坚利也，米粟非不多也，委而去之，是地利不如人和也。故曰：域民不以封疆之界，固国不以山溪之险，威天下不以兵革之利。得道者多助，失道者寡助。寡助之至，亲戚畔之。多助之至，天下顺之。以天下之所顺，攻亲戚之所畔，故君子有不战，战必胜矣。”❶

注释

❶“天时不如地利，地利不如人和。”“得道者多助，失道者寡助。”这是《孟子》放之四海而皆准的两个著名的判断，是孟子留给后世的精神财富。

原文

2 孟子将朝王。王使人来曰：“寡人如就见者也，有寒疾，不可以风。朝将视朝，不识可使寡人得见乎？”对曰：“不幸而有疾，不能造朝。”明日，出吊于东郭氏。公孙丑曰：“昔者辞以病，今日吊，或者不可乎？”曰：“昔者疾，今日愈，如之何不吊？”王使人问疾，医来，孟仲子对曰：“昔者有王命，有采薪之忧，不能造朝。今病小愈，趋造于朝，我不识能至否乎？”使数人要于路，曰：“请必无归而造于朝。”不得已而之景丑氏宿焉。

景子曰：“内则父子，外则君臣，人之大伦也。父子主恩，君臣主敬。丑见王之敬子也，未见所以敬王也。”曰：“恶！是何言也！齐人无以仁义与王言者，岂以仁义为不美也？其心曰‘是何足与言仁义也’云尔，则不敬莫大乎是。我非尧、舜之道不敢以陈于王前，故齐人莫如我敬王也。”景子曰：“否，非此之谓也。《礼》曰：‘父召，无诺。’‘君命召，不俟驾。’固将朝也，闻王命而遂不果，宜与夫礼若不相似然。”

曰：“岂谓是与？曾子曰：‘晋、楚之富，不可及也。彼以其富，我以吾仁。彼以其爵,我以吾义。吾何慊乎哉?'夫岂不义而曾子言之?是或一道也。天下有达尊三:爵一,齿一,德一。朝廷莫如爵,乡党莫如齿,辅世长民莫如德。恶得有其一以慢其二哉?故将大有为之君,必有所不召之臣;欲有谋焉,则就之。其尊德乐道,不如是不足以有为也。故汤之于伊尹,学焉而后臣之,故不劳而王。桓公之于管仲,学焉而后臣之,故不劳而霸。今天下地丑德齐,莫能相尚,无他,好臣其所教,而不好臣其所受教。汤之于伊尹,桓公之于管仲,则不敢召。管仲且犹不可召,而况不为管仲者乎?"❶

注释

❶ 以上三小段,说的是一件完整的事。第一小段,记齐王使人告诉孟子,要孟子明日朝见,可是孟子托病拒绝造朝;第二天,孟子"出吊于东郭氏",这就表示了不愿意朝见齐王的意思。这件事与《论语·阳货》记"孺悲欲见孔子,孔子辞以疾。将命者出户。取瑟而歌,使之闻之"同一伎俩,同一性质。第二小段记景子对孟子的批评。景子认为父子、君臣是"人之大伦",这所谓"大伦"与《论语·微子》记述子路对荷蓧丈人的儿子说的"大伦"完全相同。孟子驳斥了景子的批评,理由是他把尧舜之道陈于王前,他才是敬王之人。可是景子搬出了另外一个理由,认为孟子的行为违背了"君命召,不俟驾"的礼制。按:小戴辑《礼记·玉藻》:"凡君召以三节,二节以走,一节以趋。在官不俟屦,在外不俟车。"不俟车应该就是"不俟驾"。《论语·乡党》:"君命召,不俟驾行矣。"可见景子持论有根有据。何况你孟子本来就打算上朝见齐王,为什么又不肯上朝了呢?第三小段记孟子说的理由。其理由有三。一、"天下有达尊三""朝廷莫如爵,乡党莫如齿,辅世长民莫如德"。齐王不过在朝廷最尊罢了,怎么能"有其一以慢其二"呢?二、"将大有为之君,必有所不召之臣;欲有谋焉,则就之。"不召而就之,才能表示诚心。三、王者"不好臣其所受教",这也是礼制规定啊。《白虎通·王者不臣》就有"不臣授受之师者,尊

师重道”的说法。过去齐桓公不敢召管仲,而管仲在孟子眼里并无很高的地位(《公孙丑上》评价管仲“功烈如彼其卑也”),现在你齐王怎么敢召见看不起管仲的孟先生呢!孟先生他可以自己主动上朝,但是他不肯奉齐王召命上朝,理由就是这些了。我们的看法:一、孟子自视甚高;二、他毕竟不善于投机,毕竟不算是趋炎附势之徒。三、孟子没有讲不出道理的时候(尽管有时候他说的话并无道理)。

原文

3 陈臻问曰:“前日于齐,王馈兼金一百而不受;于宋,馈七十镒而受;于薛,馈五十镒而受。前日之不受是,则今日之受非也;今日之受是,则前日之不受非也:夫子必居一于此矣。”孟子曰:“皆是也。当在宋也,予将有远行。行者必以赆,辞曰‘馈赆’,予何为不受?当在薛也,予有戒心。辞曰:‘闻戒,故为兵馈之。’予何为不受?若于齐,则未有处也。无处而馈之,是货之也。焉有君子而可以货取乎?”❶

注释

❶ 馈(kuì),赠送的意思。镒(yì),古代重量单位,一作“溢”。赵注:“兼金,好金也。其价兼倍于常者,故谓之兼金。一百,百镒也。古者以一镒为一金。镒,二十两也。”离别时赠送的礼物,叫作赆(jìn)。“焉有君子而可以货取乎?”这个提法好。君子若受馈,取之必有道。

原文

4 孟子之平陆,谓其大夫曰:“子之持戟之士,一日而三失伍,则去之否乎?”曰:“不待三。”“然则子之失伍也亦多矣。凶年饥岁,子之民老羸转于沟壑,壮者散而之四方者几千人矣。”曰:“此非距心之所得为也。”曰:“今有受人之牛羊而为之牧之者,则必为之求牧与刍矣。求牧与刍而不得,则反诸其人乎?抑亦立而视其死与?”曰:“此则距心之罪也。”他日,见于王,曰:“王之为都者,臣知五人焉。知其罪者,惟孔距心。”为王诵之。王曰:“此则寡人之罪也。”

孟子谓蚳蛙曰:“子之辞灵丘而请士师,似也,为其可以言也。今既数月矣,未可以言与?”(蚔)〔蚳〕蛙谏于王而不用,致为臣而去。齐人曰:“所以为蚳蛙则善矣,所以自为,则吾不知也。”公都子以告。曰:“吾闻之也:有官守者,不得其职则去。有言责者,不得其言则去。我无官守,我无言责也,则吾进退岂不绰绰然有余裕哉?”❶

注释

❶ 蚳(qí)蛙,人名。孟子这里说到三类人。“有官守者,不得其职则去”,譬如上一小段说到的平陆大夫孔距心以不去位为罪。“有言责者,不得其言则去”,譬如这一小段说到的蚳蛙“谏于王而不用,致为臣而去”。而孟子自己无官守,又无言责,自然不属于前两种人,也就不必像前两种人那样做。他这里没有类概念的错误,所以这样为自己辩护不算诡辩。

原文

5 孟子为卿于齐,出吊于滕。王使盖大夫王驩为辅行。王驩朝暮见,反齐、滕之路,未尝与之言行事也。公孙丑曰:“齐卿之位,不为小矣。齐、滕之路,不为近矣。反之而未尝与言行事,何也?”曰:“夫既或治之,予何言哉?”❶

注释

❶ “盖大夫”的盖(gě),地名。驩(huān),人名。《离娄下》“公行子有子之丧”条,也记述了孟子不与王驩说话的事。《公孙丑下》赵注:“王驩,齐之谄人……孟子不悦其为人,虽与同使而行,未尝与之言行事,不愿与之相比也。”焦里堂先生引《论语》文:“道不

同,不相为谋。""邦有道,危言危行;邦无道,危行言孙。"他的引文恰到好处,真是先得我心。

原文

6 孟子自齐葬于鲁。反于齐,止于嬴。充虞请曰:"前日不知虞之不肖,使虞敦匠,事严,虞不敢请。❶今愿窃有请也:木若以美然。"曰:"古者棺椁无度。中古棺七寸,椁称之,自天子达于庶人。非直为观美也,然后尽于人心。不得,不可以为悦;无财,不可以为悦。得之为有财。古之人皆用之,吾何为独不然?且比化者,无使土亲肤,于人心独无恔乎?吾闻之:君子不以天下俭其亲。"❷

注释

❶ 赵注:"孟子仕于齐,丧母而归葬于鲁也。嬴,齐南邑。充虞,孟子弟子。敦匠,厚作棺也。事严,丧事急。"这样解释是对的。

❷ "木若以美然",这个"木"指棺椁。土葬用棺椁,而棺椁一般用木料做成,所以从古到今很多地方就把棺椁称为棺木,或径呼为"木"。湘方言中至今还有这种说法。"以美"的"以",与"已"相通,含"过甚""太过"的意思。王伯申《经传释词》卷一:"郑注《考工记》曰:'已,太也,甚也。'亦常语也。或作'以'。"以美,就是太漂亮美观了。"恔"(xiào),赵注、朱注都认为是"快"(快人心)的意思。整个这一段说的是孟子治亲丧以"尽于人心"为悦,以"有财"而能尽心为快。

原文

7 沈同以其私问曰:"燕可伐与?"孟子曰:"可。子哙不得与人燕,子之不得受燕于子哙。有仕于此,而子悦之,不告于王而私与之吾子之禄爵。夫士也,亦无王命而私受之于子,则可乎?何以异于是?"齐人伐燕。或问曰:"劝齐伐燕,有诸?"曰:"未也。沈同问:

‘燕可伐与？’吾应之曰：‘可。’彼然而伐之也。彼如曰：‘孰可以伐之？’则将应之曰：‘为天吏，则可以伐之。’今有杀人者，或问之曰：‘人可杀与？’则将应之曰：‘可。’彼如曰：‘孰可以杀之？’则将应之曰：‘为士师，则可以杀之。’今以燕伐燕，何为劝之哉？”❶

燕人畔。王曰：“吾甚惭于孟子。”陈贾曰：“王无患焉。王自以为与周公孰仁且智？”王曰：“恶！是何言也！”曰：“周公使管叔监殷，管叔以殷畔。知而使之，是不仁也。不知而使之，是不智也。仁、智，周公未之尽也，而况于王乎？贾请见而解之。”见孟子，问曰：“周公何人也？”曰：“古圣人也。”曰：“使管叔监殷，管叔以殷畔也，有诸？”曰：“然。”曰：“周公知其将畔而使之与？”曰：“不知也。”“然则圣人且有过与？”曰：“周公弟也，管叔兄也。周公之过，不亦宜乎！且古之君子，过则改之；今之君子，过则顺之。古之君子，其过也如日月之食，民皆见之；及其更也，民皆仰之。今之君子，岂徒顺之？又从为之辞。”❷

注释

❶ 孟子曾经向人说过“燕可伐”的理由。后来有人批评孟子“劝齐伐燕”，孟子不肯承认，理由是：他虽然说过燕可伐，但是没有说过齐可以伐燕，他不赞成齐国人“以燕伐燕”（以燕之乱政讨伐燕国）。他认为唯有“天吏”可以伐燕。因为他的《公孙丑上》说过“无敌于天下者，天吏也”，这就给他的“天吏伐燕”的说法造成必须循环论证的业障，所以拙著《十子平议》曾经揭出《孟子》这个地方的诡谲。然而孟子不肯赞同齐人在燕国内乱之后添乱，不肯赞同“以燕伐燕”，那还是有正当理由的。

❷ 被称为“古圣人”的周公也有过错。孟子对那种拿周公犯错误为齐王伐燕作辩护的说法不以为然。周公有错误就改正，可是为齐王辩护的人不是要齐王改错，而只是一味辩护，“岂徒顺之？又从为之辞”。怎么能拿齐王和周公比呢？以上两小段都是批评齐伐

燕之过,所以我们把这两小段合为一大段了。

原文

8 孟子致为臣而归。王就见孟子,曰:“前日愿见而不可得,得侍同朝,甚喜。今又弃寡人而归,不识可以继此而得见乎?”对曰:“不敢请耳,固所愿也。”他日,王谓时子曰:“我欲中国❶而授孟子室,养弟子,以万钟;使诸大夫国人皆有所矜式。子盍为我言之?”时子因陈子而以告孟子。陈子以时子之言告孟子。孟子曰:“然。夫时子恶知其不可也?如使予欲富,辞十万而受万,是为欲富乎?”季孙曰:“异哉!”子叔疑。“使己为政,不用,则亦已矣。又使其子弟,——为卿。❷人亦孰不欲富贵?而独于富贵之中,有私龙断焉。古之为市也,以其所有,易其所无者,有司者治之耳。有贱丈夫焉,必求龙断而登之,以左右望而罔市利。人皆以为贱,故从而征之。征商❸自此贱丈夫始矣。”

孟子去齐,宿于昼。有欲为王留行者,坐而言。不应,隐几而卧。客不悦,曰:“弟子齐宿而后敢言,夫子卧而不听,请勿复敢见矣。”曰:“坐。我明语子。昔者鲁缪公无人乎子思之侧,则不能安子思。泄柳、申详,无人乎缪公之侧,则不能安其身。子为长者虑,而不及子思。子绝长者乎?长者绝子乎?”❹

注释

❶ 赵注认为这个“中国”就是“国中”,又说:“中国者,使学者远近均也。”我们认为这里说“中国”指都城之中是对的。

❷ 旧注疏认为此中意思有转折。

❸ 征商,指向商贾征税。

❹ 以上两小段,记孟子辞去在齐国的任职,拒绝挽留,原因有二:一是孟子不愿意做“贱丈夫”,二是齐王并未让他安心,因而“不能

安其身”。“龙断”,“龙”音义与“垄”相同。如冈如埂,隔断其地而加以控制,从而把持各种权益,这叫垄断。“罔市利”,“罔”音义与“网”(繁体为“網”)同。“齐宿”的齐,音义与“斋”相同。孙奭《音义》:“齐,字亦作斋。今孔氏本作斋。经典通作齐。”赵注:“齐,敬。宿,素也。弟子素持敬心来言。”这样解释是对的。

原文

9 孟子去齐。尹士语人曰:“不识王之不可以为汤、武,则是不明也。识其不可,然且至,则是干泽[1]也。千里而见王,不遇故去,三宿而后出昼,是何濡滞也?士则兹不悦。”高子以告。曰:“夫尹士恶知予哉?千里而见王,是予所欲也。不遇故去,岂予所欲哉?予不得已也。予三宿而出昼,于予心犹以为速,——王庶几改之;王如改诸,则必反予。夫出昼而王不予追也,予然后浩然有归志。予虽然,岂舍王哉?王由足用为善。王如用予,则岂徒齐民安?天下之民举安。王庶几改之,予日望之。予岂若是小丈夫然哉?谏于其君而不受,则怒,悻悻然见于其面,去则穷日之力而后宿哉?”[2]尹士闻之,曰:“士诚小人也。”

注释

❶ 赵注:“干,求也。泽,禄也。”是干泽即干禄、求禄。

❷ 孟子解释“去齐”“三宿而后出昼”的原因。他还对齐王抱有希望,希望齐王“庶几改之”而“必反予”。说得更明白一点,他还舍不得齐王,还想得到齐王重用。他不是那些“谏于其君而不受,则怒”的小丈夫,他毕竟是有理智(或者说是有心计)、有感情的一代大儒。

原文

10 孟子去齐,充虞路问曰:“夫子若〔有〕[1]不豫色然。前日虞闻诸夫子曰:‘君子不怨天,不尤人。’”曰:“彼一时,此一时也。五百年必有王者兴,其间必有名世者。由周而来,七百有余岁矣。以其数,则过矣;以其时考之,则可矣。夫天未欲平治天下也,如欲平治天下,当今之世,舍我其谁也?[2]吾何为不豫哉!"

注释

❶ 据阮元等人的《校勘记》补"有"字。

❷ "五百年必有王者兴"以及这一句后面的几句,与《孟子》一书结尾一段相呼应,表达了孟轲其人的历史观、政治观以及哲学观。他自视甚高,但又将自己的命运归之于天。要是他凭着自己的思想观点做支柱,真能想得开而无不豫之色,那他的门弟子也就不必为他老人家担忧了。

原文

11 孟子去齐,居休。公孙丑问曰:"仕而不受禄,古之道乎?"曰:"非也。于崇,吾得见王。退而有去志,不欲变,故不受也。继而有师命[1],不可以请。久于齐,非我志也。"[2]

注释

❶ 这个"师命",指"师旅之命",不是老师的授意。赵注、朱注都是这样解说的。焦里堂《正义》也言及正当"军戎大事",不当飘然远引,这样说于情于理相合。伪孙疏说"师命"乃宾师之命,于文意于情理都不合,殊不可取。

❷ 这一段答公孙丑问,解说在齐不受禄的原因。

滕文公上

导读

滕为当时一个小诸侯国,滕文公为其国君。仅仅因为本篇开头一句有“滕文公”三字，编者就用作标题了。旧注疏将《滕文公上》分作五章。我们将《滕文公上》分为六段。宣扬三年之丧、“仁政必自经界始”，鼓励“为善国”，批评农家许行与墨者夷之，是《滕文公上》的重点。

原文

1 滕文公为世子，将之楚，过宋而见孟子。孟子道性善，言必称尧、舜。世子自楚反，复见孟子。孟子曰：“世子疑吾言乎？夫道一而已矣。成覸谓齐景公曰：‘彼丈夫也，我丈夫也，吾何畏彼哉？’颜渊曰：‘舜何人也？予何人也？有为者亦若是！’❶公明仪曰：‘“文王，我师也。”周公岂欺我哉？’今滕，绝长补短，将五十里也，犹可以为善国。《书》曰：‘若药不瞑眩，厥疾不瘳。’”❷

注释

❶ 覸（jiàn，《中华大字典》说这个字还有与“辩”“宴”相同的两个读音），这里是人名，我们认为以读 jiàn 为妥。有学者认为该读 gàn。按：读 gàn 应与读 jiàn 是同一回事，因为上古声韵里它们所在韵部相同，又是见纽双声字。又按：与这里引成覸和颜渊两人的话意思相近、句式相同的文句，千载之后出现在唐代大文豪韩退之的《原毁》一文里。（此文后来收入《全唐文》卷五百五十八）那当然是后者因袭前者。

❷ 这里引《书》，今见于伪古文《尚书·说命上》。孟子当时引用的《尚书》里的文句，应该是可靠的。瞑（míng）眩（xuàn），头晕眼黑。孙氏《音义》说瞑眩又作眠眴。按：眴眩可通，而“眠眩”应读作 mián xuàn。在现代汉语里，“瞑”与“眠”读音有点区别。《史记·司马相如列传》收录《大人赋》有“视眩眠而无见兮”句，《文选》卷七扬雄《甘泉赋》有“目冥眴而亡见”句，可证“眩眠（眠眴）”与“瞑眩（冥眴）”相通。瘳（chōu），病好了的意思。“若药不瞑眩，厥疾不瘳”，意思是：要是所服下的药不把病人弄得头晕

眼花,他那个病就不会好。《滕文公上》这第一段的大意是鼓励滕国世子"为善国",下决心行仁政。

原文

2 滕定公薨。世子谓然友曰:"昔者孟子尝与我言于宋,于心终不忘。今也不幸至于大故,吾欲使子问于孟子,然后行事。"然友之邹,问于孟子。孟子曰:"不亦善乎!亲丧固所自尽也。曾子曰:'生,事之以礼;死,葬之以礼,祭之以礼:可谓孝矣。'诸侯之礼,吾未之学也。虽然,吾尝闻之矣:三年之丧,(斋)〔齐〕、疏之服,饘粥之食,自天子达于庶人,三代共之。"然友反命,定为三年之丧。[1]父兄百官皆不欲也,故曰:"吾宗国鲁先君莫之行,吾先君亦莫之行也。至于子之身而反之,不可。且《志》曰:'丧祭从先祖。'"曰:"吾有所受之也。"谓然友曰:"吾他日未尝学问,好驰马试剑。今也父兄百官不我足也,恐其不能尽于大事,子为我问孟子。"然友复之邹问孟子。孟子曰:"然,不可以他求者也。孔子曰:'君薨,听于冢宰,歠粥,面深墨,即位而哭。百官有司,莫敢不哀,先之也。上有好者,下必有甚焉者矣。君子之德,风也。小人之德,草也。草(上)〔尚〕之风必偃。'是在世子。"然友反命,世子曰:"然,是诚在我。"五月居庐,未有命戒。[2]百官族人,可谓曰知。及至葬,四方来观之,——颜色之戚,哭泣之哀,——吊者大悦。

注释

❶ 赵注已指出曾子说的"生事之以礼,死葬之以礼,祭之以礼"是传孔子之言。齐(zī)疏之服,属于古代丧服内容。焦氏《正义》已指出孟子这里"言齐疏",犹《檀弓上》曾申言齐斩耳,"其称齐疏内原包有斩衰(cuī)"。饘(zhān),比较稠的粥。饘粥之食,齐斩丧服期间的食物。这里说的关于齐斩丧服的规定,古人很重视。西周以降,直到清朝,基本上是"自天子达于庶人"。但是否"三代

共之”,还有待证明。

❷ 小戴辑《礼记·王制》:“诸侯五日而殡,五月而葬。”《杂记下》:“诸侯五月而葬,七月而卒哭。”《左传》隐公元年也说“诸侯五月”而葬。《滕文公上》赵注:“诸侯五月而葬,未葬居倚庐于中门之内也。未有命戒,居丧不言也。”按:先秦诸经书可以互证,譬如有关礼制,通过互证可以知其信而有征。居丧不言,也可以找到别的证明,譬如《论语·宪问》记子张问“高宗谅闇三年不言”事,《檀弓下》也记有相同内容的问答,这一类材料还不算少呢。

原文

3 滕文公问为国。孟子曰:“民事不可缓也。《诗》云:‘昼尔于茅,宵尔索绹。亟其乘屋,其始播百谷。’[1]民之为道也,有恒产者有恒心,无恒产者无恒心。苟无恒心,放僻邪侈,无不为已。及陷乎罪,然后从而刑之,是罔民也。焉有仁人在位,罔民而可为也?[2]是故贤君必恭俭、礼下,取于民有制。阳虎曰:‘为富不仁矣,为仁不富矣。’夏后氏五十而贡,殷人七十而助,周人百亩而彻,其实皆什一也。彻者彻也,助者藉也。龙子曰:‘治地莫善于助,莫不善于贡。’贡者,挍数岁之中以为常。乐岁,粒米狼戾,多取之而不为虐,则寡取之;凶年,粪其田而不足,则必取盈焉。为民父母,使民盻盻然,将终岁勤动,不得以养其父母,又称贷而益之,使老稚转乎沟壑,恶在其为民父母也?夫世禄,滕固行之矣。《诗》云:‘雨我公田,遂及我私。’惟助为有公田,由此观之,虽周亦助也。[3]设为庠序学校以教之:庠者养也,校者教也,序者射也。夏曰校,殷曰序,周曰庠,学则三代共之,皆所以明人伦也。人伦明于上,小民亲于下。有王者起,必来取法,是为王者师也。[4]《诗》云:‘周虽旧邦,其命维新。’文王之谓也。子力行之,亦以新子之国。”[5]

注释

❶ 这里引诗，旨在证明民事之急。自古以来农民劳累，不分日夜，不分春冬，足见民事勤苦。原诗见《诗经·豳风·七月》。毛传郑笺与《滕文公上》赵注、焦氏《正义》解说甚详。

❷ “无恒产者无恒心”的观点，罔民不可为的观点，《梁惠王上》记孟子答齐宣王问齐桓晋文之事章已经宣扬过。答滕文公问为国，孟子又将他的这些思想观点兜售了一通。应该说，孟子这些观点很有一些道理，在中国的古典政治经济学领域自有一席之地。

❸ 孟子这里说夏商周三代“取于民有制”“其实皆什一也”，其说大概也是传闻。是不是都可信，除了先秦文献的少量诗文，我们并无别的证据。唯以不少历史研究者认为可信的周代井田制推断，所谓贡、助、彻的制度不会都是虚构。挍(jiào)在这里是比较的意思。乐岁反而寡取，凶年反而“必取盈焉”，孟子不赞成政府这样做，他也是有道理的。盻(xì)盻然，怒目而视的样子。赵注：“盻盻，勤苦不休息之貌。”这是用“盻盻”的另一义。阮元等人《校勘记》认为盻当作肸，可备一说。“雨我公田，遂及我私”，见《诗经·小雅·大田》。这里“私”就是私田，与“公田”相对而言。此类诗文，有助于后世研究者了解当时的耕田与赋税制度。

❹ 孟子这里说的是夏商周三代的学校名称与办学目的(“皆所以明人伦也”)。研究中国上古教育史者，自然不能对孟子这些话置之不顾。

❺ 以上一段讲为国之道，包括使民有恒产，罔民不可为，取于民有制，教育以明人伦诸方面。

原文

4 使毕战问井地。孟子曰：“子之君将行仁政，选择而使子，子必勉之！夫仁政，必自经界始。经界不正，井地不钧，穀禄不平。是故暴君污吏必慢其经界。经界既正，分田制禄，可坐而定也。夫滕，壤地褊小，将为君子焉，将为野人焉。无君子莫治野人，无野人莫养君子。请野九一而助，国中什一使自赋。卿以下必有圭田，圭田五十亩。余夫二十五亩。死徙无出乡，乡田同井，出入相友，守望相助，疾病相扶持，则百姓亲睦。方里而井，井九百亩，其中为公田。八家皆私百亩，同养公田，公事毕，然后敢治私事，所以别野人也。此其大略也。若夫润泽之，则在君与子矣。"[1]

注释

[1] 这一段记录孟子答滕国使者毕战的话。毕战问井地，孟子根据传闻作答，后世读者从这里可以大致了解中国古代的井田制度。我们认为介绍或了解历史很有必要，主张复古就有可能变成倒退了。孟子不忘推行他的"仁政"，只要真对百姓有好处，本来也未尝不可，但他说什么"夫仁政，必自经界始"，鼓励滕国君臣正经界，恢复井田制，在当时就未必行得通。褊（biǎn），这里是狭小、狭隘的意思。

原文

5 有为神农之言者许行，自楚之滕，踵门而告文公曰："远方之人，闻君行仁政，愿受一廛而为氓。"[1]文公与之处。其徒数十人，皆衣褐，捆屦[2]、织席以为食。陈良之徒陈相与其弟辛，负耒耜而自宋之滕，曰："闻君行圣人之政，是亦圣人也。愿为圣人氓。"陈相见许行而大悦，尽弃其学而学焉。

注释

[1] 相传神农氏为中国上古治农业之祖。（《尔雅·释诂》："神，重也。"神农就是重农。《尔雅·释诂》又说："神，治也。"由重视农业进而亲自操治农业，这样就不但有理论，而且有实践了。）《汉书·艺文志》有"农家者流"，著录"《神农》二十篇"，班氏自注：

“六国时诸子疾时怠于农业，道耕农事，托之神农。”所谓《神农》二十篇，正是“为神农之言”，正好产生于“六国时”。“为神农之言者许行”，许行是治（研究）神农之学的人。踵（zhǒng），原义是脚后跟，引申为“走到”的意思。廛（chán），古时一家人居住的房屋。氓就是外来的居民，这里读 méng，又写作“萌”。

❷ 屦（jù），一种鞋子。捆屦，俗称“打草鞋”。

原文

陈相见孟子，道许行之言曰：“滕君则诚贤君也，虽然，未闻道也。贤者与民并耕而食，饔飧而治。[3]今也滕有仓廪府库，则是厉民[4]而以自养也，恶得贤？”孟子曰：“许子必种粟而后食乎？”曰：“然。”“许子必织布然后衣乎？”曰：“否。许子衣褐。”“许子冠乎？”曰：“冠。”曰：“奚冠？”曰：“冠素。”曰：“自织之与？”曰：“否。以粟易之。”曰：“许子奚为不自织？”曰：“害于耕。”曰：“许子以釜甑爨[5]，以铁耕乎？”曰：“然。”“自为之与？”曰：“否。以粟易之。”“以粟易械器者，不为厉陶冶[6]？陶冶亦以械器易粟者，岂为厉农夫哉？且许子何不为陶冶，舍皆取诸其宫中而用之？何为纷纷然与百工交易？何许子之不惮烦？”曰：“百工之事，固不可耕且为也。”“然则治天下独可耕且为与？有大人之事，有小人之事。且一人之身，而百工之所为备，如必自为而后用之，是率天下而路也。故曰：‘或劳心，或劳力。劳心者治人，劳力者治于人。治于人者食人，治人者食于人。’天下之通义也。[7]”

注释

❸ 饔（yōng），这里是“吃早饭”的意思。飧（sūn），指“晚饭”。“饔飧而治”，赵注：“当身自具其食，兼治民事耳。”

❹ 《论语·子张》：“君子信而后劳其民，未信则以为厉己也。”何晏《集解》引王肃云：“厉犹病也。”朱熹《集注》：“厉，病也。”厉民就

是病民，损害民众的意思。

❺ 釜（fǔ），指一种锅。甑（zèng），古代指做饭用的瓦器，后来称蒸饭用的木制桶状物叫甑。爨（cuàn），这里指做饭。以釜甑爨，用釜甑做饭。

❻ 陶冶：陶是用粘土烧制器物（制造陶器）。冶是熔炼金属，这里还应包括制造金属器皿。

❼ 天下有没有这种"通义"，还可以商量。"文革"结束之后，学人思想解放，不再像"文革"中那样粗暴武断，将所谓孔孟之道全盘否定。有学者认为劳心、劳力是社会分工不同，而社会分工是"天下之通义"，所以应该完全肯定孟子这几句名言。我们不完全赞成这种说法，认为全盘肯定可能与全盘否定一样不大妥当。新型的合理的社会应该是劳动者当家做主的社会。新型的理想的劳动者应该既能劳力，也能劳心。为什么一定要"劳心者治人，劳力者治于人"呢？为什么一定是"治于人者食人，治人者食于人"呢？"劳心者"凭脑力（或兼体力）劳动养活自己，不存在"食于人"的问题。"劳力者"能够劳心，能够凭体力和脑力劳动参与国家建设和管理，掌握自己的命运，不存在"治于人"的问题。这里所谓"劳心""劳力"，只不过在一定时期内工作有所偏重罢了。孟子所谓"天下之通义"，恐怕现在不能完全为人民大众所接受。

原文

"当尧之时，天下犹未平。洪水横流，泛滥于天下；草木畅茂，禽兽繁殖，五谷不登；禽兽逼[8]人，兽蹄鸟迹之道交于中国。尧独忧之，举舜而敷治焉。舜使益掌火，益烈山泽而焚之，禽兽逃匿。禹疏九河，瀹济、漯[9]，而注诸海；决汝、汉，排淮、泗，而注之江。然后中国可得而食也。当是时也，禹八年于外，三过其门而不入，虽欲耕，得乎？后稷教民稼穑、树艺五谷，五谷熟而民人育。人之有道也，饱食、暖衣，逸居而无教，则近于禽兽，圣人有忧之，使契为司徒,教以人伦:父子有亲,君臣有义,夫妇有别,长幼有叙,朋友有信。⑩放勋(曰)〔日〕⑪劳之来之,匡之直之,辅之翼之,使自得之,又从而振德之。圣人之忧民如此,而暇耕乎?尧以不得舜为己忧,舜以不得禹、皋陶⑫为己忧。夫以百亩之不易为己忧者,农夫也。分人以财谓之惠,教人以善谓之忠,为天下得人者谓之仁。是故以天下与人易,为天下得人难。孔子曰:'大哉尧之为君!惟天为大,惟尧则之。荡荡乎,民无能名焉。君哉舜也!巍巍乎,有天下而不与焉。'⑬尧、舜之治天下,岂无所用其心哉?亦不用于耕耳。"

注释

❽《尔雅·释言》:"逼,迫也。"

❾ 瀹(yuè),这里是疏通河道的意思。济,水名。漯,水名,在河南省者读 luò,在山东省者读 tà。胡渭《禹贡锥指》:"《孟子》曰'禹疏九河,瀹济漯',皆在兖城。"焦氏《正义》主此说。据此,这个"漯"应该读 tà。

❿ 契(xiè,不读 qì),传为舜臣,殷商祖先。《尚书·尧典》记舜的话说:"契!百姓不亲,五品不逊。汝作司徒,敬敷五教,在宽。"《孟子》这里说"使契为司徒,教以人伦:父子有亲,君臣有义,夫妇有别,长幼有叙,朋友有信",这里说的"教以人伦"的五个方面,正是《尚书》所谓"五教"。

⓫ "放勋曰",曰当作日,阮元等人《校勘记》已指出。《尚书释文》:"放,方往反。"依照这个说法,"放"该读 fǎng。这一类音读方面的问题,其实以不做过多的计究为宜。除了广为人知的传统读法可以仍旧,其他尽可以依现代汉语拼音的读法,当然拼音应力求准确合理。

⓬ 皋陶(yáo),传说中舜的贤臣。用后来的说法,舜做部落联盟首领的时候,皋陶是舜治理部落联盟内部司法事务的最重要的助手(或者说是当时处理司法事务的负责人)。

⑬ 这里引孔子的话，见《论语·泰伯》，文字稍有出入。

原文

“吾闻用夏变夷者，未闻变于夷者也。陈良，楚产也，悦周公仲尼之道，北学于中国。北方之学者，未能或之先也。彼所谓豪杰之士也，子之兄弟事之数十年，师死而遂倍之。昔者孔子没，三年之外，门人治任将归，入揖于子贡，相向而哭，皆失声，然后归。子贡反，筑室于场，独居三年，然后归。他日子夏、子张、子游以有若似圣人，欲以所事孔子事之，强曾子。曾子曰：‘不可。江汉以濯之，秋阳以暴之，皓皓乎不可尚已！’[14]今也南蛮鴃舌之人[15]非先王之道，子倍子之师而学之，亦异于曾子矣。吾闻出于幽谷，迁于乔木者，未闻下乔木而入于幽谷者。《鲁颂》曰：‘戎狄是膺，荆舒是惩。’[16]周公方且膺之，子是之学，亦为不善变矣。”

注释

⑭ 濯(zhuó)，洗。暴(pù)，晒。“皓(hào)皓乎”，洁白的样子。曾子这里说的意思是：江水汉水中洗过，秋天的太阳晒过，没有比孔子的品质更洁白高尚的了。因为尊师重道，所以曾子不赞成由任何人来取代孔子的地位。

⑮ 鴃(jué)，鸟名，据说就是伯劳鸟。这种鸟的声音不好听。古代华夏统治者看不起南方民族，蔑称之为“南蛮”。因为南方民族的话不好懂，所以孟子称出身楚地的陈良为“南蛮鴃舌之人”。

⑯ 这里引诗见《诗经·鲁颂·闷宫》。毛传：“膺，当。”赵注：“膺，击也。”焦氏《正义》以为毛传、赵注都把膺读为应，所以才有这样的训诂(《尔雅·释诂》：“应，当也”)。惩，郑笺、赵注都解释为“艾也”，其实解释为惩处、打击就可以了，直截而且好懂。引《诗经·鲁颂·闷宫》之前，有“吾闻出于幽谷，迁于乔木者”句，暗引《诗经·小雅·伐木》；赵注、焦疏没有提到这中间的出典，盖以

为无须言及。

原文

“从许子之道，则市贾不贰，国中无伪。虽使五尺之童适市，莫之或欺。布帛长短同，则贾相若。麻缕丝絮轻重同，则贾相若。五谷多寡同，则贾相若。屦大小同，则贾相若。”⑰曰：“夫物之不齐，物之情也。或相倍蓰，或相什百，或相千万，子比而同之，是乱天下也。巨屦小屦同贾，人岂为之哉？从许子之道，相率而为伪者也，恶能治国家？”⑱

注释

⑰ 不问质的差别，只管数量是否一样，这里说的定价确实有点荒唐。孟子下文说“巨屦小屦同贾”，这就连数量的等同也只是抽象的“一”了。一双大鞋子，一双小鞋子，本来数量并不相等，只因为都是“一双”，所以也就同等价钱，那么人家谁还肯做大鞋子卖呢？“夫物之不齐，物之情也”，世上万物不可能齐等，这是实际情形，谁也改变不了，孟子这个说法是很正确的，就因为这个说法反映了客观世界的真实情况。

⑱ 但是，以上孟子批评“为神农之言者许行”及其追随者的长篇大论，整个说来，我们只能视为诡辩。许行对滕君的批评实际上是一个完整的三段论：“贤者与民并耕而食，饔飧而治”，这是大前提；小前提是“今也滕有仓廪府库，则是厉民而以自养也”；滕君“恶得贤”，这是结论。大前提完全忽视社会分工，孟子驳之固宜，但是大前提也不是完全错误，因为至少“与民并耕而食”不是根本不能提，不是根本错误，并没有什么整体的不好。这里问题的要害（关键），显然在于小前提，这一类三段论由小前提即可推出结论。孟子根本不触及滕君“厉民而以自养”的要害，他企图用社会分工的必要性掩盖滕君厉民自养的要害，并说明滕君称得

上“贤者”,这又怎么能遮天下当时人与后世人耳目呢?社会分工的必要性,农家不是不知道,“百工之事固不可耕且为也”这一句就说得很清楚。孟子故意把论题偷换成社会分工的必要性,我们说这是他的又一处巧妙的诡辩,难道冤枉了这位先贤大儒吗?拙著《十子平议·孟轲》论之甚详,请参看。又,所谓“巨屦小屦同贾”,亦非许子原意,强加于人是不对的。

原文

6 墨者夷之因徐辟而求见孟子。孟子曰:“吾固愿见。今吾尚病,病愈,我且往见。”夷子不来。他日,又求见孟子。孟子曰:“吾今则可以见矣。不直,则道不见;我且直之。吾闻夷子墨者,墨之治丧也,以薄为其道也。夷子思以易天下,岂以为非是而不贵也?然而夷子葬其亲厚,则是以所贱事亲也。”徐子以告夷子。夷子曰:“儒者之道,古之人‘若保赤子’,此言何谓也?之则以为爱无差等,施由亲始。”[1]徐子以告孟子,孟子曰:“夫夷子,信以为人之亲其兄之子,为若亲其邻之赤子乎?彼有取尔也。赤子匍匐将入井,非赤子之罪也。且天之生物也,使之一本,而夷子二本故也。盖上世尝有不葬其亲者。其亲死,则举而委之于壑。他日过之,狐狸食之,蝇蚋姑嘬之。其颡有泚,睨而不视。夫泚也,非为人泚,中心达于面目。盖归反蔂梩而掩之,掩之诚是也,则孝子仁人之掩其亲,亦必有道矣。”[2]徐子以告夷子。夷子怃然为间,曰:“命之矣!”

注释

❶“之则以为爱无差等,施由亲始”,“之”是夷子之名。“爱无差等”正是墨家祖师墨翟的“兼爱”观。《尚书·周书·康诰》:“若保赤子,惟民其康乂。”《孟子》这里引的“若保赤子”,应该出于《康诰》。夷子的本意,是说儒者之道讲究保民“若保赤子”,与墨家“爱无差等”一致,你们儒者为什么偏要非难墨者呢?

❷ 阮元《释且》云,《左传》僖二十八年"盬其脑",盬与咀同。又云:"《方言》云:'盬,且也。'且与姑同音,故姑亦有咀义。《孟子·滕文公下》'蝇蚋姑嘬'之姑,与《方言》盬同,即咀也。谓蝇与蚋同咀嘬之也。"这是一种说法。还有关于《孟子》"蝇蚋姑嘬之"的不同的解释,说"姑"是"蝼蛄"(有学者说南人称这种虫为土狗),蝇、蚋、姑是"三物"(如果蚋姑为一物,即蝼蛄,那么蝇、蚋姑就是"二物")。阮芸台的说法有点迂曲。我们认为上文所述阮氏之后的说法比较可取。蚋,读 ruì。嘬(zuō),撮(cuō)拢嘴唇吸取的动作。颡(sǎng),额头,脑门。泚(cǐ),赵注:"汗出泚泚然也。"焦氏《正义》据《考工记·车人》注引文,指出这个"泚"一作"疵",那么,"其颡有疵"就是说的头额病,"犹云疾首也"。虆(léi),指一种土筐。梩(lí),指锹一类器具。《孟子》这一段话反映了上古的丧葬情形,寓有对墨家薄葬理论的批评。但我们仍然认为墨家丧葬理论的基本精神基本上是可以借鉴的,是与丧葬礼节发展的趋势相符合的。

滕文公下

导读

赵岐将《滕文公下》分为十章。伪孙疏与焦疏皆从之。我们认为旧注疏将《滕文公下》作十章讲是对的,所以将原文分为十段。其中关于古礼与学术史的记载,最引人注目。

原文

1 陈代曰:"不见诸侯,宜若小然。今一见之,大则以王,小则以霸。且《志》曰'枉尺而直寻',宜若可为也。"孟子曰:"昔齐景公田,招虞人以旌。不至,将杀之。'志士不忘在沟壑,勇士不忘丧其元。'孔子奚取焉?取非其招不往也。如不待其招而往,何哉?且夫枉尺而直寻者，以利言也。如以利，则枉寻直尺而利，亦可为与？昔者赵简子使王良与嬖奚乘，终日而不获一禽。嬖奚反命曰：'天下之贱工也。'或以告王良。良曰：'请复之。'强而后可。一朝而获十禽。嬖奚反命曰：'天下之良工也。'简子曰：'我使掌与女乘。'谓王良，良不可，曰：'吾为之范我驰驱，终日不获一；为之诡遇，一朝而获十。《诗》云："不失其驰，舍矢如破。"我不贯与小人乘，请辞。'御者且羞与射者比，比而得禽兽，虽若丘陵，弗为也。如枉道而从彼，何也？且子过矣，枉己者，未有能直人者也。"❶

注释

❶ 这一段的主旨是不能枉道而就利，不能枉己而直人。孟子认为枉道就利不可为，枉己未有能直人者。赵岐概括"章指"有"修礼守正，非招不往"的说法，很准确。孟子本人也算得上不肯枉道从人、不肯轻其去就的人。这一段话引诗见《诗经·小雅·车攻》，赵注："言御者不失其驰驱之法，则射者必中之。"孟子在这一段话开头言及"昔齐景公"之前已经实行的所谓"招礼"，可以与《左传》昭公二十年有关记载互相印证，补礼书之未备。

原文

2 景春曰："公孙衍、张仪岂不诚大丈夫哉？一怒而诸侯惧，安居而天下熄。"孟子曰："是焉得为大丈夫乎？子未学礼乎？丈夫之冠也，父命之。女子之嫁也，母命之，往送之门，戒之曰：'往之女家，必敬必戒，无违夫子。'以顺为正者，妾妇之道也。居天下之广居，立天下之正位，行天下之大道。得志，与民由之；不得志，独行其道。富贵不能淫，贫贱不能移，威武不能屈。此之谓大丈夫。"❶

注释

❶ 孟子认为行天下之大道或独行其道，依得志与否而定。他不肯承

认公孙衍、张仪为大丈夫，留下了“富贵不能淫，贫贱不能移，威武不能屈，此之谓大丈夫”的不朽名言。这一段话中言及战国时期的冠礼婚礼，可为先秦《礼经》之证。

原文

3 周霄问曰：“古之君子仕乎？”孟子曰：“仕。《传》曰：‘孔子三月无君，则皇皇如也。出疆必载质。’公明仪曰：‘古之人三月无君则吊。’”“三月无君则吊，不以急乎？”曰：“士之失位也，犹诸侯之失国家也。《礼》曰：‘诸侯耕助，以供粢盛。夫人蚕缫，以为衣服。牺牲不成，粢盛不洁，衣服不备，不敢以祭。’‘惟士无田，则亦不祭。’牲杀、器皿、衣服不备，不敢以祭，则不敢以宴，亦不足吊乎？”“出疆必载质，何也？”曰：“士之仕也，犹农夫之耕也。农夫岂为出疆舍其耒耜哉？”曰：“晋国亦仕国也，未尝闻仕如此其急。仕如此其急也，君子之难仕，何也？”曰：“丈夫生而愿为之有室，女子生而愿为之有家。父母之心，人皆有之。不待父母之命、媒妁之言，钻穴隙相窥，逾墙相从，则父母、国人皆贱之。古之人未尝不欲仕也，又恶不由其道。不由其道而往者，与钻穴隙之类也。”❶

注释

❶ 古之君子急于仕，是因为“士之仕也，犹农夫之耕也”，视为义务（实则视为饭碗），不肯失其位。如果不为国家不为君主效力，君子（士人）还能干什么呢？古之君子又“难仕”，是因为“又恶不由其道”。若是不由正道而得仕，君子耻之，好比男女婚姻重视明媒正娶而看不起“钻穴隙之类”一样。这一段中间也说到礼，那仍然是出于以礼为正的观念。

原文

4 彭更问曰：“后车数十乘，从者数百人，以传食于诸侯，不以泰乎?”孟子曰:“非其道,则一箪食不可受于人。如其道,则舜受尧之天下,不以为泰。子以为泰乎?”曰:“否。士无事而食,不可也。”曰:“子不通功易事、以羡补不足,则农有余粟,女有余布。子如通之,则梓、匠、轮、舆皆得食于子。于此有人焉,入则孝,出则悌,守先王之道,以待后之学者,而不得食于子。子何尊梓、匠、轮、舆,而轻为仁义者哉?”曰:“梓、匠、轮、舆,其志将以求食也。君子之为道也,其志亦将以求食与?”曰:“子何以其志为哉? 其有功于子,可食而食之矣。且子食志乎? 食功乎?”曰:“食志。”曰:“有人于此,毁瓦画墁,其志将以求食也,则子食之乎?”曰:“否。”曰:“然则子非食志也,食功也。”❶

注释

❶ “不以泰乎”,与上一段的“三月无君则吊,不以急乎”,两“以”字都可以当“已”字看,“太”“过分”的意思。泰,奢侈的意思。毁瓦画墁(màn),赵注:“孟子言人但破碎瓦,画地则复墁灭之,此无用之为也。”据赵注、焦氏《正义》以为墁为塓之借(一声相转),涂也(依《左传》襄公三十一年“圬人以时塓馆宫室”句注)。画地已有界限,涂之则界限灭而无所验。按:这一段话记孟子答彭更问,认为受于人是否过分,应取决于是否合道。守先王之道为仁义者传食于诸侯,不当以为泰。“食功”“食志”,应该都是对的。《孟子·滕文公下》到这一段凡四段,都把“道”放在重要位置。不枉道而从利,行天下之大道或独行其道,君子难仕是因为“恶不由其道”“非其道,则一箪食不可受于人”,道的意义太大了。加上别的篇章说到的道(譬如《公孙丑上》“配义与道”,《公孙丑下》“得道者多助”,《离娄下》“君子深造之以道”,等等),足以引起研究孟子的学者们注意。

原文

5 万章问曰:“宋,小国也,今将行王政,齐、楚恶而伐之,则如之何?”孟子曰:“汤居亳,与葛为邻。葛伯放而不祀,汤使人问之曰:‘何为不祀?’曰:‘无以供牺牲也。’汤使遗之牛羊,葛伯食之,又不以祀。汤又使人问之曰:‘何为不祀?’曰:‘无以供粢盛也。’汤使亳众往为之耕,老弱馈食。葛伯率其民,要其有酒食黍稻者夺之,不授者杀之。有童子以黍肉饷,杀而夺之。《书》曰:‘葛伯仇饷。’此之谓也。为其杀是童子而征之,四海之内皆曰:‘非富天下也,为匹夫匹妇复仇也。’‘汤始征,自葛载。十一征而无敌于天下。东面而征,西夷怨。南面而征,北狄怨。曰:“奚为后我?”’民之望之,若大旱之望雨也。归市者弗止,芸者不变。诛其君,吊其民,如时雨降,民大悦。《书》曰:‘徯我后,后来其无罚。’‘有攸不惟臣,东征,绥厥士女。(篚)〔匪〕厥玄黄,绍我周王见休,惟臣附于大邑周。’[1]其君子实玄黄于篚,以迎其君子;其小人箪食壶浆,以迎其小人。救民于水火之中,取其残而已矣。《太誓》曰:‘我武惟扬,侵于之疆,则取于残,杀伐用张,于汤有光。’[2]不行王政云尔;苟行王政,四海之内皆举首而望之,欲以为君。齐、楚虽大,何畏焉?”[3]

注释

❶ “汤始征,自葛载”的原委,《梁惠王下》已有记述。《梁惠王下》引《书》说“汤一征,自葛始”,与《滕文公下》这里引《书》的“汤始征,自葛载”比较,可知“一”就是“始”的意思,“载”也是“始”的意思。《滕文公下》录有而《梁惠王下》没有引录的是如下的句子:“有攸不惟臣,东征,绥厥士女。匪厥玄黄,绍我周王见休,惟臣附于大邑周。”我们在伪古文《尚书·武成》看到了这些句子,唯文字又稍有出入。赵注:“攸,所也。言武王东征,安天下士女,小人各有所执往,无不惟念执臣子之节。‘匪厥玄黄’,谓诸侯执玄三纁二之帛,愿见周王,望见休善,使我得附就大邑周家也。”后来杨伯峻先生《孟子译注》《白话四书》把“攸”解释为攸国,于省吾先生著文论“绥厥士女”为俘虏其男女,《尚书》这几句的义蕴

也就基本明白了。

❷ 这里引《尚书·太誓》的句子，今见于伪古文《尚书·泰誓中》，文字有差异。"侵于之疆，则取于残"，这中间两个"于"字，指殷商末期的邘国，杨伯峻先生的解释是对的，其他的训诂不对。

❸ 孟子答万章问这一段，以商汤、周文武由小国发展成大国为例，鼓励宋国推行王政。一个小小的宋国，推行孟子理想的王政，就能抵御大国齐、楚，四海之内以为君吗？孟子的"迂远而阔于事情"，于此可见。

原文

6 孟子谓戴不胜曰："子欲子之王之善与？我明告子。有楚大夫于此，欲其子之齐语也，则使齐人傅诸？使楚人傅诸？"曰："使齐人傅之。"曰："一齐人傅之，众楚人咻之，虽日挞而求其齐也，不可得矣。引而置之庄、岳之间数年，虽日挞而求其楚，亦不可得矣。❶子谓'薛居州，善士也'，使之居于王所。在于王所者，长幼卑尊皆薛居州也，王谁与为不善？在王所者，长幼卑尊皆非薛居州也，王谁与为善？一薛居州独如宋王何？"❷

注释

❶ 咻（xiū），喧闹，乱说话。赵注："庄、岳，齐街里名也。"焦氏疏引前贤著述（如顾炎武《日知录》）说庄是街名，岳是里名。今从焦说。

❷ 从这一段话，可以明白一个事理：国王（国家最高统治者）周围的人对国王的思想行为实有不可忽视的影响。

原文

7 公孙丑问曰："不见诸侯何义？"孟子曰："古者不为臣不见。段干木逾垣而辟之，泄柳闭门而不纳，是皆已甚。迫，斯可以见矣。

阳货欲见孔子,而恶无礼。大夫有赐于士,不得受于其家,则往拜其门。阳货瞰孔子之亡也,而馈孔子蒸豚。孔子亦瞰其亡也而往拜之。当是时,阳货先,岂得不见?曾子曰:'胁肩谄笑,病于夏畦。'子路曰:'未同而言,观其色赧赧然,非由之所知也。'由是观之,则君子之所养可知已矣。"❶

注释

❶ "胁肩谄笑,病于夏畦",畦(qí)指田园中分开的小区,赵注:"胁肩,竦体也。谄笑,强笑也。病,极也。言其意苦劳极,甚于仲夏之月治畦灌园之勤也。"整个这一段说的是见诸侯何时为宜,应该如何与诸侯大人打交道。所谓"君子之所养",指培养志气与正气,也就是修养"浩然之气"。

原文

8 戴盈之曰:"什一,去关市之征,今兹未能。请轻之,以待来年然后已,何如?"孟子曰:"今有人日攘其邻之鸡者,或告之曰:'是非君子之道。'曰:'请损之,月攘一鸡,以待来年然后已。'——如知其非义,斯速已矣,何待来年?"❶

注释

❶ "日攘其邻之鸡者"愿意改为"月攘一鸡",这个寓言生动形象地启发世人:改错越快越彻底越好,何必拖拖拉拉知错不改呢?攘(rǎng):这里指一种窃取的行为,然而所窃取的是本属于他人而自己跑进(或落入)贼人家来的东西。"请损之","损"是减少的意思。

原文

9 公都子曰:"外人皆称夫子好辩,敢问何也?"孟子曰:"予岂好辩哉！予不得已也。天下之生久矣，一治一乱。当尧之时，水逆行，泛滥于中国，蛇龙居之。民无所定，下者为巢，上者为营窟。《书》曰：'洚水警余。'——洚水者，洪水也。[1]——使禹治之。禹掘地而注之海，驱蛇龙而放之菹。水由地中行，江、淮、河、汉是也。险阻既远，鸟兽之害人者消，然后人得平土而居之。尧、舜既没，圣人之道衰，暴君代作。坏宫室以为污池，民无所安息。弃田以为园囿，使民不得衣食。邪说暴行又作。园囿污池，沛泽多而禽兽至。及纣之身，天下又大乱。周公相武王，诛纣伐奄，三年讨其君，驱飞廉于海隅而戮之；灭国者五十；驱虎豹犀象而远之。天下大悦。《书》曰：'丕显哉！文王谟。丕承哉！武王烈。佑启我后人，咸以正无缺。'[2]世衰道微，邪说暴行有作，臣弑其君者有之，子弑其父者有之。孔子惧，作《春秋》。《春秋》，天子之事也。是故孔子曰：'知我者其惟《春秋》乎！罪我者其惟《春秋》乎！'圣王不作，诸侯放恣，处士横议。杨朱、墨翟之言盈天下。天下之言，不归杨，则归墨。杨氏为我，是无君也。墨氏兼爱，是无父也。无父无君，是禽兽也。公明仪曰：'庖有肥肉，厩有肥马，民有饥色，野有饿莩。此率兽而食人也。'杨墨之道不息，孔子之道不著，是邪说诬民、充塞仁义也。仁义充塞，则率兽食人，人将相食。吾为此惧，闲先圣之道，距杨墨，放淫辞，邪说者不得作。——作于其心，害于其事；作于其事，害于其政。——圣人复起，不易吾言矣。昔者禹抑洪水而天下平，周公兼夷狄、驱猛兽而百姓宁，孔子成《春秋》而乱臣贼子惧。《诗》云：'戎狄是膺，荆舒是惩，则莫我敢承。'无父无君，是周公所膺也。我亦欲正人心，息邪说，距诐行，放淫辞，以承三圣者。岂好辩哉？予不得已也。能言距杨、墨者，圣人之徒也。"[3]

注释

❶ 这里引《尚书》中的句子，今已不见于流传下来的《尚书》，所以赵注说是"《尚书》逸篇也"。"洚水者，洪水也"，洚与洪音相同。赵

注:“水逆行,洚洞无涯,故曰洚水。洪,大也。”依此注,“洚水”与“洪水”的意思可以联系起来。《说文》段注:“洚、洪二字,义实相因。”无涯之水,自然称得上大了。

❷ 这里引《尚书》,赵注又说是“《尚书》逸篇也”。东汉赵邠卿无法说明出处的《尚书》中的篇名,那肯定亡佚在他入学之前。孟子这里引录的几句,今见于伪古文《尚书·君牙》。制造伪古文《尚书》的人将孟子引用过的文句录入,以为可以增加伪造的《尚书》的真实性,从而更容易骗人。但是孟子引录的本来不假。谟者谋谟,烈者功烈。王伯申《经传释词》卷十说“丕”是发声词,不必训为“大”,赵注失之。

❸ 整个这一段,在中国先秦学术史上的意义不可忽视。孟子概述当时以及其前中国长时期内的政治形势与社会思想动态,特别留意于孔子当时及其后的社会思潮,自觉以“闲先圣之道,距杨墨,放淫辞”“正人心,息邪说”为己任,所以他是不得已而好辩。我们认为孟子这里的“夫子自道”很有可信之处。孟子为继承、捍卫、宣传和发展孔子之道不遗余力,实不愧为孔门功臣。但是,他的“好辩”是不必否认的,好辩不一定是错误,然而他的诡辩也是不可否认的事实。譬如就在这一段议论里,孟子说:“杨氏为我,是无君也。墨氏兼爱,是无父也。无父无君,是禽兽也。”请问“杨氏为我”,何以见得就一定“无君”呢?有些私心很重的大臣就懂得忠君而谋私利的秘诀。请问“墨氏兼爱”,何以见得就一定“无父”呢?“兼爱”者怎么偏偏不爱父亲呢?斥之为“禽兽”,这就不是辩论而堕入辱骂之流了。无理辱骂,就有失大儒风范了,惜哉!

原文

10 匡章曰:“陈仲子岂不诚廉士哉?居於陵,三日不食,耳无闻,目无见也。井上有李,螬食实者过半矣。匍匐往将食之,三咽,然后耳有闻，目有见。”孟子曰：“于齐国之士，吾必以仲子为巨擘焉。虽然，仲子恶能廉？充仲子之操，则蚓而后可者也。夫蚓，上食槁壤，下饮黄泉。仲子所居之室，伯夷之所筑与？抑亦盗跖之所筑与？所食之粟，伯夷之所树与？抑亦盗跖之所树与？是未可知也。”曰：“是何伤哉？彼身织屦，妻辟纑，以易之也。”曰：“仲子，齐之世家也。兄戴，盖禄万钟。以兄之禄为不义之禄而不食也，以兄之室为不义之室而不居也，避兄离母，处于於陵。他日归，则有馈其兄生鹅者，己频顣曰：‘恶用是鶃鶃者为哉？’他日，其母杀是鹅也，与之食之。其兄自外至，曰：‘是鶃鶃之肉也。’出而哇之。以母则不食，以妻则食之；以兄之室则弗居，以於陵则居之：是尚为能充其类也乎？若仲子者，蚓而后充其操者也。”❶

注释

❶ 於（这里读 wū，不作“于”）陵，地名。螬（cáo），一种虫。巨擘（bò），大拇指，比喻能手、权威、大才。辟纑（lú），赵注：“缉绩其麻曰辟，练麻缕曰纑。”赵氏还指出：盖禄，指陈仲子之兄“食采于盖”所得之禄。频，这里音义与“嚬”“颦”同，就是眉。顣（cù），音义与“蹙”同，频顣就是皱眉头。鶃（yì）鶃，鹅叫声，因而做了“鹅”的代称。阮元等人《校勘记》认为“鶃鶃”与鹅鸣声不相似，字本作“兒”，如今人之读小兒（ér），这样解释可以自圆其说。“哇之”就是吐之。今按：这一段中的陈仲子“以兄之禄为不义之禄而不食也，以兄之室为不义之室而不居也”，其实也够廉洁了。孟子说他不如蚯蚓，还够不上“廉”，未免过甚其词。

离娄上

导读

旧注疏说离娄就是传说中黄帝时候视力特别好的离朱，不知可信否。

赵氏将《离娄上》分为二十八章，当然是因为各章都有完整的意思，可是略嫌琐碎。我们没有将《离娄上》分为二十八段，而是分为十二段，标以序号。

原文

1 孟子曰："离娄之明，公输子之巧，不以规矩，不能成方员。师旷之聪，不以六律，不能正五音。尧、舜之道，不以仁政，不能平治天下。今有仁心仁闻，而民不被其泽，不可法于后世者，不行先王之道也。故曰：徒善不足以为政，徒法不能以自行。《诗》云：'不愆不忘，率由旧章。'遵先王之法而过者，未之有也。[1]圣人既竭目力焉，继之以规矩准绳，以为方员平直，不可胜用也；既竭耳力焉，继之以六律正五音，不可胜用也；既竭心思焉，继之以不忍人之政，而仁覆天下矣。故曰：为高必因丘陵，为下必因川泽。为政不因先王之道，可谓智乎？是以惟仁者宜在高位；不仁而在高位，是播其恶于众也。上无道揆也，下无法守也，朝不信道，工不信度，君子犯义，小人犯刑，国之所存者幸也。故曰：城郭不完，兵甲不多，非国之灾也；田野不辟，货财不聚，非国之害也；上无礼，下无学，贼民兴，丧无日矣。《诗》曰：'天之方蹶，无然泄泄。'泄泄，犹沓沓也。事君无义，进退无礼，言则非先王之道者，犹沓沓也。[2]故曰：责难于君谓之恭，陈善闭邪谓之敬。'吾君不能'，谓之贼。"

孟子曰："规矩，方员之至也。圣人，人伦之至也。欲为君尽君道，欲为臣尽臣道，二者皆法尧、舜而已矣。不以舜之所以事尧事君，不敬其君者也。不以尧之所以治民治民，贼其民者也。孔子曰：'道二，仁与不仁而已矣。'暴其民甚，则身弑国亡；不甚，则身危国削。名之曰'幽''厉'，虽孝子慈孙，百世不能改也。《诗》云：'殷鉴不远，在夏后之世。'[3]此之谓也。"[4]

注释

❶ 这里引诗见《诗经·大雅·假乐》。孟子这里引诗，是为了证明“遵先王之法”无过错。

❷ 这里引诗见《诗经·大雅·板》。毛传：“蹶，动也。泄泄，犹沓沓也。”《尔雅·释训》：“泄泄，制法则也。”郭注：“佐兴虐政，设教令也。”可见这个“泄泄”是贬义词。泄，《说文》作呭，说是“多言也”。《说文》又云：“沓，语多沓沓也。”郑笺：“天，斥王也。王方欲艰难天下之民，又方变更先王之道。臣乎！女……无沓沓然为之制法度达其意以成其恶。”赵注：“天，谓王者。蹶，动也。言天方动，女无敢沓沓，但为非义非礼，背弃先王之道而不相匡正也。”显然，赵注是毛传、郑笺的融合。

❸ 这里引诗见《诗经·大雅·荡》。意思是：殷商的镜子不要到远古去找，夏后桀就是。

❹ 以上两小段，孟子论规矩与方员，论尧舜之道，论仁与不仁，都与国家政治关系重大。前一小段说到臣民对国君应该恭、敬而不应陷于“贼”。后一小段说到国君不应“暴其民”“贼其民”。前一小段说君道臣道的分量差不多，后一小段主要说君道。

原文

2 孟子曰：“三代之得天下也以仁，其失天下也以不仁。国之所以废兴存亡者亦然。天子不仁，不保四海。诸侯不仁，不保社稷。卿大夫不仁，不保宗庙。士庶人不仁，不保四体。今恶死亡而乐不仁，是犹恶醉而强酒。”❶

孟子曰：“爱人，不亲，反其仁。治人，不治，反其智。礼人，不答，反其敬。行有不得者，皆反求诸己，其身正而天下归之。《诗》云：‘永言配命，自求多福。’”❷

孟子曰：“人有恒言，皆曰‘天下国家’。天下之本在国，国之本在家，家之本在身。”[3]

孟子曰：“为政不难，不得罪于巨室。巨室之所慕，一国慕之；一国之所慕，天下慕之：故沛然德教溢乎四海。”[4]

注释

1. 这一段的主旨是宣传“仁”的重要意义，认为自天子至士庶人都应该乐于行仁。
2. 孟子这一段话说的是“反求诸己”的意义。引诗见《诗经·大雅·文王》。《孟子·公孙丑上》已援引过这两句诗，《滕文公》上、下篇并未引用《诗经·大雅·文王》的句子。可是《离娄》赵注说“此诗已见上篇，其义同”，因而不再解释，伪孙疏与后来的焦氏《正义》也就不再加以说明。莫非这里前人所谓“上篇”是指《离娄》之前的每一篇？
3. 这一段话反映了孟子时代的人们对天下、国、家与个人自身四者之间关系的认识水平。当时人们已经认识到个人的重要位置。
4. “为政不难，不得罪于巨室”，这是孟子对自身以及同时人与前人观察政治界、参与政治的见闻与经验所做的总结。虽然作为经验之谈，不能说它无稽；然而作为信条，它毕竟让后世人感到可悲，恍然有见于政界黑暗，因而不好说它无误、无聊甚至无望。其实，巨室而行德教，也就该庆幸了。

原文

3 孟子曰：“天下有道，小德役大德，小贤役大贤。天下无道，小役大，弱役强。斯二者天也，顺天者存，逆天者亡。齐景公曰：‘既不能令，又不受命，是绝物也。’涕出而女于吴。[1]今也小国师大国而耻受命焉，是犹弟子而耻受命于先师也。如耻之，莫若师文王。师文王，大国五年，小国七年，必为政于天下矣。《诗》云：‘商之孙子，其丽不亿。上帝既命，侯于周服。侯服于周，天命靡常。殷士肤敏,裸将于京。'[2]孔子曰:'仁不可为众也。夫国君好仁,天下无敌。'今也欲无敌于天下而不以仁,是犹执热而不以濯也。《诗》云:'谁能执热,逝不以濯?'"[3]

注释

❶ 这里记载了春秋时期诸侯国之间的一种婚姻情况,与《左传》昭公五年记晋侯送女嫁楚的情况相似。

❷ 这里引诗又见于《诗经·大雅·文王》。诸家解说这几句诗的大意,以为殷商臣子(王室子孙与臣民)表示对姬周的服从,证明天命无常,这是基本相同而没有异议的。只是对具体词句的解说,诸家并不完全相同。譬如"其丽不亿"句中的"不"字,唯王伯申《经传释词》卷十以为是语词,"不亿,亿也"。而焦氏《正义》则以为"其丽不亿""谓不止二十万也",这就与王氏的"不亿,亿也"相距很远了。我们认为原意无非是说殷商子孙众多,唯确切数字虽然应该有个符合词意的说法,但终究不可能是确切的。符合"其丽不亿"原义的训诂,我们觉得应以王伯申说为确切,然而谁又相信"商之孙子"真的是十万(即一亿)之众呢?

❸ 这里引诗见《诗经·大雅·桑柔》。王伯申《经传释词》卷九:"逝,发声也。字或作'噬'……《桑柔》曰:'谁能执热,逝不以濯。'言不以濯也。'逝'皆发声,不为义也。"赵注:"谁能持热而不以水濯其手,喻为国谁能违仁而无敌也?"整个这一段,论天下有道与无道之时小国与大国之间如何相处,论国君好仁,小国可以反弱为强,战胜大国,而后为政于天下。

原文

4 孟子曰:"不仁者可与言哉?安其危而利其灾,乐其所以亡者,不仁;而可与言,则何亡国败家之有!有孺子歌曰:'沧浪之水清兮,可以濯我缨。沧浪之水浊兮,可以濯我足。'孔子曰:'小子听之：清斯濯缨，浊斯濯足矣。自取之也。’夫人必自侮，然后人侮之；家必自毁，而后人毁之；国必自伐，而后人伐之。[1]《太甲》曰：‘天作孽，犹可违。自作孽，不可活。’此之谓也。”

孟子曰：“桀纣之失天下也，失其民也。失其民者，失其心也。得天下有道：得其民，斯得天下矣。得其民有道：得其心，斯得民矣。得其心有道：所欲与之聚之，所恶勿施尔也。民之归仁也，犹水之就下、兽之走圹也。故为渊驱鱼者獭也，为丛驱爵者鹯也，为汤、武驱民者桀与纣也。今天下之君有好仁者，则诸侯皆为之驱矣，虽欲无王，不可得已。今之欲王者，犹七年之病求三年之艾也。苟为不畜，终身不得。苟不志于仁，终身忧辱，以陷于死亡。《诗》云：‘其何能淑？载胥及溺。’此之谓也。”[2]

注释

1. 孔子对孺子之歌（或名为《沧浪歌》）独有顿悟，把人或物自身的作用看成人物遭遇（或招致外来攻击）的决定性因素。“清斯濯缨，浊斯濯足”，两“斯”字与《大学》“有德此有人，有人此有土，有土此有财，有财此有用”四“此”字词性相同。什么都是“自取之也”，这个说法的含义是深刻的。

2. 孟子这一段话，论仁政对得民心、得天下的重大意义。引诗又见于《诗经·大雅·桑柔》。郑笺：“淑，善。胥，相。及，与也。”赵岐以为“载”是句首助词（“辞也”），又概括这两句诗的大意说：“刺时君臣何能为善乎，但相与为沉溺之道也。”这就与孟子说的“苟不志于仁，终身忧辱，以陷于死亡”相应了。以上两段，前一段说的是无论个人或国家，不仁者必自取祸灾，后一段专论为君者不仁不能得民心，两段都突出了仁的思想。

原文

5 孟子曰：“自暴者，不可与有言也。自弃者，不可与有为也。

言非礼义,谓之自暴也。'吾身不能居仁由义',谓之自弃也。仁,人之安宅也。义,人之正路也。旷安宅而弗居,舍正路而不由,哀哉!"❶

孟子曰:"道在迩而求诸远,事在易而求诸难。人人亲其亲、长其长而天下平。"❷

孟子曰:"居下位而不获于上,民不可得而治也。获于上有道:不信于友,弗获于上矣。信于友有道:事亲弗悦,弗信于友矣。悦亲有道:反身不诚,不悦于亲矣。诚身有道:不明乎善,不诚其身矣。是故诚者,天之道也;思诚者,人之道也。至诚而不动者,未之有也;不诚,未有能动者也。"❸

注释

❶ 这一段议论,说的是人必须居仁由义,而不能自暴自弃。

❷ 这一段说的是求道做事,应从亲亲长长始,不必求诸远与难。

❸ 这一段,论人必诚其身,明乎善,悦于亲,信于友,获于上,方可出仕("得民而治")。注意于吾身居仁由义,从身边的事做起,从诚身开始,以上三段之间毕竟有内部联系。

原文

6 孟子曰:"伯夷辟纣,居北海之滨,闻文王作,兴曰:'盍归乎来!吾闻西伯善养老者。'太公辟纣,居东海之滨,闻文王作,兴曰:'盍归乎来!吾闻西伯善养老者。'二老者,天下之大老也,而归之,是天下之父归之也。天下之父归之,其子焉往?诸侯有行文王之政者,七年之内,必为政于天下矣。"❶

注释

❶ 这一段,论诸侯善养老者必有天下之父归之,必有为政于天下之时。旧注疏"作兴"连读,非是。"兴"字当属下句读,说见杨遇夫

先生《古书句读释例》。

原文

7 孟子曰："求也为季氏宰，无能改于其德，而赋粟倍他日。孔子曰：'求非我徒也，小子鸣鼓而攻之可也。'由此观之，君不行仁政而富之，皆弃于孔子者也。[1]况于为之强战？争地以战，杀人盈野；争城以战，杀人盈城：此所谓率土地而食人肉，罪不容于死。故善战者服上刑，连诸侯者次之，辟草莱、任土地者次之。[2]"

注释

❶《论语·先进》云"季氏富于周公，而求也为之聚敛而附益之"，因而受到孔子严厉批评。孟子据孔子对冉求的批评而发表感想，是这一段第一层意思。

❷"善战者服上刑，连诸侯者次之，辟草莱、任土地者次之"，这是孟子要求对当时主张合从连横、以武力统一天下、发展农业生产以支持统一战争的政界某些人物实行刑罚的计划。战国时期，法家代表（如商鞅）主张重视耕战的政策，汲取从横家与兵家的好建议，积极推动统一战争，这与儒家代表孟轲等人的仁政王道主张互相矛盾。孟轲对法家、从横家以及兵家代表人物的仇恨是很自然的。

原文

8 孟子曰："存乎人者，莫良于眸子。眸子不能掩其恶。胸中正，则眸子瞭焉；胸中不正，则眸子眊焉。听其言也，观其眸子，人焉廋哉？"[1]

孟子曰："恭者不侮人，俭者不夺人。侮夺人之君，惟恐不顺焉，恶得为恭俭？恭俭岂可以声音笑貌为哉？"

淳于髡曰："男女授受不亲，礼与？"孟子曰："礼也。"曰："嫂溺，则援之以手乎？"曰："嫂溺不援，是豺狼也。男女授受不亲，礼也。嫂溺，援之以手者，权也。"曰："今天下溺矣，夫子之不援，何也？"曰："天下溺，援之以道。嫂溺，援之以手。子欲手援天下乎？"❷

注释

❶ 眸(móu)子，眼中瞳人。眊(mào)，眼睛模糊蒙蒙然。据说观察瞳人明亮与否，可以判断其人心术正与不正。这种观察人的方法，孟子说得较早而且最清楚。(大戴辑《礼记·曾子立事》："目者心之浮也，言者事之指也，作于中则播于外矣。故曰：以其见者，占其隐者。"焦氏《正义》引翟灏《四书考异》已指出《曾子立事》这几句为《孟子》这一段所本。然而《曾子立事》这几句没有《孟子》说的清楚，这是稍作比较就会明白的。)如果这种观察方法真能奏效，那就省事多了。《孟子》这一段最后说："听其言也，观其眸子，人焉廋哉！"似乎只要辅以"听其言"的手段就能洞察一切人，可是有些心术不正的人偏偏会说冠冕堂皇的话，那又如何？

❷ 男女授受不亲，在孟子那个时候以及后来很长的时期内，属于礼节规定。然而，若是出现"嫂溺"的情况，那还是要"援之以手"的，这样做算什么呢？孟子说算是"权"，意思是那叫暂时行为。《后汉书·梁商传》："虽云礼制，亦有权时。"正是说的这一类情况。《后汉书·冯衍传》注："于正道虽违逆而事有成功者，谓之权。"也正是说的这一类情况。孟子认为"天下溺，援之以道"与"嫂溺，援之以手"是根本不同的两回事，这当然反映了他对不同类概念的正确认识。虽然他坚持"男女授受不亲，礼也"这样的观点，多年来为国人所不满，但是，他认为"嫂溺不援，是豺狼也"，谁又能够说错了呢？

原文

9 公孙丑曰："君子之不教子，何也？"孟子曰："势不行也。教者必以正。以正不行,继之以怒。继之以怒,则反夷矣。'夫子教我以正,夫子未出于正也。'则是父子相夷也。父子相夷,则恶矣。古者易子而教之,父子之(闻)〔间〕不责善。责善则离,离则不祥莫大焉。"❶

孟子曰:"事孰为大?事亲为大。守孰为大?守身为大。不失其身而能事其亲者,吾闻之矣。失其身而能事其亲者,吾未之闻也。孰不为事?事亲,事之本也。孰不为守?守身,守之本也。曾子养曾皙,必有酒肉。将彻,必请'所与'。问:'有余?'必曰:'有。'曾皙死,曾元养曾子,必有酒肉。将彻,不请'所与'。问:'有余?'曰:'亡矣。'将以复进也。此所谓养口体者也。若曾子,则可谓养志也。事亲若曾子者,可也。"❷

注释

❶ "古者易子而教之",这是中国教育史的传统。(《白虎通》卷六有"父不教子"专条)我们对"父子之间不责善"的提法不敢苟同,然而,让子女接受家学之外的专家教育,可以开拓他们的视野,扩充知识领域,鼓励他们融合诸家之长,这样未尝不是好事。

❷ 这一段讲事亲守身,而事亲必以养志为上。

原文

10 孟子曰:"人不足与適也,政不足(与)间也。惟大人为能格君心之非。君仁,莫不仁。君义,莫不义。君正,莫不正。一正君而国定矣。"❶

孟子曰:"有不虞之誉,有求全之毁。"❷

孟子曰:"人之易其言也,无责耳矣。"

孟子曰:"人之患,在好为人师。"❸

注释

❶ 赵注:"適,过也。"依赵注,这个"適"应读 zhé,为"谪"字之借,是

谴责、责罚的意思,所以这里不当简化为"适"。赵注又说:"间,非。格,正也。"唯大人可以帮助国君改正心术之非。"一正君而国定矣",这句话反映了最高统治者的表率作用对国家的重要意义。

❷ 赵注:"虞,度也。"伪孙疏:"此章言不虞获誉、求全受毁者也。"意思是得到意外的名誉或责备。

❸ 这是孟子说过的经得起推敲的另一句名言。可以和《论语·述而》所谓"〔我〕三人行,必(有)〔得〕我师焉"以及《卫灵公》记载的"当仁不让于师"合起来看。但是,"人之患在好为人师"的"师"不可能有多种解释,只可能是现代汉语的"老师"的意思。永远虚怀若谷,乐于取人之长补己之短,这样才有可能自立于社会而不致陷于失败难堪。

原文

11 乐正子从于子敖之齐。乐正子见孟子。孟子曰:"子亦来见我乎?"曰:"先生何为出此言也?"曰:"子来几日矣?"曰:"昔者。"曰:"'昔者',则我出此言也,不亦宜乎?"曰:"舍馆未定。"曰:"子闻之也:'舍馆定,然后(求)〔来〕❶见长者'乎?"曰:"克有罪。"

孟子谓乐正子曰:"子之从于子敖来,徒餔啜也。我不意子学古之道,而以餔啜也!"❷

注释

❶ 上文说"子亦来见我乎",这里承上文,亦当用"来"字。以常情推之,弟子见老师亦不必"求"。"来"与"求"形近致讹,今为改之。

❷ 弟子乐正子"舍馆定"然后来见老师,是因为他随子敖出差,要让子敖满意,才能稳保饭碗。孟子不高兴,批评乐正子过去在门下"学古之道"只是为了"餔啜"(bū chuò),这里是吃喝的意思,可以引申为谋食混饭吃)。我们的看法:学生有学生的难处,当老

师的对学生的要求何必那么苛刻呢？其实，学生心中有老师也就很可以了，何在乎他来不来见一面呢？说不定年青人正忙着呢。以上两小段应可合作一段看。我们认为师徒关系不必像孟子那样处理。

原文

12 孟子曰："不孝有三，无后为大。舜不告而娶，为无后也，君子以为犹告也。"❶

孟子曰："仁之实，事亲是也。义之实，从兄是也。智之实，知斯二者弗去是也。礼之实，节文斯二者是也。乐之实，乐斯二者，乐则生矣。生则恶可已也？恶可已，则不知足之蹈之、手之舞之。"❷

孟子曰："天下大悦而将归己，视天下悦而归己犹草芥也，惟舜为然。不得乎亲，不可以为人。不顺乎亲，不可以为子。舜尽事亲之道，而瞽瞍厎豫。瞽瞍厎豫，而天下化。瞽瞍厎豫，而天下之为父子者定。此之谓大孝。"❸

注释

❶ "不孝有三，无后为大"，这个话对中国传统影响很大。就中华民族而言，不能后继无人（无论男女）。但是，在人口增长速度太快的时期，在过多的人口对国计民生造成极大压力的时期，国家将计划生育定为国策无疑是正确的、必要的；在这样的时期，宣扬孟子这个话就违反国策了。何况孟子这个说法本身就有问题，有碍于优生优育，不利于提高民族素质。倘若或愚蠢或凶恶，或贪吃偷懒而百无一用，或专干坏事而不知廉耻，向无成龙之志，到头来只是讨厌的小虫，那么，这样的后人没有也罢！父母肯定会后悔生他养他！列祖列宗有知，难道指望这样的后人尽孝吗？

❷ 孟子这一段话论仁、义、智、礼、乐五者之实而围绕"事亲""从兄"

二者，也就是行孝弟之道。这种提法有点别致。盖亦以仁义为本而强调从自己身边诸事入手之意。

❸ 瞽瞍(gǔ sǒu)，相传为舜的父亲。厎(zhǐ)豫，赵注："厎，致也。豫，乐也。"焦氏《正义》："致乐者，由不乐而至于乐也。以父之顽如瞽瞍，而舜尽事亲之道，卒能至于豫乐，则是天下无难事之亲。——则天下之事亲者皆由是而化，亦由是而定。"称虞舜之孝为"大孝"，就是由于这个原因。《离娄》上半篇到此结束。孟子在这里宣传他的仁、道、礼、义、孝以及所谓遵先王之法，表现了他的思想局限。但是，强调"不以规矩不能成方圆"，论国与家的关系，天下之得失与民心之得失的关系，论"诚身有道"，指出"好为人师"为人之患，这些方面的说法都有借鉴的价值。

离娄下

导读

旧注疏将《离娄下》分作三十二章(阮元等《校勘记》说应当是三十三章，其说是)。其中说到做人、求学、处理人际关系以及如何应对横逆之来，富有启发作用。篇末的微型小说则富有讽刺意义。

原文

1 孟子曰："舜生于诸冯，迁于负夏，卒于鸣条，东夷之人也。文王生于岐周，卒于毕郢，西夷之人也。地之相去也千有余里，世之相后也千有余岁，得志行乎中国，若合符节。先圣后圣，其揆一也。"❶

注释

❶ 孟子这里说舜是东夷人，周文王是西夷人，又说他们是"先圣后圣"，既然这样，《孟子·滕文公上》"吾闻用夏变夷者，未闻变于

夷者也”这个说法该如何理解呢？虞舜、周文王是“用夏变夷者”，还是“变于夷者”呢？揆(kuí)，道理，揣度。“先圣后圣，其揆一也”，孟子认为虞舜周文王能够“得志行乎中国”，都是遵循同一个道理。这个说法本身应该是有道理的。历史上许多伟人能够成就他们的事业，其间必有共同的规律可循。孟子他是已经意识到这中间的奥妙了。

原文

2 子产听郑国之政，以其乘舆济人于溱、洧。孟子曰：“惠而不知为政。岁十一月徒杠成，十二月舆梁成，民未病涉也。[1]君子平其政，行辟人可也，焉得人人而济之？故为政者每人而悦之，日亦不足矣。”[2]

注释

❶ 伪孙疏：“梁为在津之桥梁也。今云‘舆梁’者，盖桥上横架之板若车舆者，故谓之舆梁。”《说文》“榷”下段注：“石杠者，谓两头聚石，以木横架之，可行，非石桥也。”“桥”字下段注：“凡独木者曰杠，骈木者曰桥。”这些解说可供参考。

❷ “平其政”，依赵注，“平”有治理“使无违失其道”的意思。伪孙疏用赵氏《章指》，谓“此章言重民之道平政为首也”。其说是。

原文

3 孟子告齐宣王曰：“君之视臣如手足，则臣视君如腹心。君之视臣如犬马，则臣视君如国人。君之视臣如土芥，则臣视君如寇仇。”王曰：“礼，为旧君有服。何如斯可为服矣？”曰：“谏行言听，膏泽下于民；有故而去，则使人导之出疆，又先于其所往；去三年不反，然后收其田里。此之谓三有礼焉。如此，则为之服矣。今也为臣，谏则不行，言则不听，膏泽不下于民；有故而去，则君搏执之，又

极之于其所往；去之日，遂收其田里。此之谓寇仇。寇仇何服之有？”❶

孟子曰：“无罪而杀士，则大夫可以去；无罪而戮民，则士可以徙。”❷

孟子曰：“君仁，莫不仁。君义，莫不义。”❸

注释

❶《论语·八佾》：“君使臣以礼。臣事君以忠。”孟子发展了孔子的忠君思想，认为君臣关系应视君对臣的态度而定。如果君把臣看成草芥尘土，那么，臣可以视君如仇人盗寇。这样，君死了，臣用不着为他服丧。臣为旧君服丧，那是在旧君做到“三有礼”之后。“极之于其所往”，赵注：“极者，恶而困之也。”伪孙疏、焦疏义同。

❷ 这一小段是对上一小段的补充。士民无辜被杀，那么，大夫、士可以背弃无道国君。

❸ 以上三小段都说到为君者应如何为君，前两小段说的是应如何处理君臣关系。

原文

4 孟子曰：“非礼之礼，非义之义，大人弗为。”❶

孟子曰：“中也养不中，才也养不才，故人乐有贤父兄也。如中也弃不中，才也弃不才，则贤不肖之相去，其间不能以寸。”

孟子曰：“人有不为也，而后可以有为。”❷

孟子曰：“言人之不善，当如后患何！”❸

孟子曰：“仲尼不为已甚者。”❹

注释

❶《论语·颜渊》：“非礼勿视，非礼勿听，非礼勿言，非礼勿动。”小戴辑《礼记·儒行》：“非义不合。”既然非礼非义，大人自当“弗

为”。既然非礼非义，还要说它是什么礼（“非礼之礼”）什么义（“非义之义”），那只是自欺欺人罢了。

❷ 人活在世上应该有为。人活在世上的时间有限，精力有限，不能漫无目标，不能漫无节制，任性放纵。这就是说：要有目标，有节制，不做那些无聊的事（“有不为”），才能保证时间和精力，做好有意义的事，实现预定的目标（“有为”）。凡已成熟而有志者，都懂得这个简单的道理。孟子只不过先把这个道理说出来，并且永远启迪后世读者罢了。

❸ 这还是《论语·宪问》“危言危行”“危行言孙”的意思。祸从口出，古人今人都深有体会。人家的缺点、错误，还是由人家自己讲比较好，要你啰嗦什么呢？做事说话，为什么不考虑后患呢？

❹ 凡事不要做得过分了，说话也不要过分。这其实是中庸之道的要求。孔子最喜欢中庸之道，他最懂得按中庸之道办事。

原文

孟子曰：“大人者，言不必信，行不必果，惟义所在。”❺

孟子曰：“大人者，不失其赤子之心者也。”

孟子曰：“养生者不足以当大事，惟送死可以当大事。”❻

孟子曰：“君子深造之以道，欲其自得之也。自得之，则居之安。居之安，则资之深。资之深，则取之左右逢其原。故君子欲其自得之也。”❼

孟子曰：“博学而详说之，将以反说约也。”

孟子曰：“以善服人者，未有能服人者也。以善养人，然后能服天下。天下不心服而王者，未之有也。”

注释

❺ 孟子这个话的关键部分是“惟义所在”。如果不违背“义”，那就应该强调“言必信，行必果”；要不然，所谓“大人”还能立足于社

会人间世吗？

❻ 这一段话的意思，与《论语·子张》记载的“人未有自致者也，必也亲丧乎”一语相通。古人认为送死亲丧而合礼，最能看出一个人的真情与办事能力。

❼ 赵注：“造，致也。言君子问学之法，欲深致极竟之以知道意，欲使己得其原本，如性自有之也。居之安，若已所自有也。资，取也。”按：《论语·述而》“不愤不启，不悱不发”，《阳货》“予欲无言”，也有待其自得的意思。

原文

5 孟子曰：“言无实不祥。不祥之实，蔽贤者当之。”❶

徐子曰：“仲尼亟称于水，曰：‘水哉，水哉！’何取于水也？”孟子曰：“（源）〔原〕泉混混，不舍昼夜，盈科而后进，放乎四海。有本者如是，是之取尔。苟为无本，七、八月之间雨集，沟浍皆盈；其涸也可立而待也。故声闻过情，君子耻之。”❷

孟子曰：“人之所以异于禽兽者几希，庶民去之，君子存之。舜明于庶物，察于人伦；由仁义行，非行仁义也。”

注释

❶ 蔽贤者之言无实。孟子不得当路于齐以及他国，他对蔽贤者不可能产生好感。贤者若不遇，是为国家不祥，不祥莫大于此。不祥之实，恐怕不只是蔽贤者当之。

❷《说文》段注：“《孟子》曰‘原泉混混’，古音读如‘衮’，俗字作‘滚’。”《离娄下》赵注：“言水不舍昼夜而进。盈，满。科，坎。放，至也。至于四海者，有原本也。以况于事，有本者皆如是，是之取也。”浍（kuài），田间水沟。涸（hé），水干。有本（源）之水，无雨水之集，也不会干涸。孟子借无本之水，比况“声闻过情”，颇为贴切。中国历史上早有说水写水的诗文，孟子这里要算是

说得较为生动而又较早者，寓意深远。

原文

孟子曰："禹恶旨酒而好善言。汤执中，立贤无方。文王视民如伤，望道而未之见。武王不泄迩，不忘远。周公思兼三王，以施四事。其有不合者，仰而思之，夜以继日；幸而得之，坐以待旦。"

孟子曰："王者之迹熄而《诗》亡，《诗》亡然后《春秋》作。晋之《乘》，楚之《梼杌》，鲁之《春秋》，一也。'其事则齐桓、晋文，其文则史。'孔子曰：'其义则丘窃取之矣。'"[3]

注释

[3] 我们的看法是：无论"诗"指《诗经》，还是指诗歌创作或吟诵，王者之迹熄而"诗"未必亡，"诗"未亡而《春秋》自可作。只要看孔孟习诗用诗就可明白。"诗"不会亡。《春秋》所记述的时代不但赋《诗》传《诗》，还在作诗，这些情况见于《春秋》三传特别是《左传》。"诗"并未亡于王者迹熄之后，《春秋》并非作于"诗"亡之后。所以，严格地说，孟子这个与"诗亡"有关的说法并不准确。晋国史书叫《乘》，关于"乘"的解说不一，音读随解说而异，或读chéng，或读shèng。楚国史书叫《梼杌》(táo wù)。说这两部书与鲁之《春秋》"一也"，是说它们都是春秋时期的史书。齐桓、晋文一类的霸业与相关的事，它们都有所记述。赵注："其文，史记之文也。"杨伯峻先生说"鲁之《春秋》"只是孔子后来作的《春秋》的原始材料，其说可信。我们认为前文"《诗》亡然后《春秋》作"的《春秋》也该是"鲁之《春秋》"，至于《春秋》之作的微言大义，那大概就只有孔丘先生懂得并且包含在他的书中了。

原文

6 孟子曰："君子之泽，五世而斩。小人之泽，五世而斩。予未

得为孔子徒也，予私淑诸人也。”❶

孟子曰：“可以取，可以无取，取伤廉。可以与，可以无与，与伤惠。可以死，可以无死，死伤勇。”

注释

❶ 赵注谓“五世”指“自高祖至玄孙”。按：赵氏说非，“自高祖至玄孙”实为九世。伪孙疏所谓“据己身而推之”，也许不失为一种解释。君子与小人之泽都是“五世而斩”，这是孟子发现的一条“规律”。问题在于这未必是一条有普遍意义的规律。只要一代一代地重视培养接班人的问题，落到实处，“君子之泽”就未必“五世而斩”。至于“小人之泽”，如果一定是“五世而斩”，又“斩”到哪里去？倘若“斩”到不是“小人”了，岂非好事？那么，“小人”们就安于命运、听其自然好了，反正到了“五世”就会改变地位，又何必奋发图强呢？所以我们认为孟子这里说的话未必真有什么道理。但他自认“未得为孔子徒也”“私淑诸人也”，这个话倒是很可靠的。他的意思是不是说孔子之泽也是五世而斩，儒家学派该轮到他了呢？就算轮到他了，那岂不就意味着孔子之泽五世而不斩了吗？事实上，孔子的学说传到现在，近八十世而不斩，这不就证明史事并不如孟子所说的那样吗？

原文

逄蒙学射于羿，尽羿之道，思天下惟羿为愈己，于是杀羿。孟子曰：“是亦羿有罪焉。”公明仪曰：“宜若无罪焉。”曰：“薄乎云尔，恶得无罪？郑人使子濯孺子侵卫，卫使庾公之斯追之。子濯孺子曰：‘今日我疾作，不可以执弓。吾死矣夫？’问其仆曰：‘追我者谁也？’其仆曰：‘庾公之斯也。’曰：‘吾生矣！’其仆曰：‘庾公之斯，卫之善射者也。夫子曰“吾生”，何谓也？’曰：‘庾公之斯学射于尹公之他，尹公之他学射于我。夫尹公之他，端人也，其取友必端矣。’

庾公之斯至,曰:‘夫子何为不执弓?’曰:‘今日我疾作,不可以执弓。’曰:‘小人学射于尹公之他,尹公之他学射于夫子。我不忍以夫子之道反害夫子。虽然,今日之事,君事也,我不敢废。’抽矢叩轮,去其金,发乘矢,而后反。”❷

孟子曰:“西子蒙不洁,则人皆掩鼻而过之。虽有恶人,斋戒沐浴,则可以祀上帝。”❸

注释

❷ “庾公之斯”“尹公之他”,“之”为语中助词。这一段的意思,启示世人注意技艺须传授得人。《左传》襄公十四年有可以参证的同类记载。

❸ 赵注:“恶人,丑类者也。面虽丑,而斋戒沐浴,自治洁净,可以侍上帝之祀。言人当自治以仁义,乃为善也。”焦氏《正义》:“此‘恶人’对上西子,知为丑类者也。”我们认为赵注与焦疏都有道理。但我们考虑的问题较多,譬如:西子本是美人,而美人也有“蒙不洁”的时候,如果她也“斋戒沐浴”除去不洁,那又如何?“恶人”不过面丑而已,如果“恶人”其心也丑,“斋戒沐浴”之后可否祀上帝呢?须知美人未必心美,面恶未必心恶,诚敬才是关键。

原文

7 孟子曰:“天下之言性也,则故而已矣。故者以利为本。所恶于智者,为其凿也。如智者若禹之行水也,则无恶于智矣。禹之行水也,行其所无事也。如智者亦行其所无事,则智亦大矣。天之高也,星辰之远也,苟求其故,千岁之日至可坐而致也。”❶

注释

❶ 伪孙疏:“盖故者事也,如所谓‘故旧无大故’之故。”焦疏则谓“故”即本文中“苟求其故”之故。其实两疏无异。赵氏《章指》:

“能修性守故，天道可知；妄智改常，必与道乖：性命之指也。”这样讲，与原文原意相合。又，这一段言性，应与《告子》言性诸段合观。

原文

8 公行子有子之丧。右师往吊，入门，有进而与右师言者，有就右师之位而与右师言者。孟子不与右师言，右师不悦，曰：“诸君子皆与驩言，孟子独不与驩言，是简驩也。”孟子闻之，曰：“礼：朝廷不历位而相与言，不逾阶而相揖也。我欲行礼，子敖以我为简，不亦异乎？”❶

注释

❶ 这一段文章，记右师王驩埋怨孟子待他简慢，而孟子折之以礼。《公孙丑下》记载过孟子对王驩不予理睬的事，可以与《离娄下》这一段合观。又，这里说的朝廷之礼，可为先秦礼籍之补充。

原文

9 孟子曰：“君子所以异于人者，以其存心也。君子以仁存心，以礼存心。仁者爱人，有礼者敬人。爱人者，人(常)〔恒〕爱之。敬人者，人(常)〔恒〕敬之。有人于此，其待我以横逆，则君子必自反也：‘我必不仁也，必无礼也，此物奚宜至哉？’其自反而仁矣，自反而有礼矣，其横逆由是也，君子必自反也：‘我必不忠。’自反而忠矣，其横逆由是也，君子曰：‘此亦妄人也已矣。如此，则与禽兽奚择哉？于禽兽又何难焉！’是故君子有终身之忧，无一朝之患也。乃若所忧则有之：舜，人也；我，亦人也。舜为法于天下，可传于后世，我由未免为乡人也，是则可忧也。忧之如何？如舜而已矣。若夫君子所患，则亡矣。非仁无为也，非礼无行也。如有一朝之患，则君子不患矣。”[1]

注释

[1] 这一段，论君子以仁存心，以礼存心，非仁无为，非礼无行，其终身之忧唯不若舜，而无一朝之患。其中所说对待横逆的态度，很可参考。《论语·颜渊》说得好：“内省不疚，夫何忧何惧？”

原文

10 “‘禹、稷当平世，三过其门而不入。’孔子贤之。‘颜子当乱世，居于陋巷，一箪食，一瓢饮；人不堪其忧，颜子不改其乐。’孔子贤之。”孟子曰：“禹、稷、颜回同道。禹思天下有溺者，由己溺之也。稷思天下有饥者，由己饥之也。是以如是其急也。禹、稷、颜子，易地则皆然。今有同室之人斗者，救之，虽被发缨冠而救之可也。乡邻有斗者，被发缨冠而往救之，则惑也，虽闭户可也。”[1]

注释

[1] 这一段话中两“由”字，皆与“犹”字义同。孟子这里论古人禹、稷以及颜回之贤，但他为今人出的主意实不如古贤。今人见乡邻有争斗者，孟子说不必往救之，“虽闭户可也”，这与儒家志在治国平天下的气魄，与孟子推崇的禹、稷的胸怀，实在不相称啊！

原文

11 公都子曰：“匡章，通国皆称不孝焉。夫子与之游，又从而礼貌之，敢问何也？”孟子曰：“世俗所谓不孝者五：惰其四支，不顾父母之养，一不孝也。博弈好饮酒，不顾父母之养，二不孝也。好货财，私妻子，不顾父母之养，三不孝也。从耳目之欲，以为父母戮，四不孝也。好勇斗很，以危父母，五不孝也。章子有一于是乎？夫章子，子父责善而不相遇也。责善，朋友之道也。父子责善，贼恩之大者。夫章子岂不欲有夫妻子母之属哉？为得罪于父，不得近，出妻屏子，终身不养焉。其设心以为不若是，是则罪之大者。是则章子已矣。”❶

注释

❶ 孟子这里为匡章辩诬，论定章子非不孝之人，表现了不肯人云亦云而敢于实事求是的精神。孟子不以舆论的是非为是非，敢于与“通国皆称不孝”的人交游，“又从而礼貌之”，难能而可贵。然而，他对章子“出妻屏子”的作为不问是非，这一点恐怕未必真有什么理由。

原文

12 曾子居武城。有越寇。或曰：“寇至，盍去诸？”曰：“无寓人于我室，毁伤其薪木。寇退，则曰：‘修我墙屋，我将反。’”寇退，曾子反，左右曰：“待先生如此其忠且敬也，寇至则先去以为民望，寇退则反，殆于不可。”沈犹行曰：“是非汝所知也。昔沈犹有负刍之祸，从先生者七十人，未有与焉。”子思居于卫。有齐寇。或曰：“寇至，盍去诸？”子思曰：“如伋去，君谁与守？”孟子曰：“曾子、子思同道。曾子，师也，父兄也。子思，臣也，微也。曾子、子思易地则皆然。”❶

储子曰：“王使人瞷夫子，果有以异于人乎？”孟子曰：“何以异于人哉？尧、舜与人同耳。”

注释

❶ “寇退”等十一字，也是曾子嘱咐武城人的话。这是孔广森《经学卮言》的说法，焦氏《正义》引录之，很对。按：曾子与子思寓居异乡，有寇难而或去或留，孟子认为他们都没有错，“异地则皆然”，这个说法也可以存疑。我们不妨套用孟子的另一个观点：去之与

留,唯义所在。

原文

13 齐人有一妻一妾而处室者。其良人出,则必餍酒肉而后反。其妻问所与饮食者,则尽富贵也。其妻告其妾曰:“良人出,则必餍酒肉而后反。问其与饮食者,尽富贵也,而未尝有显者来。吾将瞷良人之所之也。”蚤起,施从良人之所之,遍国中无与立谈者。卒之东郭墦间,之祭者乞其余;不足,又顾而之他:此其为餍足之道也。其妻归,告其妾曰:“良人者,所仰望而终身也。今若此!”与其妾讪其良人,而相泣于中庭。而良人未之知也,施施从外来,骄其妻妾。由君子观之,则人之所以求富贵利达者,其妻妾不羞也而不相泣者,几希矣![1]

注释

[1] 有学者认为这是孟子创作的一篇绝妙的微型小说,实为创见。实际生活中有这样一类人:本已穷困潦倒,偏要打肿脸充胖子,可怜而又虚伪,百无一用而自甘沉沦,厚颜无耻而又要面子。孟子辛辣地揭露了这一类人的嘴脸,批判了当时社会的阴暗面。结尾点题,令人哀叹。那些追求富贵利达而令妻妾蒙羞的人看了,不觉得惭愧才怪呢!餍(yàn),吃饱。墦(fán),坟墓。“施(yí)从”:偷跟。“施施”(yí yí),赵注:“犹扁扁,喜悦之貌。”

万章上

导读

《万章上》都是关于传说或者历史中人物的论述。旧注疏将《万章上》分为九章。除了后头两章,没有不说到大舜的,而前四章所说则是以虞舜为主。我们将《万章上》分作九段,这与旧注疏的分章一致。

原文

1 万章问曰："舜往于田，号泣于旻天。何为其号泣也?"孟子曰："怨慕也。"万章曰："父母爱之，喜而不忘。父母恶之，劳而不怨。然则舜怨乎?"曰："长息问于公明高曰：'舜往于田，则吾既得闻命矣。号泣于旻天、于父母，则吾不知也。'公明高曰：'是非尔所知也。'夫公明高以孝子之心为不若是恝。'我竭力耕田，共为子职而已矣。父母之不我爱，于我何哉?'帝使其子九男二女，百官牛羊仓廪备，以事舜于畎亩之中。天下之士多就之者，帝将胥天下而迁之焉。为不顺于父母，如穷人无所归。天下之士悦之，人之所欲也，而不足以解忧。好色，人之所欲；妻帝之二女，而不足以解忧。富，人之所欲；富有天下，而不足以解忧。贵，人之所欲；贵为天子，而不足以解忧。人悦之，好色，富，贵，无足以解忧者，惟顺于父母可以解忧。人少，则慕父母；知好色，则慕少艾；有妻子，则慕妻子；仕则慕君，不得于君则热中。大孝，终身慕父母。五十而慕者，予于大舜见之矣。"❶

注释

❶ 旻(mín)，《尔雅·释天》："秋为旻天。"也泛指天空。恝(jiá)，淡然，不经心，无动于衷。整个这一段，说的是舜为大孝，"终身慕父母""惟顺于父母可以解忧"。

原文

2 万章问曰："《诗》云：'娶妻如之何? 必告父母。'信斯言也，宜莫如舜。舜之不告而娶，何也?"孟子曰："告则不得娶。男女居室，人之大伦也。如告，则废人之大伦以怼父母，是以不告也。"❶万章曰："舜之不告而娶，则吾既得闻命矣。帝之妻舜而不告，何也?"曰："帝亦知告焉则不得妻也。"万章曰："父母使舜完廪，捐阶，瞽瞍焚廪。使浚井，出，从而掩之。象曰：'谟盖都君咸我绩。牛羊，父母。仓廪，父母。干戈，朕。琴，朕。弤，朕。二嫂，使治朕栖。'象往入舜宫，舜在床琴。象曰：'郁陶思君耳。'忸怩。舜曰：'惟兹臣庶，汝其于予治。'❷不识舜不知象之将杀己与？"曰："奚而不知也？象忧亦忧，象喜亦喜。"曰："然则舜伪喜者与？"曰："否。昔者有馈生鱼于郑子产，子产使校人畜之池。校人烹之，反命曰：'始舍之，圉圉焉；少则洋洋焉，攸然而逝。'子产曰：'得其所哉！得其所哉！'校人出，曰：'孰谓子产智？予既烹而食之，曰："得其所哉，得其所哉。"'故君子可欺以其方，难罔以非其道。❸彼以爱兄之道来，故诚信❹而喜之，奚伪焉？"

注释

❶ 这里引诗见《诗经·齐风·南山》第三章。按：原诗第四章说："取妻如之何？匪媒不得。"可见先秦婚姻由父母之命、媒妁之言决定，不迟于春秋时代。而《孟子》这里的意思是：早在尧舜时代，已经有婚姻必须经过父母之命的规矩了。虞舜由于"父顽母嚚"（见《尚书·尧典》，嚚读 yín，愚顽的意思），不敢向父母说起婚事。怼（duì），怨恨的意思。婚姻为人之大伦之一。若是舜把婚事禀告父母，肯定不会得到同意，那舜就不得与尧之二女完婚。《孟子》说的"如告，则废人之大伦以怼父母"，就是这么回事。后来舜不告父母而完婚，那是遵尧之命办事，总算没有把人之大伦之一的婚姻废了。然而婚事必告父母的礼节毕竟是顾不上了，这里可否说：娶妻必告父母，礼也；舜不告而娶，权也？

❷ 赵注："完，治也。廪，仓。阶，梯也。"浚（jùn），深挖或疏通的意思。舜奉父母之命修仓挖井，可是瞽瞍与后妻竟想乘机害死他，其手段是"捐阶"、掩井。瞽瞍与后妻的儿子象以为舜已死于井下，如赵注所说"欲与父母分舜之有，取其善者，故引其功"，竟敢主动承认"谟盖都君咸我绩"。这一句的注释，古往今来以阮元《释盖》与杨伯峻先生的说法为最佳。阮元说："《孟子》'谋盖都

君’,此兼井廪言之,盖亦当训为‘害’也。若专以‘谋盖’为盖井,而不兼焚廪,则‘咸我绩’咸字无所著矣。”杨先生《孟子译注》:“‘都君’指舜。舜‘一年而所居成聚,二年成邑,三年成都’(见《史记·五帝本纪》),故有‘都君’之称。”谋害舜是否都是象的功绩,不一定。象自认功大,所以他想得到的,决不会放弃。弤(dǐ),雕弓,据说不是一般人能够用的,象喜欢,他当然要。舜的两位夫人,象的嫂嫂,象满心以为该归他了。可是等到象进了舜的寝室,看到的是舜正在床上弹琴。郁陶(yáo),王怀祖《广雅疏证》以为“乃思之意”。后世人可以想见象当时的难堪,他虽然说是思念老兄而来,但毕竟无法掩饰其“忸怩”之状。赵注:“象素憎舜,不至其宫也。故舜见来而喜曰:‘惟念此臣众,汝故助我治事。’”这位朴实的伟大的舜,根本没有察觉同父异母弟的恶意,居然要象帮助他治国治民,岂不哀哉!

❸ 赵注:“圉圉,鱼在水羸劣之貌。洋洋,舒缓摇尾之貌。”按:“君子可欺以其方,难罔以非其道”,罔与欺义同。违背君子之道的说法难于欺骗君子,而以其方类(或有似于同类的伪造的事理)可以使君子上当,这样的例证倒是不少。

❹ 这里也提出了“诚信”。但这里“诚”与“信”未必是并列关系。

原文

3 万章问曰:“象日以杀舜为事。立为天子,则放之,何也?”孟子曰:“封之也。或曰‘放焉’。”万章曰:“舜流共工于幽州,放驩兜于崇山,杀三苗于三危,殛鲧于羽山:四罪而天下咸服,诛不仁也。象至不仁,封之有庳。有庳之人奚罪焉?仁人固如是乎,在他人则诛之,在弟则封之?”曰:“仁人之于弟也,不藏怒焉,不宿怨焉,亲爱之而已矣。亲之欲其贵也,爱之欲其富也。封之有庳,富贵之也。身为天子,弟为匹夫,可谓亲爱之乎?”“敢问‘或曰放’者何谓也?”曰:“象不得有为于其国,天子使吏治其国而纳其贡税焉,故谓之

'放'。岂得暴彼民哉？虽然，欲常常而见之，故源源而来。'不及贡，以政接于有庳。'此之谓也。"[1]

注释

[1] 孟子答万章问舜何以放象这一段，认为舜没有将象流放，而是封象于有庳（bì，这里是地名），"使吏治其国而纳其贡税焉"，既表现对弟的亲爱，又做到不使恶弟"暴彼民"，言外之意是这样处理颇为得当。"不及贡"句，赵注："不待朝贡诸侯常礼乃来也。其间岁岁自至京师，谓若天子以政事接见有庳之君者，实亲亲之恩也。"其说是。

原文

4 咸丘蒙问曰："语云：'盛德之士，君不得而臣，父不得而子。'舜南面而立，尧帅诸侯北面而朝之，瞽瞍亦北面而朝之。舜见瞽瞍，其容有蹙。孔子曰：'于斯时也，天下殆哉！岌岌乎！'不识此语诚然乎哉？"孟子曰："否。此非君子之言，齐东野人之语也。尧老而舜摄也。《尧典》曰：'二十有八载，放勋乃徂落。百姓如丧考妣。三年，四海遏密八音。'孔子曰：'天无二日，民无二王。'舜既为天子矣，又帅天下诸侯以为尧三年丧[1]，是二天子矣。"咸丘蒙曰："舜之不臣尧，则吾既得闻命矣。《诗》云：'普天之下，莫非王土。率土之滨，莫非王臣。'而舜既为天子矣，敢问瞽瞍之非臣如何？"曰："是诗也，非是之谓也。劳于王事，而不得养父母也。曰：'此莫非王事，我独贤劳也。'故说《诗》者不以文害辞，不以辞害志；以意逆志，是为得之。如以辞而已矣，《云汉》之诗曰：'周余黎民，靡有孑遗。'信斯言也，是周无遗民也。[2]孝子之至，莫大乎尊亲。尊亲之至，莫大乎以天下养。为天子父，尊之至也。以天下养，养之至也。《诗》曰：'永言孝思，孝思惟则。'此之谓也。《书》曰：'（祗）〔祗〕载见瞽瞍，夔夔斋栗，瞽瞍亦允若。'是为父不得而子也。[3]"

注释

❶ 唐虞三代有无一贯的三年丧制,迄无定论。我们认为既不可做笼统的肯定,也不宜做全面的否定。周代有系统的丧服制度(包括三年丧制),应为事实。尧舜禹之际与夏商两个时代有没有三年丧制,目前学术界掌握的传统文献证据还很不够,文物实证更谈不上。仅仅凭《尧典》的追述,要做出舜为尧服三年丧的结论,尚嫌证据不足。

❷ "普天之下,莫非王土。率土之滨,莫非王臣",这四句引自《诗经·小雅·北山》。据诗意推论,"舜既为天子矣",瞽瞍为什么不是臣民呢?原诗紧接"莫非王臣"之后就说:"大夫不均,我从事独贤。"大家都是王臣,为什么偏要我干这么多差事呢?太不公平了!可见诗本意不在强调国人都是王臣,而在乎控诉劳逸不均。孟子说原诗意谓"此莫非王事,我独贤劳也""劳于王事,而不得养父母也",这是说对了。由是他提出说《诗》"不以文害辞,不以辞害志;以意逆志,是为得之"这个著名论题,其实解说古籍都应该注意这一原则。为了说明问题,孟子另举《诗经·大雅·云汉》的诗句为例,读者要是根据"周余黎民,靡有孑遗"这两句诗,断言周宣王时已无姬周遗民,谁肯相信呢?研究任何古籍,切忌拘泥不化,我们可以从《孟子》的这一类经验之谈中得到某些方面的教益。

❸ "永言孝思"两句见《诗经·大雅·下武》,诗的本义与引诗者的用意都在强调孝心(如果不把"孝思"之思看作语助词,那么,孝思就是孝心)。伪古文《尚书·大禹谟》有"祇载见瞽瞍,夔夔齐栗,瞽亦允若"三句,《孟子·万章上》引录了这些句子,文字基本相同。按:祇(zhī),敬的意思。《广雅·释诂》卷三下:"縡,事也。"王氏《疏证》:縡与载通。夔读 kuí。伪孔传:"夔夔,悚惧之貌。"又解释这几句大意说:言舜"敬以事见于父,悚惧斋庄,父亦信顺之。言能以至诚感顽父。"赵注:"舜既为天子,敬事严父,战

栗以见瞽瞍，瞍亦信知舜之大孝。若是为父不得而子也，以是解咸丘蒙之疑。”显然，上面引录的伪孔传大体上是对的，赵注也有可取的地方。（当然，看赵注，知其句读可疑；又，其所谓“严父”的严，也许只能做“严酷”解。）

原文

5 万章曰：“尧以天下与舜，有诸？”孟子曰：“否。天子不能以天下与人。”“然则舜有天下也，孰与之？”曰：“天与之。”“天与之者，谆谆然命之乎？”曰：“否。天不言，以行与事示之而已矣。”曰：“以行与事示之者如之何？”曰：“天子能荐人于天，不能使天与之天下。诸侯能荐人于天子，不能使天子与之诸侯。大夫能荐人于诸侯，不能使诸侯与之大夫。昔者尧荐舜于天而天受之，暴之于民而民受之。故曰：‘天不言，以行与事示之而已矣。’”曰：“敢问荐之于天而天受之，暴之于民而民受之，如何？”曰：“使之主祭而百神享之，是天受之。使之主事而事治，百姓安之，是民受之也。天与之，人与之，故曰：‘天子不能以天下与人。’舜相尧，二十有八载，非人之所能为也，天也。尧崩，三年之丧毕，舜避尧之子于南河之南。天下诸侯朝觐者，不之尧之子而之舜；讼狱者，不之尧之子而之舜；讴歌者，不讴歌尧之子而讴歌舜。故曰：‘天也。’夫然后之中国，践天子位焉。而居尧之宫，逼尧之子，是篡也，非天与也。《泰誓》曰：‘天视自我民视，天听自我民听。’此之谓也。”❶

注释

❶ 孟子说天以天下与人，这是中国古代称呼得天下者为天子的传统观念的一种表达方式。孟子先说“天不言，以行与事示之而已矣”，后来说“使之主祭而百神享之，是天受之。使之主事而事治，百姓安之，是民受之也”，最后归结为《泰誓》所谓“天视自我民视，天听自我民听”，也就突出了人民百姓的决定性作用。所

以，如果探讨孟子关于人类社会如何产生最高统治者的思想，那是不应该全盘否定它的。

原文

6 万章问曰："人有言'至于禹而德衰，不传于贤而传于子'，有诸？"孟子曰："否(，不)然[1]也。天与贤，则与贤；天与子，则与子。昔者舜荐禹于天。十有七年，舜崩。三年之丧毕，禹避舜之子于阳城，天下之民从之，若尧崩之后不从尧之子而从舜也。禹荐益于天。七年，禹崩。三年之丧毕，益避禹之子于箕山之阴。朝觐讼狱者不之益而之启，曰：'吾君之子也。'讴歌者不讴歌益而讴歌启，曰：'吾君之子也。'丹朱之不肖，舜之子亦不肖。舜之相尧，禹之相舜也，历年多，施泽于民久。启贤，能敬承继禹之道。益之相禹也，历年少，施泽于民未久。舜、禹、益相去久远，其子之贤不肖，皆天也，非人之所能为也。莫之为而为者，天也。莫之致而至者，命也。匹夫而有天下者，德必若舜、禹而又有天子荐之者，故仲尼不有天下。继世而有天下，天之所废，必若桀、纣者也，故益、伊尹、周公不有天下。伊尹相汤以王于天下。汤崩，太丁未立，外丙二年，仲壬四年。太甲颠覆汤之典刑，伊尹放之于桐三年。太甲悔过，自怨自艾，于桐处仁迁义三年，以听伊尹之训己也，复归于亳。周公之不有天下，犹益之于夏，伊尹之于殷也。孔子曰：'唐、虞禅，夏后、殷、周继，其义一也。'"[2]

注释

❶ "否然"就是"不然"。这里依阮元等人《校勘记》删衍文"不"字，后三处删"不"字同此。

❷ 这一段议论，反映了古代学者研究中国上古历史的诸多意见中代表儒家的一种。其中《万章上》转述的"人有言"，应该可以视为先秦时代对大禹的评价已有不同说法的证据。孟子叙述的唐与

虞,虞与夏之间的传承过程,大概并非虚构而有传闻作根据,可能反映了上古国家最初产生的至少部分的真实。孔子说的“唐、虞禅,夏后、殷、周继”,至少后一句史无异议,然而孔子说什么“其义一也”,这就无法令人苟同。就算唐虞的传承是用“禅”的方式吧,怎么可能与“夏后、殷、周继”具有相同的意义呢?殷之继夏,周之继殷,所谓汤武革命,与所谓“禅让”是不可能完全一致的。莫非孟轲转述的孔圣人的这句话出于杜撰,或另有解说么?

原文

7 万章问曰:“人有言‘伊尹以割烹要汤’,有诸?”孟子曰:“否(,不)然。伊尹耕于有莘之野,而乐尧、舜之道焉。非其义也,非其道也,禄之以天下弗顾也,系马千驷弗视也。非其义也,非其道也,一介不以与人,一介不以取诸人。汤使人以币聘之。嚣嚣然曰:‘我何以汤之聘币为哉?我岂若处畎亩之中,由是以乐尧、舜之道哉?’汤三使往聘之。既而幡然改曰:‘与我处畎亩之中,由是以乐尧、舜之道,吾岂若使是君为尧、舜之君哉?吾岂若使是民为尧、舜之民哉?吾岂若于吾身亲见之哉?天之生此民也,使先知觉后知,使先觉觉后觉也。予,天民之先觉者也。予将以斯道觉斯民也,非予觉之而谁也?’思天下之民,匹夫匹妇有不被尧、舜之泽者,若己推而内之沟中,其自任以天下之重如此,故就汤而说之以伐夏救民。吾未闻枉己而正人者也,况辱己以正天下者乎?圣人之行不同也,或远或近,或去或不去,归洁其身而已矣。吾闻其以尧、舜之道要汤,未闻以割烹也。《伊训》曰:‘天诛造攻自牧宫,朕载自亳。’”❶

注释

❶“以割烹要汤”,割是割取鲜肉,烹(pēng)是炒调美味。要(yāo),这里是求取、干(gān)请的意思。传说伊尹“亲为庖人”

(《墨子·尚贤》)、以天下美味(《吕览·本味》《史记·殷本纪》)向汤进言,孟子不承认这种说法,而认为伊尹是"以尧、舜之道要汤"。伪古文《尚书·伊训》:"造攻自鸣条,朕载自亳。"《孟子·万章下》的引文与伪古文《尚书》文字有出入,应以《孟子》引文为是。江声《尚书集注音疏》:"言天诛之所自,则自是桀宫。下又别言'自亳',亳是殷都,则牧宫是桀官矣……古人'朕'字上下通称,安见伊尹不称朕乎?"焦氏《正义》:"汤谋之于亳,非伊尹以割烹要之,此孟子引《书》之意。谓伊尹攻桀自亳,与孟子引《书》不合矣。"按:焦氏前文已指出汤与伊尹所谋者"顺天救民之事,非割烹也"。这些说法都是与原意相符的。还有应予注意的一点,《孟子》这里有关于"先知觉后知""先觉觉后觉"的议论(参见《万章下》第一段),曾在长时期里横遭批判。人类社会究竟有无"先知""后知""先觉""后觉"之分呢?应该承认:先锋队组织,先进代表,总还是实有其人吧。

原文

8 万章问曰:"或谓孔子于卫主痈疽,于齐主侍人瘠环,有诸乎?"孟子曰:"否(,不)然也。好事者为之也。于卫主颜雠由。弥子之妻与子路之妻,兄弟也。弥子谓子路曰:'孔子主我,卫卿可得也。'子路以告。孔子曰:'有命。'孔子进以礼,退以义,得之不得曰'有命'。而主痈疽与侍人瘠环,是无义无命也。孔子不悦于鲁、卫。遭宋桓司马,将要而杀之。微服而过宋。是时孔子当阨,主司城贞子,为陈侯周臣。吾闻观近臣以其所为主;观远臣,以其所主。若孔子主痈疽与侍人瘠环,何以为孔子?"❶

注释

❶ "主"本是主人,这里是"以某做房东"("以某做住宿店老板")的意思。孟子这一段答万章问,坚决否认"孔子于卫主痈疽,于齐

主侍人瘠环”的传说，为孔子辩诬。

原文

9 万章问曰：“或曰：‘百里奚自鬻于秦养牲者，五羊之皮。食牛，以要秦缪公。’信乎？”孟子曰：“否(，不)然。好事者为之也。百里奚，虞人也。晋人以垂棘之璧与屈产之乘，假道于虞以伐虢。宫之奇谏。百里奚不谏，知虞公之不可谏而去。之秦，年已七十矣，曾不知以食牛干秦缪公之为污也，可谓智乎？不可谏而不谏，可谓不智乎？知虞公之将亡而先去之，不可谓不智也。时举于秦，知缪公之可与有行也而相之，可谓不智乎？相秦而显其君于天下，可传于后世，不贤而能之乎？自鬻以成其君，乡党自好者不为，而谓贤者为之乎？”❶

注释

❶ 食(sì)，动词，意思是饲养、喂吃的。孟子这里说百里奚不曾“以食牛干秦缪公”。这一段辩诬不如上一段有说服力，譬如：上一段驳斥传说孔子住在痈疽家、瘠环家的说法，不但讲道理(孔子以礼义决定进退，不可能主痈疽与侍人家)，而且摆事实(孔子于卫实际上住在颜雠由家)，这就至少把传说的一半驳倒了。可是，百里奚本有“五羖大夫”的美名，这美名何来？如果说百里奚与“五羊之皮”根本没有关系，那就要有一点证据。其实，无论“五羊之皮”还是“食牛干秦缪公”，难道就一定可耻吗？在世人心目中，这比阿谀干禄之徒决不会显得卑鄙些。关键在于事业的正义与否以及成功与否。《孟子·万章上》大多是为先圣先贤翻案的文章。孟子是中国古代作翻案文章的第一个多产的高手，有他的得意之作，也有在后世读者看来并不高明的议论。但是无论如何，这一类文章都值得一读，因为可以广异闻，可以从中得到借鉴。

万章下

导读

旧注疏将《万章下》也分为九章，因为其中确实有九个各自独立的部分。我们从《万章下》可以粗知周室班爵禄制度，可以了解孟子的为士与交友之道。其中论到尚友、知人论世，论到古之宗臣，也有启发作用。

原文

1 孟子曰："伯夷目不视恶色，耳不听恶声；非其君不事，非其民不使；治则进，乱则退。横政之所出，横民之所止，不忍居也。思与乡人处，如以朝衣朝冠坐于涂炭也。当纣之时，居北海之滨，以待天下之清也。故闻伯夷之风者，顽夫廉，懦夫有立志。

"伊尹曰：'何事非君？何使非民？'治亦进，乱亦进，曰：'天之生斯民也，使先知觉后知，使先觉觉后觉。予，天民之先觉者也。予将以此道觉此民也。'思天下之民，匹夫匹妇有不与被尧、舜之泽者，如己推而内之沟中，其自任以天下之重也。

"柳下惠不羞污君，不辞小官；进不隐贤，必以其道，遗佚而不怨，厄穷而不悯。与乡人处，由由然不忍去也：'尔为尔，我为我，虽袒裼裸裎于我侧，尔焉能浼我哉？'故闻柳下惠之风者，鄙夫宽，薄夫敦。

"孔子之去齐，接淅而行。去鲁，曰：'迟迟吾行也，去父母国之道也。'❶可以速而速，可以久而久，可以处而处，可以仕而仕：孔子也。"

注释

❶《论语·微子》："何必去父母之邦？"《孟子·公孙丑下》："予三

宿而出昼，于予心犹以为速……夫出昼而王不予追也，予然后浩然有归志。"《万章下》："孔子之去齐，接淅而行。去鲁，曰：'迟迟吾行也，去父母国之道也。'"（《尽心下》有与这里引录的《万章下》基本相同的话）按："父母之邦"当然就是"父母国"，也就是后世人常说的祖国。自国家产生之后，爱国思想也就接着产生了。上文从《论语》《孟子》录出的三条，可以算是证明爱国思想的较早的文献资料。仅仅因为我们伟大的祖国先秦时代尚未完成统一大业，所以爱国思想的表现或表达方式有异于秦汉以及秦汉之后。

原文

孟子曰："伯夷，圣之清者也。伊尹，圣之任者也。柳下惠，圣之和者也。孔子，圣之时者也。❷孔子之谓集大成。集大成也者，金声而玉振之也。金声也者，始条理也。玉振之也者，终条理也。始条理者，智之事也。终条理者，圣之事也。智，譬则巧也。圣，譬则力也。由射于百步之外也，其至，尔力也；其中，非尔力也。"

注释

❷ 杨伯峻先生《孟子译注》："伯夷是圣人之中清高的人，伊尹是圣人之中负责的人，柳下惠是圣人之中随和的人，孔子则是圣人之中识时务的人。"基本准确。其实，孟子在同一段议论之前已经解释了伯夷之"清"、伊尹之"任"、柳下惠之"和"、孔子之"时"。譬如：伊尹之"任"是"自任"，主动进取，主动承担责任；柳下惠之"和"是"尔为尔，我为我"，自有原则；孔子之"时"是"可以怎样而怎样"，不可以怎样就不怎样，也是柔中有刚，与所谓"识时务者为俊杰"不应混同。惜乎杨先生遽归道山，我们已经无缘向先生请教了。

原文

2 北宫锜问曰:“周室班爵禄也,如之何?”孟子曰:“其详不可得闻也。诸侯恶其害己也,而皆去其籍。然而轲也尝闻其略也。天子一位,公一位,侯一位,伯一位,子、男同一位,凡五等也。君一位,卿一位,大夫一位,上士一位,中士一位,下士一位,凡六等。天子之制,地方千里,公侯皆方百里,伯七十里,子、男五十里,凡四等。不能五十里,不达于天子,附于诸侯,曰附庸。天子之卿,受地视侯,大夫受地视伯,元士受地视子、男。大国地方百里,君十卿禄,卿禄四大夫,大夫倍上士,上士倍中士,中士倍下士,下士与庶人在官者同禄,禄足以代其耕也。次国地方七十里,君十卿禄,卿禄三大夫,大夫倍上士,上士倍中士,中士倍下士,下士与庶人在官者同禄,禄足以代其耕也。小国地方五十里,君十卿禄,卿禄二大夫,大夫倍上士,上士倍中士,中士倍下士,下士与庶人在官者同禄,禄足以代其耕也。[1]耕者之所获,一夫百亩,百亩之粪[2],上农夫食九人,上次食八人,中食七人,中次食六人,下食五人。庶人在官者,其禄以是为差。”

注释

❶ 我们相信周代有一套完整的爵禄制度。周公制礼,不可能没有建设爵禄制度。考察周朝的社会文明,不能不考察它的上层建筑的一个重要部分即爵禄制度。做这一类考察研究的主要依据,不外乎两个来源,一是文物考古实物资料,二是先秦以及汉代文献。而《孟子·万章下》这一段记载应是重要文献资料之一。我们注意到近代以郭沫若先生为代表的考古学家、历史学家不相信《孟子》这一段资料。但也有一些考古学家、历史学家、文献学家对这一段记载并不怀疑,他们将田野考古发掘所见文物(譬如礼器的排列组合)与孟子所述周室爵禄制度联系起来研究,取得了可观可靠的成果。拙撰《中国礼制史·先秦卷》有可供参考的说

明，这里不能说得过多。

❷ 小戴辑《礼记·王制》有“百亩之分”句，郑注：“‘分’或为‘粪’。”百亩之分，应该是制田百亩承担的任务。也有学者认为“粪”指施肥之事。今两说并存。

原文

3 万章问曰：“敢问友。”孟子曰：“不挟长，不挟贵，不挟兄弟而友。友也者，友其德也，不可以有挟也。孟献子，百乘之家也，有友五人焉：乐正裘，牧仲，其三人则予忘之矣。献子之与此五人者友也，无献子之家者也。此五人者，亦有献子之家则不与之友矣。非惟百乘之家为然也，虽小国之君亦有之。费惠公曰：‘吾于子思，则师之矣。吾于颜般，则友之矣。王顺、长息，则事我者也。’非惟小国之君为然也，虽大国之君亦有之。晋平公〔之〕[1]于亥唐也，入云则入，坐云则坐，食云则食。虽疏食菜羹，未尝不饱，盖不敢不饱也。然终于此而已矣，弗与共天位也，弗与治天职也，弗与食天禄也。士之尊贤者也，非王公〔之〕[2]尊贤也。舜尚见帝。帝馆甥于贰室，亦飨舜，迭为宾主，是天子而友匹夫也。[3]用下敬上，谓之贵贵。用上敬下，谓之尊贤。贵贵、尊贤，其义一也。”[4]

注释

❶ “之”字据阮元等人《校勘记》补入。

❷ “之”字据阮元等人《校勘记》补入。

❸ 这里“帝”指尧，“甥”指舜。《尔雅·释亲》：“妻之父为外舅”，“谓吾舅者，吾谓之甥也”。尧以二女妻舜，舜以尧为外舅，做了尧的“甥”。“飨”，以酒食待客之礼。

❹ 孟子答万章问友这一段，论交友之道。“友也者，友其德也，不可以有挟也”，“有挟”之友必无德无诚心，必不可交。这个道理已为历史上无数的事实所证明。

原文

4 万章曰:“敢问交际何心也?”孟子曰:“恭也。”曰:“‘却之却之为不恭’,何哉?”曰:“尊者赐之,曰:‘其所取之者,义乎?不义乎?’而后受之,以是为不恭,故弗却也。”曰:“请无以辞却之,以心却之,曰:‘其取诸民之不义也。’而以他辞无受,不可乎?”曰:“其交也以道,其接也以礼,斯孔子受之矣。”万章曰:“今有御人于国门之外者,其交也以道,其馈也以礼,斯可受御与?”曰:“不可。《康诰》曰:‘杀越人于货,闵不畏死,凡民罔不譈。’是不待教而诛者也。[1]殷受夏,周受殷,所不辞也。于今为烈,如之何其受之?”曰:“今之诸侯取之于民也,犹御也。苟善其礼际矣,斯君子受之。敢问何说也?”曰:“子以为有王者作,将比今之诸侯而诛之乎?其教之不改而后诛之乎?夫谓非其有而取之者盗也,充类至义之尽也。孔子之仕于鲁也,鲁人猎较,孔子亦猎较;猎较犹可,而况受其赐乎?”[2]曰:“然则孔子之仕也,非事道与?”曰:“事道也。”“事道奚猎较也?”曰:“孔子先簿正祭器,不以四方之食供簿正。”曰:“奚不去也?”曰:“为之兆也。兆足以行矣,而不行,而后去,是以未尝有所终三年淹也。孔子有见行可之仕,有际可之仕,有公养之仕。于季桓子,见行可之仕也。于卫灵公,际可之仕也。于卫孝公,公养之仕也[3]。”

注释

[1] 《康诰》,《尚书·周书》中篇名。譈,一作憝(duì),依赵注,是杀的意思。江声、王念孙说是“怨”的意思。“于货”的于,江声说“犹取也”。杀人取货,“冒冒然不畏死刑,凡民无不怨之”。江声以为“此言不待教而诛者也”。

[2] 张尔岐《蒿庵闲话》:“古人田猎既毕,择取三等中杀者,每等得十,以充君庖。其余则与士众习射于射宫,射而中,田不得禽则得禽;田得禽而射不中,则不得禽。盖田时各奋武勇,及既获,则公

之，辞让而后取也。若夫猎较者，不复习射，唯以所获之多少为所取之多少；当其猎时，自互相攫(jué)夺。此亦古法变坏之一端，然皆用以祭其祖先，殊无大过。”赵注更早已说过：“孔子随鲁人之猎较。猎较者，田猎相较夺禽兽，得之以祭……猎较尚犹可为，况受其赐而不可也？”按：两家对猎较的解释基本相同，其说可信。

❸《孟子·滕文公下》记答周霄问一段，已经议论过孔子急于出仕。《论语》记孔子语，多有急于出仕的表白(如《子罕》《子路》《阳货》等篇)，足证孟子没有把他的祖师爷孔子看错。但《论语·微子》也记下了孔子说过的“君子之仕也，行其义也”这一句，意思是：倘若仕而不义，孔子宁肯不仕。《孟子·万章下》这里记载的孟子的话，正应该联系《论语·微子》这一句，才能正确理解而不致曲解。《孟子》这里说“孔子有见行可之仕，有际可之仕，有公养之仕”，赵注：“行可，冀可行道也。鲁卿季桓子秉国之政，孔子仕之，冀可得因之行道也。际，接也。卫灵公接遇孔子以礼，故见之也。卫孝公以国君养贤者之礼养孔子，故宿留以答之矣。”赵邠卿解释了孔子的三种仕法，其实后两种只是短暂的礼节行为而已，算不了出仕。如果不能行其义，孔子就只有所谓“际可之仕”与“公养之仕”的短暂行为；而在鲁国的所谓“见行可之仕”也会较快地结束，只是由于那是“去父母国之道”，才会出现“迟迟吾行”的情况。

原文

5 孟子曰：“仕非为贫也，而有时乎为贫。娶妻非为养也，而有时乎为养。为贫者，辞尊居卑，辞富居贫。辞尊居卑，辞富居贫，恶乎宜乎？抱关击柝。孔子尝为委吏矣，曰：‘会计当而已矣。’尝为乘田矣，曰：‘牛羊茁壮长而已矣。’位卑而言高，罪也。立乎人之本朝而道不行，耻也。”❶

注释

❶ 柝(tuò),打更用的梆子。正是因为以“道不行”为耻,所以孔子宁肯当“委吏”“为乘田”。这种“仕”,“为贫”而已。孟子说的“抱关击柝”,实际也只是“为贫”之仕(参看下一段的解说)。

原文

6 万章曰:“士之不托诸侯,何也?”孟子曰:“不敢也。诸侯失国而后托于诸侯,礼也。士之托于诸侯,非礼也。”万章曰:“君馈之粟,则受之乎?”曰:“受之。”“受之何义也?”曰:“君之于氓也,固周之。”曰:“周之则受,赐之则不受,何也?”曰:“不敢也。”曰:“敢问其不敢何也?”曰:“抱关击柝者,皆有常职以食于上。无常职而赐于上者,以为不恭也。”曰:“君馈之,则受之,不识可常继乎?”曰:“缪公之于子思也,亟问,亟馈鼎肉。子思不悦,于卒也摽使者出诸大门之外,北面稽首再拜而不受,曰:‘今而后知君之犬马畜伋!’盖自是台无馈也。悦贤不能举,又不能养也,可谓悦贤乎?”曰:“敢问国君欲养君子,如何斯可谓养矣?”曰:“以君命将之,再拜稽首而受。其后廪人继粟,庖人继肉,不以君命将之。子思以为鼎肉使(已)〔己〕仆仆尔亟拜也,非养君子之道也。[❶]尧之于舜也,使其子九男事之,二女女焉,百官牛羊仓廪备,以养舜于畎亩之中,后举而加诸上位,故曰王公之尊贤者也。”

注释

❶ 摽(biāo),挥之使去。“北面稽首再拜”:“北面”,因为尊君。“稽首再拜”,焦氏《正义》解说甚详,其中引阎若璩《释地又续》说:“凡先稽首后再拜,凶拜之类也。先再拜后稽首,吉拜之类也。吉拜,拜之常,故主于受;凶拜,拜之异,故主不受。”子思“稽首再拜”,是表示拒绝鲁缪公之馈鼎肉。所谓“犬马畜伋”,指鲁缪公

把孔伋(子思)当犬马一样养着,给吃给住,根本没有打算重用他。“台无馈”,旧说都把“台”说成贱吏,焦氏《正义》引《左传》昭公七年“仆臣台”为证。杨遇夫(树达)先生《积微居小学金石论丛·孟子台无馈解》做出了让人耳目一新的解释,说:“台当读始,‘盖自是台无馈’,谓鲁缪公自是始不馈子思也。”仆仆尔,赵注:“烦猥貌。”在子思看来,鲁缪公不懂得养君子之道。孟子受业于子思之门人,他自己也亲身经历过子思那样的遭遇,所以答万章问论及王公养君子、尊贤者之道。

原文

7 万章曰:“敢问不见诸侯,何义也?”孟子曰:“在国曰市井之臣,在野曰草莽之臣,皆谓庶人。庶人不传质为臣,不敢见于诸侯,礼也。”万章曰:“庶人,召之役,则往役;君欲见之,召之,则不往见之。何也?”曰:“往役,义也。往见,不义也。且君之欲见之也,何为也哉?”曰:“为其多闻也,为其贤也。”曰:“为其多闻也,则天子不召师,而况诸侯乎?为其贤也,则吾未闻欲见贤而召之也。缪公亟见于子思,曰:‘古千乘之国以友士,何如?’子思不悦,曰:‘古之人有言,曰“事”之云乎?岂曰“友”之云乎?’子思之不悦也,岂不曰:‘以位,则子君也,我臣也,何敢与君友也?以德,则子事我者也,奚可以与我友?’千乘之君,求与之友而不可得也,而况可召与?齐景公田,招虞人以旌,不至,将杀之。‘志士不忘在沟壑,勇士不忘丧其元。’孔子奚取焉?取非其招不往也。”曰:“敢问招虞人何以?”曰:“以皮冠。庶人以旃,士以旂,大夫以旌。以大夫之招招虞人,虞人死不敢往。以士之招招庶人,庶人岂敢往哉?况乎以不贤人之招招贤人乎?欲见贤人而不以其道,犹欲其入而闭之门也。❶夫义,路也;礼,门也。惟君子能由是路,出入是门也。❷《诗》云:‘周道如(底)〔厎〕,其直如矢。君子所履,小人所视。’”❸万章曰:“孔子:

‘君命召,不俟驾而行。’然则孔子非与?”曰:“孔子当仕有官职,而以其官召之也。”

注释

❶ 赵注:“在国谓都邑……传,执也。见君之质,执雉之属也。”《音义》:“质,丁读如贽。”执贽,《礼经》中常见。孟子这里说到的礼节有四项内容:一、“庶人不传质为臣,不敢见于诸侯,礼也”;“往役,义也。往见,不义也”。二、“天子不召师,而况诸侯乎?”三、国君招臣下各有制度,“庶人以旃,士以旂,大夫以旌”,招虞人以皮冠。“非其招不往”。四、“吾未闻欲见贤而召之也。”按:见贤之道不复杂,应就贤而见之。《公孙丑下》已经说过国君见贤之礼,《滕文公下》说过“非其招不往”,可以与《万章下》这一段合观。

❷ “夫义,路也;礼,门也”,孟子这里用比喻说明“礼”“义”的重要而又普遍的意义。

❸ “底”,当为“厎”之形讹字,据阮元等人《校勘记》改。《诗经·小雅·大东》本作“厎”而不作“底”,即使没有阮元等人的《校勘记》,也应该据诗本文校改。孟子这里引这四句诗,是为了说明“礼”“义”为君子必由之途。

原文

8 孟子谓万章曰:“一乡之善士,斯友一乡之善士。一国之善士,斯友一国之善士。天下之善士,斯友天下之善士。以友天下之善士为未足,又尚论古之人。颂其诗,读其书,不知其人可乎?是以论其世也。是尚友也。”❶

注释

❶ 这里论“尚友”之道,也是研究古籍的重要途径。所谓“知人论世”,源出于此。与当今天下善士交朋友,又通过古籍上与古人

交朋友,实为人生一快事。孟子必有切身体会,所以才有这一通议论。

原文

9 齐宣王问卿。孟子曰:“王何卿之问也?”王曰:“卿不同乎?”曰:“不同。有贵戚之卿,有异姓之卿。”王曰:“请问贵戚之卿。”曰:“君有大过则谏,反覆之而不听,则易位。”王勃然变乎色。曰:“王勿异也。王问臣,臣不敢不以正对。”王色定,然后请问异姓之卿。曰:“君有过则谏,反覆之而不听,则去。”[1]

注释

[1] 易位,赵注:“易君之位,更立亲戚之贤者。”去是离开。孟子答齐宣王问卿,概论贵戚之卿与异姓之卿对待国君的两种态度,切合这两种卿与国君的不同关系,对当时人与后世人理解卿大夫的政治表现及其本质有启迪作用。对所谓宗臣与其他臣民处理君臣关系的思想言行做深入分析,盖始于孟子。(孟子对宗臣与国君关系的研究,在中国古代是比较早的。)

告子上

导读

告子是与孟子同时的一个知名学者,有唯物主义的思想倾向。旧注疏将《告子上》分为二十章。我们的分段与旧注疏不完全相同(我们认为同是论述“义内”与“义外”的两小段应合为一段)。孟子、告子关于人性与仁义的论辩,孟子关于舍生取义、学问之道以及大人小人与天爵的议论,在我国历史上产生过深远的影响,而为人舍生取义、求学专心致志的启示,实具有永恒意义。

原文

1 告子曰："性，犹杞柳也。义，犹桮棬也。以人性为仁义，犹以杞柳为桮棬。"孟子曰："子能顺杞柳之性而以为桮棬乎？将戕贼杞柳，而后以为桮棬也。如将〔戕〕贼杞柳而以为桮棬，则亦将戕贼人以为仁义与？率天下之人而祸仁义者，必子之言夫！"❶

注释

❶ 杞(qǐ)柳，一种落叶灌木，生在水边，其枝条可以用来编筐篮等器具。桮棬(quān)，曲木制成的饮器。赵注将桮棬说成"桮素"，与我们的理解有区别。戕(qiāng)贼，伤害的意思。告子的意思是：使人性具备仁义，好比将杞柳做成桮棬一样。形而上者(人性，仁义)与形而下者(杞柳，桮棬)各自为类，本来是可以的。然而将形而上者一类与形而下者一类联系起来，有"拟不于伦"之嫌，就未必妥当了。可是孟轲先生把告子说的"以人性为仁义"篡改成"戕贼人以为仁义"，人之性(人性)变而代替了人，这当然更说不通了。偷换概念，偷换论题，实不足以服人。

原文

告子曰："性犹湍水也，决诸东方则东流，决诸西方则西流。人性之无分于善不善也，犹水之无分于东西也。"孟子曰："水信无分于东西，无分于上下乎？人性之善也，犹水之就下也。人无有不善，水无有不下。今夫水，搏而跃之，可使过颡；激而行之，可使在山。是岂水之性哉？其势则然也。人之可使为不善，其性亦犹是也。"❷

注释

❷ 告子说："人性之无分于善不善也，犹水之无分于东西也。"这话本来并没有大错，只是没有必要将人性与水作比方而已(水自

水,人性自人性)。孟子为了宣扬他的“性善”论,也用水作比方,说了一通理由,归结为“人之可使为不善,其性亦犹是也”。这就让人纳闷:既然可以使人为不善,为什么偏要执着于“性善”论呢?孟子“性善”论的意思,也许只是强调人的本性是善良的,而后天的环境、改造可能使人性发生变化,“其势则然也”。承认后天诸因素的作用,这是可以接受的观点。当然,水有水的性,人有人的性,都有性,两者之性不是根本不能放到一起说。所谓性,无非是与生俱来的自成常规的本质,也就是《中庸》说的“天命之谓性”。“水之就下”,据说是水的性,然而这并不特别。由于万有引力定律,如果不努力克服地球的引力,世上万物都不能不“就下”。可是人性就不同了,唯有后天诸因素的作用才能使它向某种方向变化或发展。就其本质属性而言,人性与所谓“水性”实在是无法比拟、无法联系起来的不同的类概念。

原文

2 告子曰:“生之谓性。”孟子曰:“生之谓性也,犹白之谓白与?”曰:“然。”“白羽之白也,犹白雪之白;白雪之白,犹白玉之白与?”曰:“然。”“然则犬之性犹牛之性,牛之性犹人之性与?”❶

注释

❶ 告子说“生之谓性”,这没有什么错。他承认“白羽之白也,犹白雪之白;白雪之白,犹白玉之白”,这也是对的。仅就颜色而言,白色就是白色,白羽、白雪与白玉的白色都是白色,没有什么不同。这样说符合唯物论的反映论。既然告子这里并无错误,对并无错误的说法加以驳斥的说法就肯定有问题。孟子试图从“白羽之白也,犹白雪之白;白雪之白,犹白玉之白”推导出“犬之性犹牛之性,牛之性犹人之性”的常识性错误,并强加给告子,殊不知他自己又犯下了异类相比的逻辑错误。须知颜色是颜色,品性是品性,物体的本性不是由颜色决定的。譬如羽毛可以是白色的,可

以不是白色的,但它们都具有羽毛的普遍的本性。虽然颜色相同(譬如都是白色的),但是物体的本性不必相同(譬如白羽、白雪与白玉三物各具有不同的性质)。无论是谁,企图由白羽之白犹白雪之白犹白玉之白,推导出"犬之性犹牛之性,牛之性犹人之性"的结论,都只能是百分之百的荒谬。从表面的相同推论内在性质的相同,怎么行得通？由一个字(譬如"白"字或"性"字)相同推导所有物性相同,这只是简单的形式逻辑的儿戏罢了。拙著《十子平议·孟轲》有详论,这里不拟多说。

原文

3 告子曰:"食、色,性也。仁,内也,非外也。义,外也,非内也。"孟子曰:"何以谓仁内义外也?"曰:"彼长而我长之,非有长于我也。犹彼白而我白之,从其白于外也,故谓之外也。"曰:"异于白马之白也,无以异于白人之白也。不识长马之长也,无以异于长人之长与？且谓长者义乎？长之者义乎?"曰:"吾弟则爱之,秦人之弟则不爱也。是以我为悦者也,故谓之内。长楚人之长,亦长吾之长,是以长为悦者也,故谓之外也。"曰:"耆秦人之炙,无以异于耆吾炙。夫物则亦有然者也,然则耆炙亦有外与?"❶

注释

❶ 告子说"食、色,性也",这也没有什么错。真要说到"人性",这倒是发自人类共同的本性了。请问凡是人类,谁不嗜甘于食、嗜美于色呢？谁不喜欢甘食美色呢？告子又有"仁内义外"的学说。"仁"发自内心,这大约是孟子与告子的共识,所以孟子没有说驳斥的话。告子认为"义"是外在的东西,不是从内心发生的;孟子不同意这种观点,而有相反的说法。我们对这个问题的看法,与孟子告子各有同异。告子认为"彼长而我长之""彼白而我白之""长楚人之长,亦长吾之长",这里所谓"长""白"确实都是"外",

"我长之""我白之"是对外在的事物的正确的认识和态度,这是唯物论的反映论,我们赞同。但是,"我长之""我白之"都已经是认识外界之后发自"我"的内心的活动,这种"长之""白之"的心理反应与判断行为是正确的、适宜的。"义者宜也"(《礼记·中庸》),可见"义"也是从内心发生的。"仁""义"作为观念形态的思想准则,本来都是人类社会思维活动的产物,不知告子何以做出"义,外也,非内也"的判断。(当然"仁""义"可以转化为表现在外的行为的制约力或者促动力,而且"仁""义"作为思想准则,其本身确实也都是外在的社会实践的产物。)孟子重视人类思维活动,认为"义"也产生于人的内心,这就突出了人的认识过程与思维结果,后世(或当时)读者应该可以接受。但他说的"耆(shì,音义与"嗜"相同)炙亦有外欤",如果全盘否定外在的因素,那就又有点问题了。譬如:若是外在的"炙"根本不能吸引人们"耆"之好之,那又怎么会有耆好发自内心呢?告子对孟子的议论是否表示接受,不得而知,但是关于"义内""义外"的辩论,这一小段没有能够结束。

原文

4 孟季子问公都子曰:"何以谓义内也?"曰:"行吾敬,故谓之内也。""乡人长于伯兄一岁,则谁敬?"曰:"敬兄。""酌则谁先?"曰:"先酌乡人。""所敬在此,所长在彼,果在外,非由内也。"公都子不能答,以告孟子。孟子曰:"敬叔父乎?敬弟乎?彼将曰:'敬叔父。'曰:'弟为尸,则谁敬?'彼将曰:'敬弟。'子曰:'恶在其敬叔父也?'彼将曰:'在位故也。'子亦曰:'在位故也。'庸敬在兄,斯须之敬在乡人。"季子闻之,曰:"敬叔父则敬,敬弟则敬,果在外,非由内也。"公都子曰:"冬日则饮汤,夏日则饮水,然则饮食亦在外也?"[1]

注释

❶ 赵注:"庸,常也。常敬在兄,斯须之敬在乡人也。"按:"斯须"是短时间。这一小段还是关于"义内"与"义外"的讨论。为何"先酌乡人"?那是因为"乡人长于伯兄一岁",而"乡党莫如齿"(《公孙丑下》)。"弟为尸"则敬弟,那是因为"弟为尸"则成了先祖受祭的观念中的象征或代表。无论敬谁(包括"庸敬"与"斯须之敬"),都必然受思想观念的支配,都以为"义"才那样做。而"义"在彼时已经是存于内心的观念,这类观念当然是在人们的社会实践的基础上通过思维活动产生的,而社会实践是不能离开外部客观条件的。孟子与公都子恰恰忘记了这一层外内关系。

原文

5 公都子曰:"告子曰:'性无善无不善也。'或曰:'性可以为善,可以为不善。是故文、武兴则民好善,幽、厉兴则民好暴。'或曰:'有性善,有性不善。是故以尧为君而有象,以瞽瞍为父而有舜,以纣为兄之子且以为君,而有微子启、王子比干。'今曰'性善',然则彼皆非与?"❶孟子曰:"乃若其情,则可以为善矣,乃所谓善也。若夫为不善,非才之罪也。恻隐之心,人皆有之。羞恶之心,人皆有之。恭敬之心,人皆有之。是非之心,人皆有之。恻隐之心,仁也。羞恶之心,义也。恭敬之心,礼也。是非之心,智也。仁、义、礼、智,非由外铄我也,我固有之也,弗思耳矣。❷故曰:求则得之,舍则失之。或相倍蓰而无算者,不能尽其才者也。《诗》曰:'天生蒸民,有物有则。民之秉彝,好是懿德。'孔子曰:'为此诗者,其知道乎!故有物必有则,民之秉彝也,故好是懿德。'❸"

注释

❶ "性无善无不善""性可以为善,可以为不善""有性善,有性不

善”,这三种说法都与孟子的“性善”论不同。如果尊重事实,尊重对社会存在的正常认识,那就应该说前三种观点比孟子的“性善”论接近于真实。即以涵盖面而论,孟子一味强调“性善”,其说不如前三种说法包罗之广。况且前三种观点与人的可塑性相容,所以我们不必因为孟轲先生名气较大而轻易否定告子们的意见。

❷ 孟子这里说“恻隐”“羞恶”“恭敬”“是非”之心人皆有之,说“仁义礼智非由外铄(shuò,有“熔化”“消损”“美饰”等意思)我也,我固有之也”,目的当然还在于宣扬他的“性善”论。问题恰好在于:孟子说的那些思想观念是不是人皆有之,是不是人们“固有之”而非由外铄之。孟子批评人家“弗思耳矣”,这倒是值得认真思考的。孟子说是“我固有之也”,那意思是说:每个人从娘肚子里一生下来就懂仁义礼智了。如果不是这个意思,那就成了后天诸因素作用的结果,那就分明是“由外铄我”而不是我“固有之”了。

❸ 这里引诗见《诗经·大雅·烝民》。彝,一作夷。毛传:“烝,众。物,事。则,法。彝,常。懿,美也。”孟子引录这些诗句,接着又引孔子的话,目的也只是在于证明他宣扬的人性善是人皆有之、人固有之,实则未必然。

原文

6 孟子曰:“富岁子弟多赖,凶岁子弟多暴。非天之降才尔殊也,其所以陷溺其心者然也。今夫麰麦,播种而耰之,其地同,树之时又同,浡然而生,至于日至之时,皆孰矣。虽有不同,则地有肥硗,雨露之养、人事之不齐也。故凡同类者,举相似也。何独至于人而疑之?圣人与我同类者。故龙子曰:‘不知足而为屦,我知其不为蒉也。’屦之相似,天下之足同也。口之于味,有同耆也。易牙,先得我口之所耆者也。如使口之于味也,其性与人殊,若犬、马之与我不同类也，则天下何耆皆从易牙之于味也？至于味，天下期于易牙，是天下之口相似也。惟耳亦然。至于声，天下期于师旷，是天下之耳相似也。惟目亦然。至于子都，天下莫不知其姣也。不知子都之姣者，无目者也。故曰：口之于味也，有同耆焉；耳之于声也，有同听焉；目之于色也，有同美焉。至于心，独无所同然乎？心之所同然者何也？谓理也，义也，圣人先得我心之所同然耳。故理义之悦我心，犹刍豢之悦我口。”❶

注释

❶ 赖，赵注解释为“善”。王怀祖《广雅疏证》也认为这个“赖”是“善”的意思。焦氏《正义》引录并肯定阮芸台的解说，认为这个“赖”就是“懒”。麰(móu)，古代称大麦。耰(yōu)，古代的一种农具，用来把土块弄碎，并用以平整田地，《孟子》这里应该是用耰扒土覆盖种子的意思。硗(qiāo)，指土地坚硬而不肥沃。蒉(kuì)，古时指草编织的筐子。刍(chú)，本指喂牲畜的草。豢(huàn)，本指喂养牲畜。这里用“刍豢”指代牲畜之肉。今按：这一段议论有四个观点值得注意。一、“富岁子弟多赖，凶岁子弟多暴。非天之降才尔殊也，其所以陷溺其心者然也。”这可能是符合唯物论的观点，而且未必是机械唯物论。生活环境“陷溺其心”，年轻人“多赖”“多暴”，这未必是没有道理的说法。即使加强政治思想工作，加强教育，也未必可以完全避免这些不良情况的出现。二、“凡同类者，举相似也，何独至于人而疑之？”这个说法足以表明孟子心目中自有明确的类概念，但不知为何，他的辩论违反“异类不比”这一原则的时候并不算少。“凡同类者，举相似也”，这个“同类”不包括“人”，因为后面另外提到“人”。有时把“人”类与不是“人”类的所谓“同类”相比，就往往出问题。三、“理义之悦我心，犹刍豢之悦我口”。这里标举“理义”两字，为后来理学家所利用。四、所谓“凡同类者，举相似也”，实质上是为“人性善”的理论做辩护的说法。孟子这样讲，违背了具体问题

具体分析的观点。譬如：对阶级社会的人不能根本不用阶级分析法。不同阶级的人不可能都是“性善”的人。

原文

7 孟子曰：“牛山之木尝美矣。以其郊于大国也，斧斤伐之，可以为美乎？是其日夜之所息，雨露之所润，非无萌蘖之生焉，牛羊又从而牧之，是以若彼濯濯也。人见其濯濯也，以为未尝有材焉，此岂山之性也哉？虽存乎人者，岂无仁义之心哉？其所以放其良心者，亦犹斧斤之于木也，旦旦而伐之，可〔以〕为美乎？其日夜之所息，平旦之气，其好恶与人相近也者几希，则其旦昼之所为，有梏亡之矣。梏之反复，则其夜气不足以存。夜气不足以存，则其违禽兽不远矣。人见其禽兽也，而以为未尝有才焉者，是岂人之情也哉？故苟得其养，无物不长；苟失其养，无物不消。孔子曰：‘操则存，舍则亡；出入无时，莫知其乡。’惟心之谓与！”❶

注释

❶ 濯濯，这里是“光秃秃”的意思。何焯《义门读书记》卷六：“‘有梏亡之矣’，‘有’当读去声。”《书·费誓》“今惟淫舍牿牛马”，郑注：“牿，桎梏之梏。”可见牿、梏相通。焦氏《正义》说：“有”读去声则为“又”，“谓才有所生息，又梏乱而亡失之也”。这一段议论，以牛山有材为美，比喻人当持仁义之心。又，山以有材木为美，反映了当时的一种美学观点。其中所谓“夜气”，应为山之材木、人之仁义之心生息所需，如同“雨露之所润”。末了引录孔子的话，应有根据，证明孔子曾有韵语之作。可以将这四句视为较早的谶语诗。孟子已点出孔子这几句话说的是“心”，然则孔子在中国历史上比较早地强调了“心”的作用以及特征。

原文

8 孟子曰："无或乎王之不智也。虽有天下易生之物也，一日暴之，十日寒之，未有能生者也。吾见亦罕矣，吾退而寒之者至矣，吾如有萌焉何哉？今夫弈之为数，小数也。不专心致志，则不得也。弈秋，通国之善弈者也。使弈秋诲二人弈。其一人专心致志，惟弈秋之为听。一人虽听之，一心以为有鸿鹄将至，思援弓缴而射之。虽与之俱学，弗若之矣。为是其智弗若与？曰：非然也。"❶

注释

❶ "无或乎"，"或"通"惑"，疑心、惊怪之词。"弈之为数"，赵注："弈，博也，或曰围棋……数，技也。"弓缴(zhuó)，弓与系在箭上的绳。这一段有两层意思。第一层说一暴十寒成不了事。第二层其实可以当一个寓言看，说明学弈与学别的本领一样，"不专心致志，则不得也"。干任何事都要专心。

原文

9 孟子曰："鱼，我所欲也。熊掌，亦我所欲也。二者不可得兼，舍鱼而取熊掌者也。生，亦我所欲也。义，亦我所欲也。二者不可得兼，舍生而取义者也。生亦我所欲，所欲有甚于生者，故不为苟得也。死亦我所恶，所恶有甚于死者，故患有所不辟也。如使人之所欲莫甚于生，则凡可以得生者，何不用也？使人之所恶莫甚于死者，则凡可以辟患者，何不为也？由是则生，而有不用也。由是则可以辟患，而有不为也。是故所欲有甚于生者，所恶有甚于死者。非独贤者有是心也，人皆有之，贤者能勿丧耳。一箪食，一豆羹，得之则生，弗得则死。呼尔而与之，行道之人弗受；蹴尔而与之，乞人不屑也。万钟则不辩礼义而受之，万钟于我何加焉？为宫室之美、妻妾之奉、所识穷乏者得我与？乡为身死而不受，今为宫室之美为之;乡为身死而不受,今为妻妾之奉为之;乡为身死而不受,今为所识穷乏者得我而为之,是亦不可以已乎!此之谓失其本心。"[1]

注释

❶ 著名的"舍生取义"的成语出于《孟子》这一段高论。两千多年来,许多志士仁人从《孟子》这一席话获得精神力量,成就了他们光辉的人生。蹴(cù),踢的意思。"呼尔""蹴尔","尔"与《孟子·尽心下》"人能充无受'尔''汝'之实"的"尔"意思相同,正所谓贱之之称。

原文

10 孟子曰:"仁,人心也。义,人路也。舍其路而弗由,放其心而不知求,哀哉!人有鸡犬放,则知求之;有放心而不知求。学问之道无他,求其放心而已矣。"[1]

孟子曰:"今有无名之指,屈而不信,非疾痛害事也。如有能信之者,则不远秦、楚之路,为指之不若人也。指不若人,则知恶之;心不若人,则不知恶:此之谓不知类也。"[2]

孟子曰:"拱把之桐、梓,人苟欲生之,皆知所以养之者。至于身,而不知所以养之者。岂爱身不若桐、梓哉?弗思甚也!"[3]

注释

❶ 这里将仁义比方为"人心""人路",提醒人们求其放心而不舍其路。"放心",伪孙疏解释为"放散其心""有心放离之"。"学问之道无他,求其放心而已矣",这是关于求学的名言之一。把放散了的心思收拢了,凝聚而专心了,才可以求学问。

❷ 要求人们不要"不知类"。上一段说:"仁,人心也。"这一段所谓"心不若人,则不知恶",意思应该是做到有仁心,才能算"知类"。

❸ 人们懂得树木必须培养,不知自身必须以仁义之道培养,这是不

知轻重缓急，以小失大，孟子戒之。

原文

孟子曰："人之于身也，兼所爱。兼所爱，则兼所养也。无尺寸之肤不爱焉，则无尺寸之肤不养也。所以考其善不善者，岂有他哉？于己取之而已矣。体有贵贱，有小大。无以小害大。无以贱害贵。养其小者为小人，养其大者为大人。今有场师，舍其梧槚，养其樲棘，则为贱场师焉。养其一指，而失其肩背而不知也，则为狼疾人也。饮食之人，则人贱之矣，为其养小以失大也。饮食之人无有失也，则口腹岂适为尺寸之肤哉？"❹

注释

❹ 梧槚（jiǎ，这里指楸树），都是落叶乔木，树干高直，木材质地好，宜于做器具。樲（èr），酸枣树。棘读 jí。钱竹汀《十驾斋养新录》认为"梧槚二物，则樲棘必非一物……棘即荆棘之棘也"。阮元等人《校勘记》则多方考证，认为"《孟子》本作'樲枣'"，"今本改作'樲棘'，非是"。钱阮两说，鄙见比较倾向于同意钱说，但与钱说也有小异。梧槚固二物，然而同类（都是乔木）。樲棘亦二物，然而亦当同类，都是酸枣一类；棘也是小酸枣树，而不是荆棘之棘。贱场师，治场圃而贱者、不明大事理者。舍弃栽培梧槚，而费力种植樲棘，那不是不明事理、因小失大吗？人也是这样，如果只顾养口腹而忘却养心，只顾养身而忘却仁义道德的培养，那不也是养小以失大的"饮食之人"吗？人贱之，也就没有什么可怪了。"岂适为尺寸之肤"的"适"，与"不啻"之啻（chì，但、只的意思）相通。赵注以"岂但"解释"岂适"，是对的。

原文

11 公都子问曰："钧是人也，或为大人，或为小人，何也？"孟子曰：

“从其大体,为大人。从其小体,为小人。”曰:“钧是人也,或从其大体,或从其小体,何也?”曰:“耳目之官,不思而蔽于物,物交物,则引之而已矣。心之官则思,思则得之,不思则不得也。(此)〔比〕天之所与我者,先立乎其大者,则其小者不能夺也。此为大人而已矣。”❶

孟子曰:“有天爵者,有人爵者。仁、义、忠、信,乐善不倦,此天爵也。公卿大夫,此人爵也。古之人修其天爵,而人爵从之。今之人修其天爵,以要人爵;既得人爵而弃其天爵:则惑之甚者也,终亦必亡而已矣。”❷

注释

❶ “此天之所以与我者”,“此”为“比”之形讹,今据阮元等人《校勘记》改正。这一段问答,说的是心官能“先立乎其大者”(思礼义而得其大体),那就可以为“大人”。其中“心之官则思”这一命题,可以算是人类早期思维研究(包括思维器官研究)的一个重要意见,未必正确无误(换句话说:不一定完全正确,也可能完全不正确),值得继续研究。

❷ 依孟子的说法,天爵就是仁义忠信的修养境界与行善的不倦精神。而人爵就是做官得到的不同等级的俸禄。今人得人爵而弃天爵,那就终究是小人,终究连人爵也要失去,真糊涂啊!

原文

12 孟子曰:“欲贵者,人之同心也。人人有贵于己者,弗思耳矣。人之所贵者,非良贵也。赵孟之所贵,赵孟能贱之。《诗》云:‘既醉以酒,既饱以德。’言饱乎仁义也,所以不愿人之膏粱之味也。令闻广誉施于身,所以不愿人之文绣也。”❶

注释

❶ 这里引诗见《诗经·大雅·既醉》。“醉以酒”无足称道,“饱以

德”才难能可贵。“人人有贵于己者”,赵注:“谓仁义广誉也。”这是要靠自己的思想修养、品德行为获得的,不待外求。焦氏《正义》:“良贵犹云最贵,非良贵犹云非最贵也。”唯有仁义广誉才算是“良贵”。焦氏不赞成后世儒者(譬如心学家)由这里所谓“良贵”造为“致良知”之说,值得注意。

原文

孟子曰:“仁之胜不仁也,犹水之胜火。今之为仁者,犹以一杯水救一车薪之火也;不熄,则谓之水不胜火:此又与于不仁之甚者也,亦终必亡而已矣!”

孟子曰:“五谷者,种之美者也。苟为不熟,不如荑❷稗。夫仁,亦在乎熟之而已矣。”

孟子曰:“羿之教人射,必志于彀;学者亦必志于彀。大匠诲人,必以规矩;学者亦必以规矩。”❸

注释

❷ 荑(tí,不读 yí),指田地里稗子一类的野草。

❸ 彀(gòu),这里指张弓搭箭向箭靶,指彀中(箭能射及的范围)。孟子说:教人者与学者都要有规矩。这是正确的说法,只是各家各门派规矩有区别罢了。

告子下

导读

旧注疏分《告子下》为十六章。我们将《告子下》分为十五段。其中仍然可以看到孟子宣扬并强调的关于“礼”“仁义”的议论。而“宋牼将之楚”一段之于义利,“曹交问”一段所说“人皆可以为尧舜”,“舜发于畎亩之中”一段之于人生,皆大有教益于社会。

原文

1 任人有问屋庐子曰:“礼与食孰重?”曰:“礼重。”“色与礼孰重?”曰:“礼重。”曰:“以礼食,则饥而死;不以礼食,则得食,——必以礼乎?亲迎,则不得妻;不亲迎,则得妻,——必亲迎乎?”屋庐子不能对,明日之邹,以告孟子。孟子曰:“於!答是也何有?不揣其本而齐其末,方寸之木可使高于岑楼。❶金重于羽者,岂谓一钩金与一舆羽之谓哉?取食之重者与礼之轻者而比之,奚翅食重?取色之重者与礼之轻者而比之,奚翅色重?”❷往应之曰:“紾❸兄之臂而夺之食,则得食;不紾则不得食,——则将紾之乎?逾东家墙而搂其处子,则得妻;不搂则不得妻,——则将搂之乎?”❹

注释

❶ “於”(wū),感叹词。岑(cén),高山而锐岭者。(锐则小,所以《尔雅·释山》说:“山小而高,岑。”)岑楼,就是有尖顶的高楼。

❷ 赵注:“翅,辞也。若言何其不重也。”阮元等人《校勘记》:“按:‘翅,辞也’者,翅者是语词,即‘不啻’也。《说文·口部》曰:‘啻,语时不啻也。’‘奚翅’‘不啻’,犹《史》《汉》之言‘颗颐’。或析‘翅’字训‘但’,误矣。注云‘若言何其重也’,正谓色食之重者。后人添‘不’字,遂不可解矣。”今按:阮元这里的说法大多可取,但他说“不啻”的“不”字为后人添加,恐怕未必然。《尚书·秦誓》“不啻若自其口出”,《大学》引《秦誓》也作“不啻”。《秦誓》《大学》之作,不会后于《孟子》。段氏注《说文》,赞成“不啻”如楚人言“颗颐”的说法,但他就不说“不啻”的“不”是后人添上去的。

❸ 紾(zhěn),扭、转的意思。

❹ 这一段文章所记载的孟子的话,意思还是不难理解的。食、色与礼比较,哪个重要?孟夫子认为:只要是揣本之论,那么当然还是应该说礼为重。

原文

2 曹交问曰："'人皆可以为尧、舜'，有诸？"孟子曰："然。""交闻文王十尺，汤九尺。今交九尺四寸以长，食粟而已，如何则可？"曰："奚有于是？亦为之而已矣。有人于此，力不能胜一匹雏，则为无力人矣。今曰举百钧，则为有力人矣。然则举乌获之任，是亦为乌获而已矣。夫人岂以不胜为患哉？弗为耳。徐行后长者谓之弟，疾行先长者谓之不弟。夫徐行者，岂人所不能哉？所不为也。尧、舜之道，孝弟而已矣。子服尧之服，诵尧之言，行尧之行，是尧而已矣。子服桀之服，诵桀之言，行桀之行，是桀而已矣。"[1]曰："交得见于邹君，可以假馆，愿留而受业于门。"曰："夫道，若大路然，岂难知哉？人病不求耳。子归而求之，有余师。"

注释

1. 赵注："曹交，曹君之弟。交，名也。"又说："乌获，古之有力人也。"这一段孟子答曹交问，赞成"人皆可以为尧、舜"的观点，鼓励曹交行尧、舜之道。孟夫子的意思，关键在于行为，在于"行尧之行"的实践（"诵尧之言"也是一种行为，但不能代替"行尧之行"的实践）。

原文

3 公孙丑问曰："高子曰：'《小弁》，小人之诗也。'"孟子曰："何以言之？"曰："怨。"曰："固哉，高叟之为《诗》也！有人于此，越人关弓而射之，则己谈笑而道之；无他，疏之也。其兄关弓而射之，则己垂涕泣而道之；无他，戚之也。《小弁》之怨，亲亲也。亲亲，仁也。固矣夫，高叟之为《诗》也！"[1]曰："《凯风》何以不怨？"曰："《凯风》，亲之过小者也。《小弁》，亲之过大者也。亲之过大而不怨，是愈疏也。亲之过小而怨，是不可矶也。愈疏，不孝也。不可矶,亦不孝也。孔子曰:'舜其至孝矣!五十而慕。❷'"

注释

❶《小弁》,见《诗经·小雅》。诗中说:"民莫不穀,我独于罹。何辜于天?我罪伊何?心之忧矣,云如之何!"据孔颖达等人《毛诗正义》,是周幽王信褒姒之谗而放逐太子姬宜咎之后,太子之傅作了这首诗。我们认为此说未必可信,但是其来有自,先秦旧说当即如此。高子说此诗"怨",这是没有说错的,但他说成"小人之诗",那就未必有道理。赵注:"怨者,怨亲之过,故谓之小人。"可是孟子持不同意见,他认为《小弁》之怨是"亲亲",而"亲亲"是仁,高子说《小弁》是小人之诗,未免失之固执而不达诗意。

❷《凯风》,见《诗经·邶风》。原诗说:"有子七人,母氏劳苦。""有子七人,莫慰母心。"与《小弁》比较,应该说:"《凯风》,亲之过小者。《小弁》,亲之过大者也。"这样的判断,依传统说法,也还是并不错的。矶(jī),赵注:"激也。"可矶与不可矶,在孟子看来都是不孝。孟子要宣扬大舜的至孝,所以对《凯风》《小弁》两诗自有他的评价,所以他不满于高子之固。

原文

4 宋牼将之楚。孟子遇于石丘,曰:"先生将何之?"曰:"吾闻秦、楚构兵,我将见楚王说而罢之;楚王不悦,我将见秦王说而罢之。二王我将有所遇焉。"曰:"轲也请无问其详,愿闻其指。说之将何如?"曰:"我将言其不利也。"曰:"先生之志则大矣,先生之号则不可。先生以利说秦、楚之王,秦、楚之王悦于利,以罢三军之师,是三军之士乐罢而悦于利也。为人臣者,怀利以事其君;为人子者,怀利以事其父;为人弟者,怀利以事其兄:是君臣、父子、兄弟终去仁义,怀利以相接;然而不亡者,未之有也。先生以仁义说秦、楚之王,秦、楚之王悦于仁义而罢三军之师,是三军之士乐罢而悦于仁义也。为人臣者,怀仁义以事其君;为人子者,怀仁义以事其父;为人弟者,怀仁义以事其兄:是君臣、父子、兄弟去利,怀仁义以相接也;然而不王者,未之有也。何必曰利?"❶

注释

❶ 牼(kēng),指宋牼,有学者(譬如顾实《汉书艺文志讲疏》)认为就是宋钘或宋荣。孟子对宋牼发表的一通议论,又一次宣扬"何必曰利"的观点,在他看来,似乎仁义可以解决一切纠纷。拙著《十子平议·孟轲》已将孟子在梁惠王与宋牼面前说的"何必曰利"联系起来加以批评,可参看。

原文

5 孟子居邹。季任为任处守,以币交,受之而不报。处于平陆,储子为相,以币交,受之而不报。他日由邹之任,见季子;由平陆之齐,不见储子。屋庐子喜曰:"连得间矣。"问曰:"夫子之任见季子,之齐不见储子,为其为相与?"曰:"非也。《书》曰:'享多仪,仪不及物,曰不享,惟不役志于享。'为其不成享也。"❶屋庐子悦。或问之,屋庐子曰:"季子不得之邹,储子得之平陆。"❷

注释

❶ 赵注:"任,薛之同姓小国也。季任,任君季弟也。""平陆,齐下邑也。""连,屋庐子名也。"得间,发现了空子(疏失或问题)。这里引《书》见于《尚书·洛诰》。《尚书》孔颖达等人疏引郑注:"朝聘之礼至大,其礼之仪不及物,谓所贡篚多而威仪简也。威仪既简,亦是不享也。"联系《洛诰》原文,可知郑注认为这几句说的是"朝聘之礼",符合原意。朝聘之礼中有享见之仪。周人已很看重威仪礼节,要是谁个行礼有阙,姬周朝廷就会认为等于未曾行过享见之礼。

❷ 赵注:"季子守国,不得越境至邹,不身造孟子可也。储子为相,得

循行国中,但遥交礼,为其不尊贤,故答而不见。"孟子认为齐相储子礼仪有阙,所以他不肯登门见储子。你储子不受条件限制,可以登门见孟子,为何要孟子来登门求见呢?按:这一段可与《公孙丑下》第二章("孟子将朝王")、《万章下》第六章合观。

原文

6 淳于髡曰:"先名实者,为人也。后名实者,自为也。夫子在三卿之中,名实未加于上下而去之,仁者固如此乎?"❶孟子曰:"居下位,不以贤事不肖者,伯夷也。五就汤,五就桀者,伊尹也。不恶污君,不辞小官者,柳下惠也。三子者不同道,其趋一也。一者何也?曰:仁也。君子亦仁而已矣。何必同?"曰:"鲁缪公之时,公仪子为政,子柳、子思为臣,鲁之削也滋甚。若是乎贤者之无益于国也!"曰:"虞不用百里奚而亡,秦缪公用之而霸。不用贤则亡,削何可得与?"曰:"昔者王豹处于淇,而河西善讴。绵驹处于高唐,而齐右善歌。华周、杞梁之妻善哭其夫,而变国俗。有诸内必形诸外。为其事而无其功者,髡未尝睹之也。是故无贤者也,有则髡必识之。"曰:"孔子为鲁司寇,不用;从而祭,燔肉不至;不税冕而行。不知者以为为肉也,其知者以为为无礼也。乃孔子则欲以微罪行,不欲为苟去。君子之所为,众人固不识也。"❷

注释

❶ 髡(kūn),赵注:"名者,有道德之名。实者,治国惠民之功实也。""名实未加于上下",赵注:"未闻名实下济于民,上匡其君。"赵注这样解说可以将原文讲通。

❷ 燔(fán)肉,就是膰肉,用于祭祀的煮熟了的肉。税,这里音义与"脱"相同。冕,古代的一种帽子。孟子答淳于髡这一段,论治国不用贤则亡,而贤者进退行止未必同;其"不欲为苟去"而"欲以微罪行"者未必为众人所理解,可是其履仁趋义必相同。按:"从

而祭，燔肉不至”，是公室主事者失礼。（依礼制，用于祭社稷宗庙的肉应该分赐从祭者。）“不税冕而行”，是孔子故意失礼（因为冠服制度规定大夫助君行礼之服与自用之服不同，小戴辑《礼记·杂记上》有关记载可以参考）。为何说是孔子故意失礼呢？孔子决不是不懂礼的人。他离开“父母之邦”本来是“迟迟吾行也”，这是《孟子·万章下》《尽心下》有记述的。这一回竟然“不税冕而行”，非故意，何至于此？

原文

7 孟子曰：“五霸者，三王之罪人也。今之诸侯，五霸之罪人也。今之大夫，今之诸侯之罪人也。天子适诸侯，曰巡狩。诸侯朝于天子，曰述职。春省耕而补不足，秋省敛而助不给。入其疆，土地辟，田野治，养老尊贤，俊杰在位，则有庆，庆以地[1]。入其疆，土地荒芜，遗老失贤，掊克在位[2]，则有让。一不朝则贬其爵，再不朝则削其地，三不朝则六师移之。是故天子讨而不伐，诸侯伐而不讨。五霸者，搂诸侯以伐诸侯者也。故曰：五霸者，三王之罪人也。五霸桓公为盛。葵丘之会诸侯，束牲载书而不歃血。初命曰：‘诛不孝，无易树子，无以妾为妻。’再命曰：‘尊贤育才，以彰有德。’三命曰：‘敬老慈幼，无忘宾旅。’四命曰：‘士无世官，官事无摄，取士必得，无专杀大夫。’五命曰：‘无曲防，无遏籴，无有封而不告。’曰：‘凡我同盟之人，既盟之后，言归于好。’[3]今之诸侯皆犯此五禁，故曰：今之诸侯，五霸之罪人也。长君之恶，其罪小。逢君之恶，其罪大。今之大夫，皆逢君之恶，故曰：今之大夫，今之诸侯之罪人也。”[4]

注释

[1] 这个“庆”，赵注解释为“赏”是对的。《诗经·小雅·楚茨》“孝孙有庆”，毛无传，郑笺云：“庆，赐也。”这样解释，对《告子下》“俊杰在位，则有庆，庆以地”句也是适用的，“赏”“赐”义同。

❷ 赵注:“掊克不良之人在位,则责让之。”赵氏把“掊克”解释为不良之人。焦氏《正义》引《诗经·大雅·荡》“曾是掊克”一句以及有关解说,毛传以为“掊克”是自伐而好胜人,郑笺解释为“恶人”(这与赵注意思相同),而毛诗《释文》与孙奭《音义》说是“聚敛”的意思(但两书对“掊”的解说又有差别)。就《告子下》“掊克在位”及其上下文而言,上列诸家的说法似乎都讲得通。

❸ 齐桓公称霸时候葵丘之会的五命之辞,涉及同盟诸国政治制度(包括传承、职官制度)、经济往来、外交关系以及教育与社会公德诸方面。譬如初命“诛不孝,无易树子,无以妾为妻”,可以证明当时“孝”与“嫡庶”的观念分明有制度加以维护。五命之辞,另有文献(如《管子·大匡》《霸形》,《春秋穀梁传》《左传》僖九年等)可以互证。“束牲载书而不歃血”,赵注:“束缚其牲,但加载书,不复歃血,言畏桓公,不敢负也。”焦氏《正义》有不尽相同的说法,以为凡衣裳之会皆不歃血,而兵车之会有歃血之事。

❹ 整个这一段,论五霸为三王之罪人,今之诸侯为五霸之罪人,而今之大夫成了今之诸侯的罪人。这一类观点反映了当时政治力量的分化,社会制度的演变与观念的转型,可以视为时代的进步。孟子对所谓“罪人”的宣判,恐怕并不表明孟子思想的进步,而是相反。我们认为:孟子思想的各个方面并不都是进步的。

原文

8 鲁欲使慎子为将军。孟子曰:“不教民而用之,谓之殃民。殃民者,不容于尧、舜之世。一战胜齐,遂有南阳,然且不可。”慎子勃然不悦,曰:“此则滑厘所不识也。”曰:“吾明告子:天子之地方千里;不千里,不足以待诸侯。诸侯之地方百里;不百里,不足以守宗庙之典籍。周公之封于鲁,为方百里也;地非不足,而俭于百里。太公之封于齐也,亦为方百里也;地非不足也,而俭于百里。今鲁方百里者五,子以为有王者作,则鲁在所损乎?在所益乎?徒取诸彼以与此,然且仁者不为,况于杀人以求之乎?君子之事君也,务引其君以当道,志于仁而已。"❶

注释

❶ 孟子这里发表的议论,劝告慎子辅鲁君以仁,不要导之以战而殃民。孟子一贯宣传"仁"的思想,对当时兵家一贯持反对意见,这一段议论也可以作为旁证。

原文

9 孟子曰:"今之事君者皆曰:'我能为君辟土地,充府库。'今之所谓良臣,古之所谓民贼也。君不乡道,不志于仁,而求富之,是富桀也。'我能为君约与国,战必克。'今之所谓良臣,古之所谓民贼也。君不乡道,不志于仁,而求为之强战,是辅桀也。由今之道,无变今之俗,虽与之天下,不能一朝居也。"❶

注释

❶ 能为君"辟土地"的人,有两类:一类是兵家,用战争手段获取土地;一类是农家,主张垦荒辟地。能为君"充府库"的人,必为聚敛之臣。能为君"约与国"的人,当然是从衡家,而"战必克"的人当然是优秀的军事家(兵家)。对这些人(重视耕战的人,或提倡合从、或主张连衡的人,为政界显要即所谓巨室聚敛财富的人),孟子一贯持对立态度。这里斥之为"民贼",批判他们的行为是"富桀""辅桀",断言这些人必不能一朝居天下的结局,可见孟子与这些人不可调和的鲜明的立场。

原文

10 白圭曰:"吾欲二十而取一,何如?"孟子曰:"子之道,貉道也。万室之国，一人陶，则可乎？”曰：“不可。器不足用也。”曰：“夫貉，五谷不生，惟黍生之。无城郭宫室、宗庙祭祀之礼，无诸侯币帛饔(飱)〔飧〕，无百官有司，故二十(而)取一而足也。今居中国，去人伦，无君子，如之何其可也？陶以寡，且不可以为国，况无君子乎？欲轻之于尧、舜之道者，大貉小貉也。欲重之于尧、舜之道者，大桀、小桀也。”❶

白圭曰：“丹之治水也，愈于禹。”孟子曰：“子过矣。禹之治水，水之道也，是故禹以四海为壑。今吾子以邻国为壑。水逆行，谓之洚水。洚水者，洪水也，仁人之所恶也。吾子过矣。”❷

注释

❶ 这个白圭，不是《史记·货殖列传》所记的白圭，而是与孟子同时的白圭。与孟轲同时的这个白圭，《韩非子》《吕氏春秋》等书有记载。白圭提出“二十而取一”的税收政策，应该在他“相魏”的时候。因为“二十而取一”与孟子心目中传统的“什一而税”的古制不合，所以孟子批评白圭为“小桀”行“貉道”。孟子这番议论的实质，是担心“二十而取一”的办法不能满足与“貉”相对而言的中国统治阶级行“尧、舜之道”、维持人伦关系的需要(包括“诸侯币帛饔飧”与“百官有司”的需要)。

❷ 这里批评白圭治水以邻国为壑的错误，孟子是对的。白圭居然自诩他那一套治水办法“愈于禹”，这就正如孟子所说，白氏“过矣”“仁人之所恶也”。

原文

11 孟子曰：“君子不亮，恶乎执？”❶

注释

❶《尔雅·释诂》：“亮，信也。”《诗经·周颂·执竞》笺：“执，持

也。”《论语·尧曰》“允执其中”，皇疏也将“执”解释为“持”。孟子这里说“君子不亮，恶乎执”，意思是：君子不守诚信，那他持何为本呢？赵注：“若为君子之道，舍信将安执之？”这样理解当然是可以的。小戴辑《礼记·乐记》：“请诵其所闻，而吾子自执焉。”郑注：“执犹处也。”《孟子》这里说的“恶乎执”，“执”解释为“自处”之“处”，也是讲得通的。

原文

12 鲁欲使乐正子为政。孟子曰：“吾闻之，喜而不寐。”公孙丑曰：“乐正子强乎？”曰：“否。”“有知虑乎？”曰：“否。”“多闻识乎？”曰：“否。”“然则奚为喜而不寐？”曰：“其为人也好善。”“好善足乎？”曰：“好善优于天下，而况鲁国乎？夫苟好善，则四海之内，皆将轻千里而来告之以善。夫苟不好善，则人将曰：‘訑訑，予既已知之矣。’訑訑之声音颜色，距人于千里之外。[1]士止于千里之外，则谗谄面谀之人至矣。与谗谄面谀之人居，国欲治，可得乎？”[2]

注释

1. 訑（yí）訑，赵注：“自足其智，不嗜善言之貌。訑訑之人发声音见颜色，人皆知其不欲受善言也。道术之士闻之，止于千里之外而不来也。”这就是听不进好心人说的难听的话，拒人于千里之外的意思了。
2. 整个这一段，记孟子为弟子乐正子将为政而欢喜兴奋，并坦言兴奋的原因：乐正子“好善”，能听取善言。若是“不好善”的人为政，士不至而“谗谄面谀之人至矣”，这样“国欲治”就不可得了。

原文

13 陈子曰：“古之君子何如则仕？”孟子曰：“所就三，所去三。迎之致敬以有礼，言将行其言也，则就之；礼貌未衰，言弗行也，则去之。其次,虽未行其言也,迎之致敬以有礼,则就之;礼貌衰,则去之。其下:朝不食,夕不食,饥饿不能出门户;君闻之,曰:'吾大者不能行其道,又不能从其言也,使饥饿于我土地,吾耻之。'周之。亦可受也,免死而已矣。"❶

注释

❶ 孟子答陈子问"古之君子何如则仕"这一段,论可就而仕的三种情况(包含可以接受周济的一种情况)与应该离职出走的三种情况。总之是以行道、有礼为上。

原文

14 孟子曰:"舜发于畎亩之中,傅说举于版筑之间,胶鬲举于鱼盐之中,管夷吾举于士,孙叔敖举于海,百里奚举于市。故天将降大任于是人也,必先苦其心志,劳其筋骨,饿其体肤,空乏其身行❶,拂乱其所为,所以动心忍性,曾益其所不能。人恒过,然后能改。困于心,衡于虑,而后作。征于色,发于声,而后喻。入则无法家拂士,出则无敌国外患者,国恒亡。然后知生于忧患,而死于安乐也。"❷

注释

❶ "空乏其身行"句:古今校点注解《孟子》者几乎都将"行"字属下句读。唯浙江王定焕君以为"行"字当从上句读,著论文《〈孟子〉句读商榷一则》发表于中华书局 1988 年版《文史》第三十辑,举可靠文献中若干例句,实已足以说明问题。今按:就我们所知,"身行"并列、连读,不但先秦有如此者,《汉书》《后汉书》、唐五代敦煌变文中还可以找到例句。譬如:《汉书·贾山传》"正身修行",《后汉书·韦彪传》"勤身饬行",证明"身"与"行"可以并列;王梵志诗"地下须夫急""朝庭来相过"两首均有"合去正身

行"之句,其中"身行"两字是无法拆开的。

❷ 孟子留给后世的名言不少,这是很有影响的震撼人心的一段。无论一个人,还是一个国家,凡经不起一点磨难者,大抵都成不了大气候。这一段有些字音一般仍然按传统读法(譬如"傅说"的说读 yuè,"法家拂士"的拂读 bì),也许是用不着我们来说的。

原文

15 孟子曰:"教亦多术矣。予不屑之教诲也者,是亦教诲之而已矣。"❶

注释

❶ 不屑于教诲某人,激发他的知耻之心和志气,有时是可以见到好效果的。孟子认为这也是教诲人的一种方法,这可真是"教亦多术矣"。孔子也曾采用过这种方法,见《论语·阳货》"孺悲欲见孔子"章。

尽心上

导读

旧注疏将《尽心上》分为四十七章。章数之多,不是因为篇幅之大,其每一章都具备独立的完整性,旧注疏分章并未贪多。我们注意到这里每一章都没有展开如同《梁惠王上》"齐桓晋文之事"章、《滕文公上》"有为神农之言者许行"章那样的论辩,甚至根本谈不上辩论。不少章段仅仅提出一个观点而已。有研究者说《孟子》尚未脱离语录体,我们认为这个结论的主要根据即在《孟子》最后一篇《尽心》上、下。其中关于人性与仁义,关于学术史,关于穷达,关于君子三乐,关于身与道以及良知良能的议论,应予注意。

原文

1 孟子曰:“尽其心者,知其性也。知其性,则知天矣。存其心,养其性,所以事天也。夭寿不贰,修身以俟之,所以立命也。[1]

孟子曰:“莫非命也,顺受其正。是故知命者不立乎岩墙之下。尽其道而死者,正命也。桎梏死者,非正命也。”[2]

孟子曰:“求则得之,舍则失之,是求有益于得也,求在我者也。求之有道,得之有命,是求无益于得也,求在外者也。”

注释

❶ 孟子这一通议论,说的是知天、事天与立命之道。今按:尽心知性,存心养性,心是什么心?性是谁之性?如果照焦里堂先生《正义》所说,心是人心,性是人性,那么,尽人心而知人性自然讲得通,可是知人性就能“知天”,存人心养人性就能“事天”,这话怎讲?颇为费解。大概在孟子看来,人心与天心相通,人性与天性相应,不然就无法理顺天人之间的关系。若是这样理解,那么,论中国古代学者心目中的天人关系,就不应该疏忽孟子这一环节。

❷ 这一段论人贵尽其道而得正命。说是“莫非命也”,但与宿命论还是并不相同的。

原文

孟子曰:“万物皆备于我矣。反身而诚,乐莫大焉。强恕而行,求仁莫近焉。”[3]

孟子曰:“行之而不著焉,习矣而不察焉,终身由之而不知其道者,众也。”[4]

孟子曰:“人不可以无耻。无耻之耻,无耻矣。”[5]

孟子曰:“耻之于人大矣。为机变之巧者,无所用耻焉。不耻不若人,何若人有?”

注释

❸ 说“万物皆备于我矣”，意思就是说：天下万事万物，没有什么我不知道的。用什么办法知道的呢？“反身而诚”“强恕而行”。仅仅是自我检讨，不通过实践（“行”）加以检验，那就虚而不实。赵注：“当自强勉以忠恕之道，求仁之术，此最为近。”可见孟子所谓“强恕而行”只是像赵注说的“求仁之术”，与所谓“反身而诚”指的是两回事。焦氏《正义》：“反身而诚，即忠恕之道也，宜勉行之。”他又认为欲立立人，欲达达人，不欲勿施，“即反身而诚也，即强恕而行也”，只要“以我推之”，“万物皆备于我矣”。这不是把“反身而诚”与“强恕而行”两者等同并且混合起来了吗？看来焦氏《正义》与赵注对孟子原意的理解并非处处一致的。其实，“求仁”与“万物皆备于我”不是同一回事，“万物皆备于我”偏重于求知。仅仅是“以我推之”，恐怕不可能做到“万物皆备于我”这一步。联系《告子上》说的“仁、义、礼、智，非由外铄我也，我固有之也”，如果判断孟子所谓“反身而诚”未必与实践（“行”）有什么关系，所谓“万物皆备于我”只不过表现了唯心主义的狂妄，恐怕也不是厚诬“亚圣”吧。

❹ 这一段使我们想起《论语·泰伯》的“民可使由之，不可使知之”。至圣、亚圣，都有点瞧不起芸芸众生。

❺ 《论语·子路》：“行己有耻”。《孟子·告子上》：“羞恶之心，义也。”据说这种“羞恶之心”人皆有之，而且是人固有之。羞恶之心应该就是知耻。《孟子·尽心上》这一段与下一段，论“人不可以无耻”，论“耻之于人大矣”，与孔子说的“行己有耻”在思想上实为一脉相承。“不耻不若人，何若人有？”“‘无耻’之耻，无耻矣。”这些话都是可以作名言看的。赵注：“人能耻己之无所耻，是为改行从善之人，终身无复有耻辱之累也。”这样解释，应该是探得亚圣之心了。如果知道自己比不上别人而又不以为耻，那又怎么能弥补自己，使自己具有别人那样的长处呢？《中庸》：“知

耻近乎勇。”人而无耻，就不可救药了。

原文

2 孟子曰：“古之贤王好善而忘势，古之贤士何独不然？乐其道而忘人之势，故王公不致敬尽礼，则不得亟见之。见且由不得亟，而况得而臣之乎？”❶

孟子谓宋句践曰：“子好游乎？吾语子游：人知之，亦嚣嚣；人不知，亦嚣嚣。”曰：“何如斯可以嚣嚣矣？”曰：“尊德乐义，则可以嚣嚣矣。故士穷不失义，达不离道。穷不失义，故士得己焉。达不离道，故民不失望焉。古之人得志，泽加于民；不得志，修身见于世。穷则独善其身，达则兼善天下。”❷

孟子曰：“待文王而后兴者，凡民也。若夫豪杰之士，虽无文王犹兴。”❸

孟子曰：“附之以韩、魏之家，如其自视欿然，则过人远矣。”❹

注释

❶ 赵注：“亟，数也。”伪孙疏：“王公大人不致其敬而尽其礼，则不得数数见其贤者，然而见之且犹尚以为不可，而况得臣之而卑下者乎？”按：孟子这一段话，论贤王贤士相见之道，应与《公孙丑下》第二章（“孟子将朝王”）、《万章下》第七章（万章曰：“敢问不见诸侯，何义也？”）合观。

❷ 赵注：“宋，姓也。句践，名也……嚣嚣，自得无欲之貌。”按：“穷”就是“不得志”。要求“不失义”，那就要“修身”，做到“独善其身”。“达”就是“得志”。“不离道”，就该“泽加于民”，做到“兼善天下”。孟子这一番议论，对中国历代读书人（“士”）影响极大。

❸ 凡民与豪杰之士的区别之一，就是凡民碌碌，因人成事，而豪杰之士自能审时度势，自立自强，叱咤风云。

❹《说文·欠部》:"欿,欲得也……读若贪。"按:读若贪,应该是读tān。"欲得",应如段注引张镒所说:"内顾不足而有所欲也。"张镒、段玉裁说欿音义与"坎"(kǎn)相同。赵注:"韩、魏,晋六卿之富者也。言人既自有家,复益韩、魏百乘之家,其富贵已美矣。而其人欿然不以足,自知仁义之道不足也,此则过人甚远矣。"我们认为赵注是对的。

原文

3 孟子曰:"以佚道使民,虽劳不怨。以生道杀民,虽死不怨杀者。"

孟子曰:"霸者之民,欢虞如也。王者之民,皞皞如也。杀之而不怨,利之而不庸,民日迁善而不知为之者。❶夫君子所过者化,所存者神,上下与天地同流,岂曰小补之哉!"

孟子曰:"仁言,不如仁声之入人深也。善政,不如善教之得民也。善政民畏之,善教民爱之。善政得民财,善教得民心。"❷

孟子曰:"人之所不学而能者,其良能也。所不虑而知者,其良知也。孩提之童,无不知爱其亲者;及其长也,无不知敬其兄也。亲亲,仁也。敬长,义也。无他,达之天下也。"❸

孟子曰:"舜之居深山之中,与木石居,与鹿豕游,其所以异于深山之野人者几希。及其闻一善言,见一善行,若决江河,沛然莫之能御也。"

注释

❶ 皞(hào)皞,赵注认为就是"浩浩"。这里说"王者之民""杀之而不怨",应与上一段"以生道杀民,虽死不怨杀者"意思相同。

❷ 这一段论仁声、善政、善教的功效。强调"仁声之入人深",可见孟子并不忽视音乐的教化之功。但是比较而言,一部《孟子》关于音乐的议论,其分量并不比《论语》多,其意义也并不比《论语》

深远。

❸ 这一段论“良知”“良能”。孟子是中国古代哲学思想界最早提出“良知”“良能”两个范畴的学者。后世儒家学者,无论是理学家还是心学家,都受到关于“良知”“良能”的学说的影响。

原文

4 孟子曰:“无为其所不为,无欲其所不欲,如此而已矣。”❶

孟子曰:“人之有德慧术知者,恒存乎疢疾。独孤臣孽子,其操心也危,其虑患也深,故达。”❷

孟子曰:“有事君人者,事是君则为容悦者也。有安社稷臣者,以安社稷为悦者也。有天民者,达可行于天下而后行之者也。有大人者,正己而物正者也。”❸

注释

❶ 人类社会到了“无为其所不为,无欲其所不欲”的文明程度,那一定是孔子理想中的“大同”之世了。人类历史上“为其所不为,欲其所不欲”的岁月太多。现在的年轻人不曾有切身体会,也许不能真正理解《孟子》这一段的含义。又,这一段与上一段是否应合为一段,是否都与大舜有关,尚可斟酌。

❷ 疢(chèn),也就是疾病。孤臣,因操守耿介、不肯同流合污而处于孤立地位的臣子。孽(niè),从植物主茎(主干)旁边分发的芽、枝。孽子,庶子(非嫡子)。“人之有德慧术知者”是否“恒存乎疢疾”?恐怕不存在这样一条规律。疢疾之人中多有“有德慧术知者”,这大概也有事实为证。说“独孤臣孽子,其操心也危,其虑患也深”,这倒是历史已经多次证明的事实。

❸ 事君人者,应该就是《后汉书·陈蕃传》说到的“事人君者”。事君而容阅是为,那就是所谓“佞臣”。《孟子·尽心上》这一段,概论佞臣、安社稷臣、天民、大人的行为。这四类人的显著特点就在

他们各自的行为中表现出来。赵注："天民，知道者也。""大人，大丈夫不为利害动移者也。"关于"天民"与"大人"的界定，焦氏《正义》汇录了多种说法，可以参看。

原文

孟子曰："君子有三乐，而王天下不与存焉。父母俱存，兄弟无故，一乐也。仰不愧于天，俯不怍于人，二乐也。得天下英才而教育之，三乐也。君子有三乐，而王天下不与存焉。"❹

孟子曰："广土众民，君子欲之，所乐不存焉。中天下而立，定四海之民，君子乐之，所性不存焉。君子所性，虽大行不加焉，虽穷居不损焉，分定故也。君子所性，仁、义、礼、智根于心。其生色也，睟然见于面、盎于背、施于四体。四体不言而喻。"❺

注释

❹ 这一段论君子之"三乐"。"父母俱存，兄弟无故"，这是天伦之乐，可以祈祷而难保永远，因为人无金石固而有旦夕之祸福。毕生无愧怍，这是可以由自己的操守决定而且应该长久的。"得天下英才而教育之"，如可遇，诚为人生快事。后二者，可以算是人生事业之乐。凡三乐，天伦之乐与得英才之乐，未可必得，唯有无愧怍之乐应该是志在必得。得英才而教育之之乐，若是得到了，也可以是永久之乐。孟子根本没有把"王天下"列入君子乐事之中，对天下大多数人来说，孟子这样说当然是对的。

❺ 睟(suì)然，赵注："润泽之貌也。""见于面、盎于背"，这里"见"音义与"现"相同，盎(àng)也是明显地表现出来的意思。今按：虽然不能说"广土众民"非一切君子之欲，但是可以说未必为一切君子所乐。这样说，正好与上一段说的"王天下"非君子所乐相应。"中天下而立，定四海之民"虽然是君子所乐，但非"君子所性"。唯仁义礼智为君子所性，所以根于心而且鲜明地表现于君

子全身。又按："中天下而立"是说君子无愧怍，自立自强为天下伟丈夫。"所性"，夙志所在，以为当然之事。

原文

5 孟子曰："伯夷辟纣，居北海之滨，闻文王作，兴曰：'盍归乎来？吾闻西伯善养老者。'太公辟纣，居东海之滨，闻文王作，兴曰：'盍归乎来？吾闻西伯善养老者。'天下有善养老，则仁人以为己归矣。五亩之宅，树墙下以桑，匹妇蚕之，则老者足以衣帛矣。五母鸡，二母彘，无失其时，老者足以无失肉矣。百亩之田，匹夫耕之，八口之家足以无饥矣。所谓西伯善养老者，制其田里，教之树、畜，导其妻、子，使养其老。五十非帛不暖，七十非肉不饱。不暖不饱，谓之冻馁。文王之民，无冻馁之老者，此之谓也。"❶

孟子曰："易其田畴，薄其税敛，民可使富也。食之以时，用之以礼，财不可胜用也。民非水火不生活。昏暮叩人之门户，求水火，无弗与者，至足矣。圣人治天下，使有菽粟如水火。菽粟如水火，而民焉有不仁者乎？"❷

注释

❶ 这一段，一论仁人以天下善养老者为己归，二论善养老者如何养老。这两项内容，都已在前文(《离娄上》《梁惠王上》)出现过。

❷ "易其田畴"，赵注："易，治也。"这一段论使民富足之道，论民富足则"焉有不仁者乎"。存在决定意识，经济基础决定上层建筑以及意识形态，这个原理也可以从孟子的若干议论得到证明。

原文

6 孟子曰："孔子登东山而小鲁，登太山而小天下，故观于海者难为水，游于圣人之门者难为言。观水有术，必观其澜。日月有

明,容光必照焉。流水之为物也,不盈科不行。君子之志于道也,不成章不达。"❶

孟子曰:"鸡鸣而起,孳孳为善者,舜之徒也。鸡鸣而起,孳孳为利者,跖之徒也。欲知舜与跖之分,无他,利与善之间也。"❷

孟子曰:"杨子取为我,拔一毛而利天下,不为也。墨子兼爱,摩顶放踵利天下,为之。子莫执中,执中为近之。执中无权,犹执一也。所恶执一者,为其贼道也,举一而废百也。"❸

注释

❶ 孟子这一通议论十分精彩,其主旨是:心胸视野开阔,其容乃大,大明方可照幽微,高瞻方可远瞩,君子就学得道方可成大器。

❷ 在古代像孟子一类知识分子心目中,虞舜是大圣人,而盗跖是没有所谓好名声的。《孟子》这一段论舜与跖之分在善与利之间。我们的意见:只要是为大多数人民谋利益,孳孳为利有何不可!孳(zī)孳,音义与"孜孜"相同,勤谨不懈怠的意思。

❸ 这一段,概论杨子、墨子、子莫三家学说要点,着重批评子莫执中而不知权变,以一知而废百道。研究杨朱、墨翟和子莫三家学说者,不可不研究《孟子》这一段议论。

原文

孟子曰:"饥者甘食,渴者甘饮,是未得饮食之正也,饥渴害之也。岂惟口腹有饥渴之害?人心亦皆有害。人能无以饥渴之害为心害,则不及人不为忧矣。"❹

孟子曰:"柳下惠不以三公易其介。"❺

孟子曰:"有为者辟若掘井,掘井九轫而不及泉,犹为弃井也。"❻

注释

❹ 这一段，论无“心害”之人，“不及人不为忧”。赵注：“人能守正不为邪利所害，虽谓富贵之事不及逮人，犹为君子，不失善人所忧患也。”我们的看法：“口腹有饥渴之害”者曾经占全社会大多数，彼时岂可避免所谓“心害”？饥者渴者为求生存，以生活不如人为忧，实在是合理的愿望，那又怎么能算是“心害”？他们要求“得饮食之正”，奋起闹革命，这就必为某些富贵人所忧。而富贵人如果真是“善人”，就应该做些实事，解决饥者渴者的实际问题；如果他们是为解决这个问题而“忧”（但不是想方设法坑害占社会大多数的饥者渴者），那就忧得其所了。孟子发表这一通议论的目的，倘若是要开导饥者渴者“无以饥渴之害为心害”，生活不如人也要安分守己，那就只能叫作与饥者渴者“道不同不相为谋”了。

❺ 伪孙疏：“孟子言柳下惠不以三公之荣位而移易己之大志也。”按：“介”可以训为特立之操守。

❻ 轫（rèn），这里音义与“仞”相同，是古代长度单位，相当于当时七尺（一说是八尺）。今按：掘井而不及泉，再深也不能算是成功。做任何事都是这样，如果没有恒心，半途而废，那就永远办不成任何事情。孟子这个话是对“有为者”说的，赵注：“有为，为仁义也。”为仁义者中道而弃前行，那也与掘井而不及泉一样。又，有识者早已发表过如下的见解：掘井之前应该有科学的调查与决策。如果某地根本不可能埋藏有地下水，根本不可能掘出井水来，那就不必蛮干。倘若能总结找水挖井的规律，何至于白费掘井九轫的工夫呢？

原文

7 孟子曰：“尧、舜，性之也。汤、武，身之也。五霸，假之也。久假而不归，恶知其非有也？”

公孙丑曰:“伊尹曰:‘予不狎于不顺。’放太甲于桐,民大悦。太甲贤,又反之,民大悦。贤者之为人臣也,其君不贤,则固可放与?”孟子曰:“有伊尹之志,则可。无伊尹之志,则篡也。”❶

公孙丑曰:“《诗》曰:‘不素餐兮。’君子之不耕而食,何也?”孟子曰:“君子居是国也,其君用之,则安富尊荣;其子弟从之,则孝悌忠信。‘不素餐兮’,孰大于是?”❷

注释

❶ 这里引伊尹的话,唯“予不狎于不顺”一句见今存伪古文《尚书·太甲上》,“不”字作“弗”。太甲登王位后,百姓有怨言,伊尹将太甲流放(外迁)于桐。后来太甲学好了,伊尹让他复位。百姓们都对伊尹的做法表示高兴。孟子答公孙丑问,认为伊尹的做法完全是为了国家百姓,毫无私心,他可以那样做;如果“无伊尹之志”,完全从个人利益出发,那么,对国君采取放逐行动,就只能被视为篡夺大位,被视为大逆不道了。孟子的这一番议论,与他不赞成对国君的愚忠(见《梁惠王下》第八章、《万章下》末章)直接相关。

❷ “不素餐兮”,见《诗经·魏风·伐檀》。孟子这里答公孙丑问,认为君子虽然不耕而食,但他为国君做了贡献,所以还要算是“不素餐兮”。应该将这一段议论与《滕文公上》“有为神农之言者许行”章合观。孟子的意思:君子劳心,劳心者治人,所以不必劳力而可以“不耕而食”。用一句时髦的话来说:这叫社会分工不同。我们注意到管理国家的巨大而繁重的工作确实应该算是重要的劳动,做这些工作确实需要很多专门家,需要很多公务员,谁也没有理由说这些专门家(公务员)不是“不素餐兮”。但是,倘若这些人像滕文公那样“厉民而以自养”,那么,老百姓就会斥责他们尸位素餐,甚至会嘲笑他们是“硕鼠”而发出愤怒的诅咒了。

原文

王子垫问曰:"士何事?"孟子曰:"尚志。"曰:"何谓尚志?"曰:"仁义而已矣。杀一无罪,非仁也。非其有而取之,非义也。居恶在?仁是也。路恶在?义是也。居仁由义,大人之事备矣。"[3]

孟子曰:"仲子,不义与之齐国而弗受,人皆信之。是舍箪食豆羹之义也。人莫大焉亡亲戚君臣上下[4]。以其小者,信其大者,奚可哉?"

注释

❸ 这一段孟子论士人当"尚志",论"居仁由义"。他认为士人志之所尚在仁义,"杀一无罪,非仁""非其有而取之,非义"。士人应当有志于此,应当做到居仁由义,这是中国古代士人起码的出仕原则与道德标准。在孟轲先生看来,能做到这样,也就称得上"大人之事备矣"。

❹ 句读如此,参见《经传释词》卷二。

原文

8 桃应问曰:"舜为天子,皋陶为士,瞽瞍杀人,则如之何?"孟子曰:"执之而已矣。""然则舜不禁与?"曰:"夫舜恶得而禁之?夫有所受之也。""然则舜如之何?"曰:"舜视弃天下,犹弃敝蹝也;窃负而逃,遵海滨而处,终身欣然,乐而忘天下。"[1]

注释

❶ "皋陶为士"的士,指管理监狱的长官。(《书·尧典》:"帝曰:皋陶……汝作士,五刑有服……"马注:"士,狱官之长。")敝蹝(xǐ),破草鞋。假设舜做了天子(国君),皋陶负责社会治安,管理司法部门,舜的父亲瞽瞍杀人犯罪,那该怎么办呢?孟子说了一个办法:各行其是好了,皋陶只管抓杀人犯,舜只管背着他的父亲

偷偷逃跑，跑到海边生活。天子做不成了，舜也不在乎，他从此就在海边陪伴父亲，终身高高兴兴过日子。孟子这个办法，想当然而已，在人权大于法权的社会里行得通，在法治社会里肯定是行不通了。

原文

孟子自范之齐，望见齐王之子，喟然叹曰："居移气，养移体。大哉居乎！夫非尽人之子与！"孟子曰："王子宫室、车马、衣服，多与人同。而王子若彼者，其居使之然也。况居天下之广居者乎？鲁君之宋，呼于垤泽之门。守者曰：'此非吾君也，何其声之似我君也？'此无他，居相似也。"❷

孟子曰："食而弗爱，豕交之也。爱而不敬，兽畜之也。恭敬者，币之未将者也。恭敬而无实，君子不可虚拘。"❸

孟子曰："形、色，天性也。惟圣人然后可以践形。"❹

注释

❷ 喟(kuì)然，叹气的样子。垤(dié)泽，赵注："宋城门名也。"孟子这段议论，说的是"居移气，养移体"，所居势位可以造就人的气质。赵注所谓人必居仁，那已是本义之外的发挥了。

❸ 这一段，论君子不可虚拘，论不可以豕交兽畜之道待人。赵注："人之交接，但食之而不爱，若养豕也。爱而不敬，若人畜禽兽……恭敬贵实，如无其实，何可虚拘致君子之心也。"焦疏引"近时通解谓币帛未将时已有此恭敬之心，乃是其实，若币行时方恭敬即是虚文"，认为"恭敬者，币之未将者也"，这样讲可通。

❹ 承认"形色，天性也"，这实际上是对唯物的反映论的尊重。是不是"唯圣人然后可以践形"？这就要看"践形"该如何理解与社会实践的具体情况了。

原文

9 齐宣王欲短丧。公孙丑曰:“为期之丧,犹愈于已乎?”孟子曰:“是犹或紾其兄之臂,子谓之‘姑徐徐’云尔。亦教之孝悌而已矣。”王子有其母死者,其傅为之请数月之丧。公孙丑曰:“若此者,何如也?”曰:“是欲终之而不可得也,虽加一日愈于已。谓夫莫之禁而弗为者也。”❶

孟子曰:“君子之所以教者五。有如时雨化之者,有成德者,有达财者,有答问者,有私淑艾者。此五者,君子之所以教也。”❷

注释

❶ 齐宣王欲短丧,孟子仍然坚持旧制,这一段反映了战国中期关于丧服制度的认识与实践的实际情况。“紾”读 zhěn。“紾兄之臂”的非礼之事,已见于《告子下》。都是所谓近取诸譬。扭转老兄的手臂,只不过说“慢一点”,这仍然是对兄长采取残暴行为。改三年丧为期丧或数月之丧,仍然是违背丧服制度。孟子的类比推理有时让人觉得高明。王子的生母去世,他的师傅“请数月之丧”,这件事成了当时与后世一些学者研究丧服制度的个案实例。焦氏《正义》有汇释,我们这里不拟多说。

❷ 这一段论君子教民之道五品。“时雨化之”,赵注:“教之渐渍而沾洽也。”这大概是就循序渐进的过程与效果而言。“成德”,指思想品质教育。“达财”,“财”与“才”相通,指各方面的实际才干(办事能力);这个“财”也可能就是指理财的能力,但与孟子一贯批评人家“孳孳为利”的思想不合(不协调)。“答问”,就像《孟子》一书所记载的答某问的方式,多为直接(当面)解惑。“私淑艾”,焦氏《正义》:“未得为孔子之徒,而拾取于相传之人,故为私。”

原文

公孙丑曰:“道则高矣美矣,宜若登天然,似不可及也。何不使彼为可几及而日孳孳也?”孟子曰:“大匠不为拙工改废绳墨,羿不为拙射变其彀率。君子引而不发,跃如也。中道而立,能者从之。”❸

孟子曰:“天下有道,以道殉身。天下无道,以身殉道。未闻以道殉乎人者也。”❹

注释

❸ 焦氏《正义》:“按《礼记·缁衣》引《太甲》曰:‘若虞机张,往省括于厥度,则释。’注云:‘机,弩牙也。度,谓所拟射也。虞人之射禽,弩已张于机间,视括与所射参相得,乃后释弦发矢。’机张,即《孟子》所谓彀也……彀谓张弩。率,谓省括于度。”赵注:“大匠不为新学拙工故为之改凿废绳墨之正也。羿不为新学拙射者变其彀率之法也。”孟子的意思:传授圣人之道,不能因为学生资质低下、不能理解而降低程度。“能者从之”,不能者跟不上,这是毫不奇怪的事。今按:不因学生而降低标准,这当然也该算是一种教学原则。这种观点,现在可能会招致非议。但是孟子既然毫不隐瞒他的观点,我们就该注意研究,也许其中不是毫无理由。

❹ 这一段论以道殉身或以身殉道,视天下大势而定,但是决不可以道殉人。

原文

10 公都子曰:“滕更之在门也,若在所礼。而不答,何也?”孟子曰:“挟贵而问,挟贤而问,挟长而问,挟有勋劳而问,挟故而问,皆所不答也。滕更有二焉。”❶

孟子曰:“于不可已而已者,无所不已。于所厚者薄,无所不薄也。其进锐者,其退速。”

孟子曰:“君子之于物也,爱之而弗仁;于民也,仁之而弗亲。

亲亲而仁民，仁民而爱物。”❷

孟子曰：“知者无不知也，当务之为急。仁者无不爱也，急亲贤之为务。尧、舜之知而不遍物，急先务也。尧、舜之仁不遍爱人，急亲贤也。不能三年之丧，而缌、小功之察；放饭流歠，而问无齿决：是之谓不知务。”❸

注释

❶ 这一段，论挟贵、挟贤、挟长、挟有勋劳、挟故而问者，皆所不答，这正是对礼的坚持。

❷ 这一段论君子应当“亲亲而仁民，仁民而爱物”。

❸ 这一段论知者“当务之为急”，仁者“急亲贤之为务”。三年之丧，缌（又叫缌麻）、小功，是丧服五种里面的三种，缌最轻，除了缌就是小功轻了，而三年之丧最重。歠（chuò），吸，喝。赵注：“尚不能行三年之丧，而复察缌麻小功之礼。放饭，大饭也。流歠，长歠也。齿决，断肉置其余也。于尊者前赐食，大饭长歠，不敬之大者。齿决，小过耳。言世之先务舍大讥小，若此之类也。”今按：人是应该学会“当务之为急”的，这叫知务。对治国者而言，自当“急亲贤之为务”，得贤者治国，惠及万民，才是真仁者。

尽心下

导读

旧注疏分《尽心下》为三十八章，阮元等《校勘记》有说明。除了倒数第二章有五百字左右的议论，其他各章都可以视为语录，都很短小。然而其中不乏精辟之见，读者不应以其短小而忽视。譬如“民为贵”一语就在第十四章，“仁也者人也”在第十六章，“诸侯之宝三”在第二十八章，“说大人则藐之”在第三十四章，这些都称得上千古伟论，世人实不可不知。

原文

1 孟子曰："不仁哉，梁惠王也！仁者以其所爱，及其所不爱。不仁者以其所不爱，及其所爱。"公孙丑曰："何谓也？""梁惠王以土地之故，糜烂其民而战之，大败；将复之，恐不能胜，故驱其所爱子弟以殉之。是之谓以其所不爱及其所爱也。"❶

孟子曰："《春秋》无义战，彼善于此，则有之矣。征者上伐下也，敌国不相征也。"❷

注释

❶《孟子·梁惠王上》批评梁惠王"好战"，梁惠王曾以梁国军队在战场上的失败为耻。《尽心下》这第一段批评梁惠王"不仁"，原因是他"以土地之故，糜烂其民而战之，大败；将复之"。《梁惠王上》还在劝行仁政，若是劝在梁战败之前，那就是劝无效果；劝在战败之后，而梁惠王"将复之"，那仍然是劝未见效；若是劝在"将复之"之时，效果如何，那就要看史料是否记载过梁惠王在位期间的战争情况了。"及寡人之身，东败于齐，长子死焉；西丧地于秦七百里；南辱于楚。"(《梁惠王上》)这以后的情况如何呢？

❷"春秋无义战"，孟子这个论断可疑。赵氏《章指》："《春秋》拨乱，时多争战……征伐诛讨不自王命，故曰无义战也。"姑且就算这个观点有道理吧，《春秋》记周王率师打郑伯（桓公五年"秋，蔡人、卫人、陈人从王伐郑"），算不算"义战"呢？我们认为董仲舒《春秋繁露·竹林》的有关说法应予注意。董生说："故《春秋》之于偏战也，比之诈战则谓之义，比之不战则谓之不义。不义之中有义，义之中有不义。"这个说法多少有些理由，总之是要根据具体情况做出具体分析，不能像孟子那样笼而统之全盘否定。至于"征者上伐下也"一说，在特定场合也许是讲得通的，但是后世并不通行这种讲法。

原文

孟子曰:“尽信《书》,则不如无《书》。吾于《武成》,取二三策而已矣。仁人无敌于天下。以至仁伐至不仁,而何其血之流杵也?”❸

孟子曰:“有人曰:‘我善为陈,我善为战。’大罪也。国君好仁,天下无敌焉。南面而征,北夷怨;东面而征,西夷怨。曰:‘奚为后我?’武王之伐殷也,革车三百两,虎贲三千人。王曰:‘无畏!宁尔也,非敌百姓也。’若崩厥角稽首。征之为言正也,各欲正己也,焉用战?”❹

注释

❸“尽信《书》则不如无《书》”,《书》指《尚书》。孟子讲对了的话不少,这一句是其中之一。说它正确,是因为它表现了科学的求实精神和学术勇气。在后世真正的学者看来,即使孟子这里所说的“书”指人类智者所有的书(不仅仅指《尚书》),他这句话也是对的。(当然,经过长期的社会实践与学术讨论证明为可靠的书,我们应该相信。怀疑与相信都必须讲得出理由。)但他以《武成》为例,却没有讲出多少理由。过去学者多谓真《武成》已不可见,但无论如何,孟子的引述应该不是杜撰。周武王率大军伐纣,杀人是否多至于“血流漂杵”呢?其实真《尚书·武成》大部分见存。《汉书·律历志下》录刘歆《世经》,中引《周书·武成篇》少量文句。而《逸周书·世俘》已由相关专家认定为古文《尚书·武成》。这些可靠文献中没有所谓《武成》的“血流漂杵”,看来这一句只能算是佚文了。除了这一句,原文记武王伐纣的过程与战绩,可信为纪实之作,充其量只有一两个数字可疑。即以写有“血流漂杵”的策文而言,孟子怀疑它们的理由是:“以至仁伐至不仁,而何其血之流杵也?”可是战场上真有所谓“至仁”吗?“血流漂杵”,不过是说牧野一战及其后杀戮俘虏之多而已。从《世

俘》所记杀人之多，可见“血流漂杵”并不夸张。纵有夸张，也不影响其本质的真实。（倒是赵邠卿为《孟子》这一章所作注释举出的《尚书》的例句，的确不可案文而皆信之。）所以，如果仅仅就《武成》一篇而言，孟子的批评是错误的。[①] 他的说法不能不让人想起他老人家批评高叟的话（见《告子下》）。或许可以这样说：《书·武成》之血流漂杵也，犹《诗·云汉》之“周余黎民靡有孑遗”也。（参看《万章上》答咸丘蒙问）固哉，孟夫子之为《书》也！

❹ 因为反对战争，所以孟子认为那些自称“善为陈”“善为战”的人是“大罪”。他认为国君只要好仁，就会天下无敌，就会有好多国家的人民盼望这个国君尽快地去解放他们，就像夏朝末年西夷北狄盼望殷汤来解放他们一样（参看《梁惠王下》《滕文公下》）。这里又表现了孟夫子的“迂远而阔于事情”。武王伐殷，革车三百两，虎贲三千人，见《书序》《周书·克殷》及孔晁注、《战国策·赵策二》（“苏秦从燕之赵始合从”章）、《魏策一》（“苏子为赵合从说魏王”章）、《吕氏春秋·仲秋纪》。（《书序》说武王“虎贲三百人”，江声《尚书集注音疏》考证“三百人当为三千人”。）《尽心下》引武王的话，不见于《尚书·周书》与《史记·周本纪》以及《殷本纪》等文献。孟子语“若崩厥角稽首”，唯前四字见于伪古文《尚书·泰誓中》。后来阎百诗作《尚书古文疏证》，“若崩厥角”成了伪古文《尚书》作伪的证据之一。赵注：“武王令殷人曰：‘无惊畏，我来安止尔也。’百姓归周，若崩厥角，额角犀厥地，稽首拜命，亦以首至地也。各欲令武王来征已之国，安用善战陈者？”焦氏《正义》：邱迟《与陈伯之书》“蹶角受化”句，李善注引《孟子》赵注“厥角叩头，以额角犀厥地也”，可证厥蹶字通，“厥角犹顿首，故云厥地也”。焦氏又说：“赵氏以额释角，又以犀申言之。额犀二字，皆释角字也。厥角是以角蹶地。若崩者，状其厥

① 请参看顾颉刚先生的文章《〈逸周书·世俘篇〉校注、写定与评论》（中华书局1963年版《文史》第二辑）。

之多而迅也。"有了《孟子》的记述与议论，有了赵、焦及其他诸贤的注疏解说，我们对周武伐殷纣一战的了解，对孟子思想的认识，应该又有增益。

原文

2 孟子曰："梓匠轮舆，能与人规矩，不能使人巧。"❶

孟子曰："舜之饭糗茹草也，若将终身焉。及其为天子也，被袗衣，鼓琴，二女果，若固有之。"❷

注释

❶《考工记》有"轮人为轮""舆人为车"及"梓人为筍虡""为饮器""为侯"。又有"匠人建国""营国""为沟洫"。他们各司其职，各有规矩。孟子这里的意思是：梓人、匠人、轮人、舆人能够把规矩教给别人（譬如学徒），但是巧妙的技艺是不能靠口说传授的。俗话说："熟能生巧。"贤者多说"不以规矩不能成方圆"，而"运用之妙，存于一心"。只有在实践中学习提高，才有希望成为能工巧匠。各行各业莫不如此。当然，高明的专家能够成功，可能还有其他因素的作用。

❷ 糗（qiǔ），古代指干粮。茹（rú），吃的意思。饭糗茹草，这里饭也是"吃"的意思。被，这里音义同"披"。袗（zhěn），《说文》："禅衣也。一曰盛服。"段注："《孟子》'被袗衣'，袗衣不当谓盛服。"任大椿《深衣释例》、孔广森《经学卮言》认为《史记·五帝本纪》"尧赐舜绨衣"，就是绨衣之袗。我们认为袗为禅为绨，与盛服并不矛盾。绨布可以制作盛服。尧提拔舜居高位，盛服之赐有何不可呢？果，婐之省借，《说文·女部》："婐，婐妮也……一曰女侍曰婐……孟轲曰：'舜为天子，二女婐。'"二女果，二女为侍。整个这一段，说的是大舜在下层社会吃苦，能安之若素；后来居高位，能看得平淡。

原文

孟子曰:“吾今而后知杀人亲之重也。杀人之父,人亦杀其父。杀人之兄,人亦杀其兄。然则非自杀之也,一间耳[3]。”

孟子曰:“古之为关也,将以御暴。今之为关也,将以为暴。”

孟子曰:“身不行道,不行于妻子。使人不以道,不能行于妻子。”[4]

注释

[3] “一间”就是间一人。焦氏《正义》:“间一人,犹云隔一人也。”“间隔”是常常连在一起说的,古音双声词。中间只隔一个人,所以“一间”就是相距很近,也就是平常所说的“差不多”,当然有时候就是“还差一点”的意思。这里“一间耳”,意思是“差一点点罢了”。

[4] 这一段的意思,一言以蔽之,就是:无道不行。《诗经·大雅·思齐》:“刑于寡妻,至于兄弟,以御于家邦。”《论语·子路》:“其身正,不令而行;其身不正,虽令不从。”《尽心下》赵注将“道”解说为“道德”,又说“道”是“道理”,都是可以的。孔孟这一类言论很多,不必备举。

原文

孟子曰:“周于利者,凶年不能杀。周于德者,邪世不能乱。”[5]

孟子曰:“好名之人能让千乘之国。苟非其人,箪食豆羹见于色。”

孟子曰:“不信仁贤,则国空虚。无礼义,则上下乱。无政事,则财用不足。”[6]

孟子曰:“不仁而得国者有之矣。不仁而得天下者,未之有也。”[7]

注释

[5] 赵注解说“周”是“达”的意思,焦氏《正义》说“近时通解”,“周”

有“遍匝(zā)”“积蓄”的意思。注、疏两说都可以讲通。唯其达(积)于利,所以凶年不困,不能杀;达(积)于德,所以邪世不乱其志。这里孟子言“利”而并未否定“利”,值得注意。倘若有人问:“叟何必曰利?”不知亚圣先师将如何回答。

❻ 这一段,论仁贤、礼义、政事对国家的重大意义。

❼ 孟子这一段话,如果改说成这样:“对广大人民而言,无论是得国者,还是得天下者,只要他(或者他们)不仁,就都不可能长久。”也许更为准确。《孟子》这里所谓“天下”,应该是指当时的“中国”九州。

原文

3 孟子曰:“民为贵,社稷次之,君为轻。是故得乎丘民而为天子,得乎天子为诸侯,得乎诸侯为大夫。诸侯危社稷,则变置。牺牲既成,粢盛既洁,祭祀以时,然而旱干水溢,则变置社稷。”❶

注释

❶《孟子》这一段话很重要,因为这一段话第一次特别明确地论定了人民百姓、国家(社稷)与国君的关系。人民百姓最重要,国家(社稷)次之,国君更次之,孟子以前谁也没有这样说过。大夫的地位可以从诸侯那里得到;要得到诸侯的地位,就要得到天子的信任;可是为天子者必须得到老百姓的拥戴:既然是这样,为什么不应该说民为贵呢?诸侯危害国家,那就应该撤换他。按时祭祀社稷之神,牺牲符合要求,所用祭品都很洁净,倘若有旱涝灾害发生,那就证明社稷之神根本不灵不管事,那就对不住,该把社稷神主换成别的肯保佑国家的神主了:既然是这样,为什么不能说“民为贵,社稷次之”呢?也有学者认为“变置社稷”是毁坏无灵验、不管事的目前的社稷神的坛壝,待明春复立。然而,既可毁其坛壝,就表明社稷神不是不可侵犯的神圣。从长远的观点看,唯有人民大众(丘民)是不可冒犯的。中国古代皇帝(所谓“天子”)

最懂得这个道理的，莫过于唐太宗李世民。《全唐文》卷十收录有太宗《民可畏论》《自鉴录》两篇短文，前者说："天子有道，则人推而为主；无道，则人弃而不用。诚可畏也！"（按：这篇短文中两"人"字，应该就是"民"字。）后者说："舟所以比人君，水所以比黎庶。水能载舟，亦能覆舟。尔方为人主，可不畏惧！"李世民深知这个道理，所以他能成为中国古代难得的好皇帝之一。

原文

孟子曰："圣人，百世之师也，伯夷、柳下惠是也。故闻伯夷之风者，顽夫廉，懦夫有立志；闻柳下惠之风者，薄夫敦，鄙夫宽。奋乎百世之上；百世之下，闻者莫不兴起也。非圣人而能若是乎？——而况于亲炙之者乎？"❷

孟子曰："仁也者，人也。合而言之，道也。"❸

孟子曰："孔子之去鲁，曰：'迟迟吾行也。去父母国之道也。'去齐，接淅而行，去他国之道也。"❹

注释

❷ 炙（zhì），《说文·炙部》："炙，炮（段注改为"炙"）肉也，从肉在火上。"段注："其引申之义为逼近熏炙。"亲炙，直接得到教诲或传授。按：提倡向伯夷、柳下惠学习，《孟子·万章下》开头一段已经说过同样的话。伯夷、柳下惠，一为圣之清者，一为圣之和者（见《孟子·万章下》），孟子认为值得后世人学习，当然有他的理由。

❸ 儒家所谓"道"，自是仁义礼德及其他相关道理、道术。重视"人"，以为仁不能离开人，这应该是儒家对中国哲学思想的重要贡献。

❹ "父母国"自是祖国。依孟子的说法，孔子去父母国之道与去他国之道迥然有别，因为感情毕竟不同。淅（xī），古代指淘米。接

淅，《万章下》赵注："不及炊，避恶亟也。"才淘米还没开始煮呢，赶快走，毫不留恋，这是去他国之道；与去父母国的感情不同，所以动作行为根本不一样。参看《万章下》开头一段。

原文

孟子曰："君子之厄于陈、蔡之间，无上下之交也。"❺

貉稽曰："稽大不理于口。"孟子曰："无伤也。士憎兹多口。《诗》云：'忧心悄悄，愠于群小。'孔子也。'肆不殄厥愠，亦不陨厥问。'文王也。"❻

注释

❺ 赵注："孔子所以厄于陈、蔡之间者，其国君臣皆恶，上下无所交接，故厄也。"焦氏《正义》："赵氏以'上'指君，'下'指臣，上无贤君，下无贤臣，皆不与孔子合，故无援以至于困厄。"我们认为赵注、焦疏对《孟子》本文的理解是不错的。问题在于孟子对孔子厄于陈、蔡之间的根本原因是否有准确的探讨。不是说孔子为圣之时者，可以处而处，可以仕而仕吗？这中间还有疑义。与其说孔子厄于陈、蔡是因为"上下无所交接"，不如说是因为道不同不相为谋。

❻ 貉稽畏众口之讪，孟子安慰他。这里引诗分别见于《诗经·邶风·柏舟》与《大雅·绵》。《邶风·柏舟》与孔子本来毫无关系，但就"愠于群小"的字面意义而言，至少与孔子生前的处境有部分相符或相似。翟灏《四书考异》："孟子云'憎多口'，即《论语》'御人口给，屡憎于人'之意，谓徒理于口，亦为士君子所憎恶。唯能以文王孔子之道理其身心，即有憎其口之不理者，特群小辈耳，于己之声闻无陨越也。引《诗》断章取两'愠'字，申达憎义。"我们认为翟氏说解与《孟子》这一段的本义相近。

原文

4 孟子曰："贤者以其昭昭，使人昭昭。今以其昏昏，使人昭昭。"❶

孟子谓高子曰："山径之蹊间介然用之而成路。为间不用，则茅塞之矣。今茅塞子之心矣。"❷

注释

❶ 昭昭，明明白白。昏昏，糊糊涂涂。自己糊涂，怎么能让人家明白？《孟子》这两句说得很有道理。

❷ 成语"茅塞顿开"当出自《孟子》这一段。《汉书·律历志上》："介然有常。"《孟子》这一段的意思：常用之而成路；若是有那么一些时间不用，那原本已经成了路的地方，就会被茅草塞满了。这是比喻做事（包括治学）要专心，要有恒心。这一段可以与《告子上》第九章"一暴十寒"与"弈秋诲二人弈"的两层意思合参。

原文

高子曰："禹之声，尚文王之声。"孟子曰："何以言之？"曰："以追蠡。"曰："是奚足哉？城门之轨，两马之力与？"❸

齐饥。陈臻曰："国人皆以夫子将复为发棠，殆不可复。"孟子曰："是为冯妇也。晋人有冯妇者，善搏虎，卒为善士。则之野，有众逐虎。虎负嵎，莫之敢撄。望见冯妇，趋而迎之。冯妇攘臂下车，众皆悦之。其为士者笑之。"❹

注释

❸ 追（duī），赵注："钟纽也。"蠡（lí），《说文》："虫啮木中也。"段注："蠡之言劙（lí）也，如刀之劙物……《孟子》'以追蠡'，赵注曰：'钮擘（bò）啮处深矣，蠡蠡欲绝之貌。'此又以蠡同离同劙。《方

言》曰:'劙,解也。'又曰:'蠡,分也。'皆其义也。"程瑶田与姚文田的说法都不同程度地有异于赵注与段君《说文解字注》。程氏以为"蠡与螺通",又叫作"旋","所以县钟者","盖为金枘于甬上,以贯于县之者之凿中,形如螺然……旋转不已,日久则刓(wán)敝滋甚……"姚氏采用"追与搥同"的说法,搥者击也,"言所击之处,蠡则其如木之啮也"。焦里堂《正义》汇录如上诸种解说,其归宿只有一个,这就是从钟的形状看,若非特别喜欢用钟,喜好音乐,大禹的钟怎么会残缺形陋如此?可见大禹尚贵声乐超过周文王。而孟子认为这只能证明禹的钟历时长而用之久,其意当如下:禹钟保存至今,岂止夏朝人用之?殷周之人皆得而用之。赵注:"譬若城门之轨,啮其限切深者,用之多耳,岂两马之力使之然与?"据说所谓"两马",意指夏人用马之制,殷人用三马,周人用四马,那城门限切轨迹之深,难道是夏人的车马压出来的吗?所以说,单凭追蠡的形状,可以判断钟的年月,而不足以判断铸钟者爱好声乐的程度。钟历时之久暂,主人对声乐的态度,这是两个概念,孟子加以区别,当然是对的。若是论到对声乐的重视,其实如赵邠卿概述"章指"所言:"前圣后圣,所尚者同。三王一体,何得相逾?"

❹ 冯妇搏虎,可作寓言看,其中含有积习难改的意思,还有言行当适可而止,当止而不止则必惹人笑的意思。按:成语"暴虎冯妇"的出典在这里。赵注:"棠,齐邑也。孟子尝劝齐王发棠邑之仓以振贫穷。"孟子认为不可像冯妇搏虎那样再劝发棠。

原文

孟子曰:"口之于味也,目之于色也,耳之于声也,鼻之于臭也,四肢之于安佚也,性也。有命焉,君子不谓性也。仁之于父子也,义之于君臣也,礼之于宾主也,知之于贤者也,圣人之于天道也,命也。有性焉,君子不谓命也。"❺

注释

❺ 味、色、声、臭与安佚，凡有人性者都想得到。君子在这方面言命不言性，意思是不认为人性所欲而强求，由是而托之于命，随遇而安罢。仁、义、礼、知与天道，凡人都归之于命中注定。君子在这方面言性不言命，意思是"不但坐而听命"（见赵注），还应该努力修养，追求充实与改善。焦氏《正义》认为君子对性与命的态度，依孟子的指示，应该是："其口鼻耳目之欲，则任之于命而不事外求；其仁义礼智之德，则率乎吾性之所有而自修之，不委诸教化之无人，而甘同于颛愚之民，所谓'虽无文王犹兴'也。"我们认为赵注、焦疏对《孟子》这一段意思的解说是对的，而孟子在这一段里宣扬的性命观，本来就是可以借鉴的。

原文

5 浩生不害问曰："乐正子，何人也？"孟子曰："善人也，信人也。""何谓善？何谓信？"曰："可欲之谓善。有诸己之谓信。充实之谓美。充实而有光辉之谓大。大而化之之谓圣。圣而不可知之之谓神。乐正子，二之中，四之下也。"❶

孟子曰："逃墨必归于杨，逃杨必归于儒。归，斯受之而已矣。今之与杨、墨辩者，如追放豚，既入其苙，又从而招之。"❷

注释

❶ 这一段说的是善、信、美、大、圣与神，孟子认为人有这样六等。而乐正子是善信之人，所以说他在"二之中，四之下"。人的思想道德境界应以善信为基础，乐正子能在"二之中"已属不易，所以《告子下》记述"鲁欲使乐正子为政"而孟夫子高兴得不得了，"喜而不寐"，那是"忧以天下，乐以天下"啊！

❷ 赵注："墨翟之道兼爱，无亲疏之别，最为违礼。杨朱之道为己爱身，虽违礼，尚得'不敢毁伤'之义。"按：这个说法未必符合孟子

本意,我们的校注本可置之不顾。这里我们表明自己的看法就够了:说墨家"最为违礼",那是没有道理的。难道拔一毛以利天下而不为的杨氏,反而比爱着天下人的墨家较为有礼?赵注又说:"苙,兰也。招,罥也。今之与杨墨辩争道者,譬如追放逸之豕。豚追而还之入兰则可,又复从而罥之,大甚。"这样说,至少大部分符合孟子本意。孙奭《音义》:"苙,音立。栏也,圈也。兰与栏字同。"阮元等人《校勘记》:"兰者假借字,栏者俗字,阑者正字也。"这些字如果都用繁体字,也许更能由字形悟知其义,但我们这里无法顾及这么多了。《音义》又说:"罥,涓兖切。谓羁其足也。"焦氏《正义》引赵佑《温故录》说:"此节乃孟子自明我今之所以与杨墨辩者,有如追放豚然,惟恐其不归也。其来归者既乐受之使入其苙,未归者又从而招之,言望人之弃邪反正,无已时也。苙既处之有常,招又望之无已,如是则不咎其往之意,具见'招'字,非但无取别音,并不烦别义耳。"我们的看法:关于"招"字的音义,赵佑的解说比前赵妥当。至于其中"弃邪反正"的评论,那当然只代表儒家的意见,另当别论。

原文

孟子曰:"有布缕之征、粟米之征、力役之征。君子用其一,缓其二。用其二而民有殍,用其三而父子离。"❸

孟子曰:"诸侯之宝三:土地,人民,政事。宝珠玉者,殃必及身。"❹

盆成括仕于齐。孟子曰:"死矣盆成括!"盆成括见杀,门人问曰:"夫子何以知其将见杀?"曰:"其为人也小有才,未闻君子之大道也,则足以杀其躯而已矣。"

注释

❸ 殍(piǎo),一作莩,指饿死的人。孟子这里的意思,建议执政君子

不要同时实行“布缕之征、粟米之征、力役之征”，以免有民不聊生之害。赵注：“君子为政，虽遭军旅，量其民力，不并此三役，更发异时。急一缓二，民不苦之。”这个说法是对的。

❹ 这里提出了土地、人民、政事为诸侯三宝的论断，无疑也是对的。《大学》：“《楚书》曰：‘楚国无以为宝，惟善以为宝。’舅犯曰：‘亡人无以为宝，仁亲以为宝。’”可与《孟子·尽心下》这一段合观。

原文

6 孟子之滕，馆于上宫。有业屦于牖上，馆人求之弗得。或问之曰：“若是乎从者之廋也？”曰：“子以是为窃屦来与？”曰：“殆非也。”“夫(子)〔予〕❶之设科也，往者不追，来者不拒。苟以是心至，斯受之而已矣。”❷

注释

❶ “子”为“予”之形讹。据阮元等人《校勘记》改。

❷ 业屦，已经动手制作而尚未完工的鞋子。这一段第二个“曰”与第三个“曰”后面的话，如果都是孟子说的，那自然可以用俞曲园先生说的“一人之辞而加曰字例”作解释。但是，如果第三个“曰”字后面的话不都是孟子说的，“殆非也”句乃是前文“或问之”者对孟子反问的答辞，后面的话才是孟子说的，那么，这里“殆非也”之后省了“曰”字，自然就只能用俞先生说的“两人之辞而省曰字例”来作解释了。考虑到赵注本为现在能够看到的最早的《孟子》，注文“夫我设教授之科”证明阮元等人的《校勘记》确凿可信，所以我们认为这里应该以用“两人之辞而省曰字例”解说为宜。

原文

孟子曰：“人皆有所不忍，达之于其所忍，仁也。人皆有所不为，达之于其所为，义也。人能充无欲害人之心，而仁不可胜用也。

人能充无穿(窬)〔逾〕之心，而义不可胜用也。人能充无受'尔''汝'之实，无所往而不为义也。士未可以言而言，是以言餂之也。可以言而不言，是以不言餂之也。是皆穿逾之类也。"❸

孟子曰："言近而指远者，善言也。守约而施博者，善道也。君子之言也，不下带而道存焉。君子之守，修其身而天下平。人病舍其田而芸人之田，所求于人者重，而所以自任者轻。"❹

注释

❸ 焦氏《正义》："'尔''汝'，为尊于卑、上于下之通称……德行已高，自不为人所轻贱，犹分位已尊，自不为人所'尔''汝'……但德行无穷，非仅免人轻贱而已，故又须充大之，使不独不为人轻贱，凡身所至，无非义之所至，斯为自强不息之道也。"餂，《玉篇·食部》注以为"古甜字"。按：《孟子》这里说"以言餂之"，就是以言甜之，以言诱之。焦里堂先生《正义》："按'餂'乃'挑'之转音，以言餂即以言挑也。"我们认为餂、甜、挑皆一音之转，声同义通。整个这一段的意思：论仁义以及仁义之充，推论士不可失言失人而为穿逾之类。赵氏说这一章大指："言善恕仁义，充其大美，无受'尔''汝'，何施不可？"这样讲也没有什么不可。

❹ 这一段论善言善道，论君子之言与守，论人所求当重于己而轻于人。赵注："正心守仁，皆在胸臆，吐口而言之，四体不与焉，故曰不下带。"焦氏《正义》："凡人束带于要限间，心在带之上……胸臆当心，亦居带上，仁守于心而吐于口，故四体不与也。"清康熙二年至乾隆五年在世的浙江学者金埴有《不下带编》，这个书名应该是从《孟子》"不下带而道存焉"这一句来的。

原文

7 孟子曰："尧、舜，性者也。汤、武，反之也。动容周旋中礼者，盛德之至也。哭死而哀，非为生者也。经德不回，非以干禄也。言语必信，非以正行也。君子行法以俟命而已矣。”[1]

孟子曰：“说大人则藐之，勿视其巍巍[2]然。堂高数仞，榱题数尺，我得志弗为也。食前方丈，侍妾数百人，我得志弗为也。般乐饮酒，驱骋田猎，后车千乘，我得志弗为也。在彼者皆我所不为也，在我者皆古之制也，吾何畏彼哉？”[3]

注释

❶ 依赵注：“汤、武，反之”是“反之于身，身安乃以施人”，“经德不回”的“回”是“回邪”。这一段论君子应该学习尧舜汤武，体性反身，经德中礼，行法以俟命。

❷ 巍巍，赵注《孟子》本作“魏魏”。按：《说文》有“巍”字，从嵬委声。段注说“后人省山作魏”，可见不能说“巍”是后起字。既然这样，就不必据阮元等人的《校勘记》做改动了。而赵邠卿可能是改“巍”作“魏”的始作俑者。其实用“嵬”字即可。没有多出什么意思来，何必改作？

❸ 榱（cuī），古代指房屋上的椽（chuán）子。题，这里指椽头。（《淮南子·本经》“橑檐榱题”注：“题，头也。”）榱题，椽子在上居前者。赵注：“榱题，屋溜（liù）也。”焦氏《正义》：“自瓦言之为溜，自椽言之为榱题，近在一所，故赵氏以屋溜释榱题也。”般乐，即盘乐。《孟子》这一段议论，揭露“大人”们的生活方式，表明与“大人”们对立而坚持古代制度的立场以及蔑视所谓“大人”的态度。“说大人则藐之，勿视其巍巍然”，已经成为许多小人物敢想、敢说、敢做、敢于冲破所谓权威束缚、敢于斗争、追求真理的座右铭。但是《孟子》这里的议论也不是没有一点毛病。“在我者皆古之制也”，难道“古之制”都那么好吗？“说大人则藐之”也不完全对。有些“大人”，确实为社会为人民大众做出了巨大贡献，确实为某领域巨擘，我们对这一类“大人”就应该尊重，不能目空一切而一律“藐之”。对确实“巍巍然”的大人，我们不能“勿视”。你立志超过那些“巍巍然”的大人，很好，那么，你先得攀上那些

“大人”的肩膀。不知现在的有志气的年轻人以为然否。

原文

孟子曰:“养心莫善于寡欲。其为人也寡欲,虽有不存焉者,寡矣。其为人也多欲,虽有存焉者,寡矣。”❹

曾皙嗜羊枣,而曾子不忍食羊枣。公孙丑问曰:“脍炙与羊枣孰美?”孟子曰:“脍炙哉!”公孙丑曰:“然则曾子何为食脍炙而不食羊枣?”曰:“脍炙所同也,羊枣所独也。讳名不讳姓,姓所同也,名所独也。”❺

注释

❹ 这一段,论养心莫善于寡欲。贪多无厌,其实未必不是自作孽。清静(一作净)寡欲,可以省烦恼,可以持高节,有何不好?这里问题在于:儒家人物立志齐家治国平天下,“乐以天下,忧以天下”,怕难得清净寡欲。

❺ 曾子不忍食羊枣,只是因为他父亲生前嗜食羊枣。其实这仅仅是个人感情所致,没有什么太值得注意的。设使曾皙生前嗜脍炙,难道曾子在父亲去世后就不能食脍炙了?依感情而言,那就肯定会有曾子不食脍炙的记载。其原因,只是因为曾皙是他曾子的父亲,睹物思亲,不忍食之,而不管脍炙是否为人所同嗜,即使为人所同嗜也会如此。这里对曾皙的感情才是“所独”。还有另一种情况,亲人生前所嗜,后人在亲人身后不变所嗜,其实也是怀念亲人所致。如果说孟子这一段议论对后世有什么启发,那就是启发后世人注意事物特征。在我们看来,“所同”与“所独”都值得注意,但有时应该多注意研究“所独”,因为“独”才是特征所在。

原文

8 万章问曰:“孔子在陈,曰:‘盍归乎来?吾党之(小子)〔士〕

狂简[1],进取不忘其初。'孔子在陈,何思鲁之狂士?"孟子曰:"孔子:'不得中道而与之,必也狂狷乎?狂者进取,狷[2]者有所不为也。'孔子岂不欲中道哉?不可必得,故思其次也。""敢问何如斯可谓狂矣?"曰:"如琴张、曾皙、牧皮者,孔子之所谓狂矣。""何以谓之狂也?"曰:"其志嘐嘐然,曰:'古之人,古之人!'夷考其行,而不掩焉者也。狂者又不可得,欲得不屑不洁之士而与之,是狷也,是又其次也。""孔子曰:'过我门而不入我室,我不憾焉者,其惟乡原乎!乡原,德之贼也。'曰:何如斯可谓之乡原矣?""曰:'何以是嘐嘐也?言不顾行,行不顾言,则曰"古之人,古之人"。''行何为踽踽凉凉?生斯世也,为斯世也,善斯可矣。'阉然媚于世也者,是乡原也。"[3]万子曰:"一乡皆称原人焉,无所往而不为原人,孔子以为德之贼,何哉?"曰:"非之无举也,刺之无刺也。同乎流俗,合乎污世。居之似忠信,行之似廉洁。众皆悦之,自以为是。而不可与入尧、舜之道,故曰'德之贼'也。孔子曰:'恶似而非者:恶莠,恐其乱苗也。恶佞,恐其乱义也。恶利口,恐其乱信也。恶郑声,恐其乱乐也。恶紫,恐其乱朱也。恶乡原,恐其乱德也。'君子反经而已矣。经正则庶民兴;庶民兴,斯无邪慝矣。"[4]

注释

1. 依赵注,这里"党"指"乡党"。乡党为古代行政基层单位,古代文献多见。《论语·公冶长》有"吾党之小子狂简"的说法。赵注《孟子》这里作"吾党之士",意思是"我家乡那些士人"。这里依赵注改。
2. 按:狷、獧实为一字,音同义通,今狷行而獧废。这里不必依阮元等人《校勘记》作改动。狷(juàn),胸襟狭窄,急躁。
3. 嘐(xiāo)嘐,赵注:"志大言大者也。"焦氏《正义》引《说文》与孙奭《音义》,说"嘐嘐"是夸语。据此,我们认为:如果说"嘐嘐"音义同"嚣嚣",想必不会相差太远。又有一说,认为"嘐"读 miù,"狂者之妄言也"(见《集韵》),与"志大言大"一说并不矛盾。

“夷考其行”，王伯申《经传释词》卷三：“赵注曰：‘夷，平也。’平考其行，殊无意义。”他认为这里“夷”是语助词。焦氏《正义》证成赵注，认为“平与辨义通，则夷考即是考察”。唯以词例而论，我们以为还是王伯申的解说较为融通。《说文》：“踽，疏行也。”“凉，薄也。”今按：踽(jǔ)踽，形容孤孤单单的独行。凉凉，这里也是形容孤凄的样子。“阉然媚于世也者，是乡原也”，大约赵注以为阉就是奄，所以有“大”的意思。焦氏《正义》这里又证成赵说。但是，我们以为这种说法牵强而且迂曲。其实，众所周知，阉就是宦官(太监)，这一类人虽然也有仗势欺人者，但在大多数情况下，特别在主子面前，总是媚态可掬，所以，“阉然媚于世也者”，就是像太监(阉宦)一样献媚于世，实在无烦取别字，并不烦取别义，意思本来就明明白白啊。至于“乡原，德之贼也”，孔夫子早就说过(见《论语·阳货》)。孟子亦嫉乡原之人，不过是孔子思想的继承罢了。

❹ 整个这一段，通过万章与孟子的五问五答，阐述宣扬孔子的两个有联系的重要观点，前三问三答论所谓狂狷，后两问两答论所谓乡原。中道难得，所以思与狂者为伴，而狷者又在其次。乡原为德之贼，孔子将其列入六恶(wù)之末，而实为最可恶者。六可恶者的特点，就是皆“似而非者”，换言之，也就是它们都能以假乱真。乡原乱德，所以最可恶。解决六恶的唯一办法，依孟子之见，“君子反经而已矣”。反乎经，庶民兴。庶民兴起，不再受乡原之骗，乱德之邪慝就无计可施了。孟子既自命为“天民之先觉者”(《万章上》)，他以辟杨墨为己任，以继孔子之后辟乡原、反乎经而兴庶民结其“正人心，息邪说，距诐行，放淫辞”(《滕文公下》)之宏愿，也算得上“尽其心”了。辟乡原而虑及“庶民兴”的作用，自是“民为贵”一说的大发扬，难得难得！

原文

9 孟子曰：“由尧、舜至于汤，五百有余岁。若禹、皋陶，则见而知之。若汤，则闻而知之。由汤至于文王，五百有余岁。若伊尹、莱朱，则见而知之。若文王，则闻而知之。由文王至于孔子，五百有余岁。若太公望、散宜生，则见而知之。若孔子，则闻而知之。由孔子而来，至于今，百有余岁。去圣人之世，若此其未远也。近圣人之居，若此其甚也。然而无有乎尔，则亦无有乎尔！”[1]

注释

[1] 这是《孟子》全书的最后一段。论其思想内容，应与《公孙丑下》倒数第二段（答充虞问）“五百年必有王者兴”以下数语合观。真所谓“彼一时，此一时也”！彼时去齐答充虞路问，说：“夫天未欲平治天下也，如欲平治天下，当今之世，舍我其谁也？”一股雄心勃勃的浩然之气分明还在翻腾。到全书最后一段，读者已看不到那股浩气。现实无法回避，毕竟已是烈士暮年。以两个“无有乎尔”结其七篇之局，不能不让读者深切地感受到：努力争取实现的愿望尚未尽泯，终究未能实现愿望的无可奈何的伤感已成主调，遣之不去了。两个“五百有余岁”，那是“五百年必有王者兴”的老调重弹，拙撰《十子平议·孟轲》已做批评，无须赘议。这里还有一点应该说的，我们对焦里堂先生关于道统问题的议论有不同看法。焦氏《正义》：“或乃以孟子道统自居。夫道无所为统也。为道统之说者，失孟子之教矣。”按：以孟子道统自居而直言不讳者，论影响之大，首推朱熹。朱氏《中庸章句序》明言“道统之传”，其言外之意，也不难理解。有没有道统？恐怕还是有吧。为道统之说者，是不是失孟子之教？恐也未必。孟子他自己以“仲尼之徒”自居（看《梁惠王上》《离娄下》），唯“杨墨之道不息，孔子之道不著”是忧，发愿“闲先圣之道”以承禹、周公、孔子三圣（《滕文公下》），其书最后一段又开列了“由尧、舜至于汤”“由汤至于文王”“由文王至于孔子”一串名单，可不可以算是“道统之传”呢？难道这也是“无有乎尔”？在孟子心目中，不但有道，而且有道统，我们认为应该是并无疑问的。

参考书目

礼记正义，郑玄注，孔颖达等正义。中华书局影印阮刻本，1980 年。

论语注疏，何晏集解，邢昺疏。中华书局影印阮刻本，1980 年。

孟子注疏，赵岐注，旧题孙奭疏。中华书局影印阮刻本，1980 年。

四书集注（又称四书章句集注），朱熹撰。岳麓书社 1987 年第一版，1997 年第二版（此为定本）。

四书辨疑，陈天祥撰。通志堂本。

四书考异，翟灏撰。清经解本。

白话四书，杨伯峻先生撰。岳麓书社 1989 年。

论语正义，刘宝楠撰。续清经解本。

论语集释，程树德先生撰。程俊英、蒋见元两先生点校。中华书局 1990 年。

论语译注，杨伯峻先生撰。中华书局 1958 年。

论语批注，北京大学哲学系 1970 级工农兵学员著。

孟子正义，焦循撰。沈师文倬先生点校。中华书局 1987 年。

孟子译注，杨伯峻先生撰。中华书局 1960 年。

朱子语类，黎靖德编。中华书局 1986 年。

经典常谈，朱自清先生著。三联书店 1980 年。

十三经概论，蒋伯潜先生著。上海古籍出版社 1983 年。

尔雅注疏，郭璞注，邢昺疏。中华书局影印阮刻本，1980 年。

尔雅校笺，周祖谟先生撰。江苏教育出版社 1984 年。

说文解字注，段玉裁撰。上海古籍出版社 1981 年。

经传释词，王引之撰。岳麓书社 1984 年。

孟子音义，孙奭撰。四库本。

古书疑义举例五种,俞樾等先生著。中华书局 1956 年。

积微居小学金石论丛(增订本),杨遇夫(树达)先生著。中华书局 1983 年。

古书句读释例,杨遇夫(树达)先生著。中华书局 1954 年。

中国礼制史·先秦卷,陈戍国著。湖南教育出版社 2002 年。

十子平议,陈戍国著。岳麓书社 1995 年。

跋

鄙人“而立”之年实未立，一事无成。“不惑”之年疑惑正多，所以不远千里而多方拜师求学。“知天命”之年已知天命，更知尚须努力学习，方可不落后于时代太远。“耳顺”之年应岳麓书社之命校注《四书五经》，以一人之力勉为其难，终有《四书五经》校注本问世。

如今已是“不逾矩”之年，应岳麓书社老朋友之命，多方面多角度孜孜以求以便减少乃至于消灭《四书五经》校注本各方面的错误或瑕疵。鄙人知道这很难做到，虽不能至，心向往之。

欢迎读者大众不吝批评！亟盼治经学之同道惠予指教！

陈戍国 2016 年 6 月 6 日初撰，12 月 8 日酌定于湖南大学

感谢岳麓书社将重订《四书五经》校注本之机会赐我。此次重订，断断续续，耗费鄙人大半年之久，终于迎来了退休之日。不敢说本书已经完美无缺，但可以说鄙人知错必纠矣。唯愿有下次重订之机会。

陈戍国 2016 年 12 月 12 日于湖南大学